小資背包客遊

義大利

22 天 21 個城市
165 個推薦景點
徹・底・玩・透

甄妮 & 小飯糰◎著

小資背包客遊
義大利

22天21個城市
165個推薦景點
徹·底·玩·透

作　　者：甄妮 & 小飯糰
責任編輯：Lesley

發 行 人：詹亢戎
董 事 長：蔡金崑
顧　　問：鍾英明
總 經 理：古成泉
總 編 輯：陳錦輝

出　　版：博誌文化股份有限公司
地　　址：221 新北市汐止區新台五路一段112號10樓A棟
　　　　　電話(02) 2696-2869　傳真(02) 2696-2867

發　　行：博碩文化股份有限公司
郵撥帳號：17484299　戶名：博碩文化股份有限公司
博碩網站：http://www.drmaster.com.tw
讀者服務信箱：DrService@drmaster.com.tw
讀者服務專線：(02) 2696-2869 分機 216、238
（周一至周五 09:30 ～ 12:00；13:30 ～ 17:00）

版次：2017 年 5 月初版

建議零售價：新台幣 400 元
I S B N：978-986-210-171-1
律師顧問：鳴權法律事務所 陳曉鳴律師

本書如有破損或裝訂錯誤，請寄回本公司更換

國家圖書館出版品預行編目資料

小資背包客遊歐洲. 義大利篇：22 天 21 個城
市 165 個推薦景點徹底玩透 / 甄妮, 小飯糰著.
-- 初版. -- 新北市：博誌文化出版：博碩文化
發行, 2017.05
面　；公分

ISBN 978-986-210-171-1(平裝)

1. 自助旅行 2. 義大利

745.09　　　　　　　　　　　106005848

Printed in Taiwan

歡迎團體訂購，另有優惠，請洽服務專線
博 碩 粉 絲 團　(02) 2696-2869 分機 216、238

前言

時光荏苒，歲月匆匆，小資背包客遊歐洲三部曲，隨著義大利篇出版，暫時與各位讀者畫下依依不捨的句點，唯一遺憾的是，本書宥於篇幅所限，西西里島完整10天的主題遊須割捨掉。儘管西西里島的旅程和介紹無法與各位讀者見面，但凡各位讀者若有任何西西里島旅遊問題除了可以透過粉絲團詢問，未來我們也確認會另以獨立篇章的方式由他家呈現這一段我們認為堪稱最精彩的島上探險旅程，再請大家拭目以待囉。

回顧當時以初生之犢不畏虎的勇氣所踏上的這段旅程，開拓眼界之餘所帶來的獨立自主和對世界人文的反思，是我們自認為這趟旅程的最大收穫，旅行可以單純是旅行，而透過自助旅行中的反思和歷練，培養出來的勇氣和毅力，才是每趟旅途中永久留下來的寶藏，這些經驗替筆者在未來工作和生活上無形中帶來了莫大助益，行萬里路帶給人的美妙體驗，我想也只有讀者親自嘗試過(不管是哪個國度不管是哪種玩法)，才能體會。

除了本系列出版的這些國家，這兩三年來，我們仍舊一本初衷的以小資背包客所介紹的玩法，陸續套用到日本、東南亞、德國、美國、中國等不同國度，原也想利用工作之餘將這些經驗集結成書，然而世界歷史博大精深，光是查找資料，考據相關歷史，完成原有西義法景點介紹的內容，就耗費了筆者無數心力，兼且這類型的書籍往往是一個編輯團隊甚至是一家出版社投注資源在做的。因此在時間和資源的限制下，也為了持續拓展眼界，筆者未來書籍內容將以特別深度的有料玩法為主，而景點介紹這些從網路、報章雜誌等多重管道就唾手可得的資源就交給專業的內容工作者甚至是結合手機應用app的開發商提供就可，畢竟景點是死的腦袋是活的，在便捷的科技輔助下，持續發想各種好玩的旅遊玩法，是我們努力的目標。

在旅遊界眾多屬害的前輩努力下，自助旅遊雖早已蔚為風潮，然而結合各種商業促銷的活動也越來越多，在自助旅遊界中維持一方乾淨的小小天地實屬不易，能夠熱情的與讀者交流經驗與互動，持續發想介紹各種創意新奇的旅遊玩法和路線，是業餘的我們接下來希望能夠在自助旅遊這塊領域上持續貢獻的小小心願，希望未來在推廣自助旅遊的風潮上我們能夠持續開拓旅行足跡，分享經驗讓更多人感受到探索世界的樂趣。感謝當初無限度支持我們踏出去並從中茁壯的家人，也感謝出版社的編輯和老闆，提供給我們分享經驗給大家的機會。

最後要說的是，隨著工作上的忙碌和人生閱歷的增長，筆者身分已經從當年20幾歲的小資族邁入成家而立之年，歲月在你我的生活刻下了痕跡，但不變的仍舊是那一顆打自娘胎出生以來，對世界充滿好奇、熱情持續探索的心，與各位老少讀友們共勉之。

2017.04.28

系列書的活用方法！

　　在介紹本書使用方式之前，我們要強調的是，本書不是以省錢為目進而去規劃行程，換句話説不是以有多少錢就只花多少錢，也不是只去免費的景點，更不是哪裡有最便宜的交通就只去那個地方。

　　相反的，本書是以深度遊遍西班牙、法國、義大利為前提下，要玩遍所有的皇宮、城堡、博物館或美術館，並非走馬看花只逛城市風景而不花門票錢，我們推廣的省錢是要玩遍所有景點考量下，竭盡所能將金錢的效益發揮到最大，畢竟歐洲最有價值的觀光資源是她的文化遺產，豐富的人文藝術之旅，才不枉費遠赴歐洲一趟的時間與效益。

　　本書將西班牙、法國、義大利，每個國家各自規劃5個主題遊，共計15個主題遊，方便讀者即便沒有90天的假期，也可以選擇適合自己的主題去旅行。

　　以下是本書的內容編排特色：

❶ 快速查詢旅遊地區的交通行程規劃

每一章第一頁呈現的是，我們研究了數十本旅遊書，從中篩選出最精華的旅遊路線，完整呈現我們當初前往歐洲自由行的手抄筆記內容。

❷ 檢索旅程花費與所在地區的位置

每一地區都會有我們提供的旅程總花費，以及該地區的地理位置圖。

❸ 精采豐富的景點介紹

完整介紹各個景點的整體評價、人文歷史、自然美景、交通與世界遺產數，幫助讀者快速上完一堂學校不會教的歷史＋地理課程。

❹ 推薦景點攻略地圖

各個景點都會附上簡單易懂的手繪地圖，上面標示了所有我們走過的行程，但不是每個行程都值得推薦的，也有一些地雷區，所以我們僅就標示「推薦」的地點作景點介紹。

手繪地圖上常用符號說明

Ⓜ 捷運站　　• 景點所在

ⓘ 服務處　　✚ 教堂

❺ 旅遊景點的詳細資訊

每個景點的旁邊都會標示著「免費」「優惠」「獨家」「世界遺產」的特色標示，其中的「獨家」是坊間數十本旅遊書中都不會提到的特別景點，是我們獨家推薦的好地方。除此之外，景點中還會詳列開放時間、門票免費時段與貼心小提醒等資訊。

目錄

STATION 3 羅馬古道遺跡 ► 175

STATION 4 義大利南義火山遺址 ▶ 221

STATION 0

義大利
行前準備篇

- ☑ 簽證
- ☑ 訂最划算的機票
- ☑ 申辦證件
- ☑ 訂最適合的便宜飯店
- ☑ 最簡單訂火車票的方式
- ☑ 如何帶錢？
- ☑ 打國際電話、旅遊平安險
- ☑ 檢查裝備與穿著
- ☑ 出國旅行裝備介紹
- ☑ 私房裝備賣場推薦－迪卡儂
- ☑ 出遊前裝備檢查表
- ☑ 髒衣服怎麼處理
- ☑ 出國旅行避開危險須知
- ☑ 出國緊急應變需知
- ☑ 背包自由行Q＆A
- ☑ 義大利行前旅遊資訊

簽證

自民國100年1月11日開始，旅遊歐盟正式免簽證。持中華民國護照即可入境歐洲35國/地區。從入境歐盟免簽證國家的第一天起，在6個月內，可停留90天(連續停留或間隔出入多次歐盟國家的總天數不可超過90天)。

國人享免申根簽證待遇可進入之歐洲國家及地區 （消息來源：外交部網站）

1. 申根會員國 (25國)：法國、德國、西班牙、葡萄牙、奧地利、荷蘭、比利時、盧森堡、丹麥、芬蘭、瑞典、斯洛伐克、斯洛維尼亞、波蘭、捷克、匈牙利、希臘、義大利、馬爾他、愛沙尼亞、拉脫維亞、立陶宛、冰島、挪威、瑞士。

2. 歐盟會員國但尚非申根公約完全會員國 (3國)：羅馬尼亞、保加利亞、賽普勒斯。

3. 其他國家 (非屬申根公約會員國，但接受我國人適用以免申根簽證待遇入境者，共計5國)：列支敦斯登、教廷、摩納哥、聖馬利諾、安道爾。

4. 其他地區 (申根公約會員國之自治領地，並接受我國人以免申根簽證待遇入境者，計2地區)：丹麥格陵蘭島 (Greenland) 與法羅群島 (Faroe Islands)。

免簽但入境時可能需要準備文件以備海關提問出示：

1. 來回機票

2. 旅館訂房紀錄或親友邀請住宿證明

3. 親友邀請函

 我們入境西班牙時海關沒有問任何問題，直接讓我們通行。

4. 旅遊行程表

5. 足夠維持旅歐期間生活費的財力證明，如現金、旅行支票、信用卡

 歐盟雖然已經同意台灣入出境申根國家免簽證，但仍有不少朋友發生海關以資料準備不齊等理由不讓其入境，尤其是在德國、法國、荷蘭等。建議可以考慮將西班牙排為第一個入境的歐盟國家，卡在海關無法入境的機率較小。

訂最划算的機票

訂購從台灣出發到歐洲的機票

1. 上「背包客棧自助旅行論壇」的「全球機票比價系統」，非常好用，馬上可以知道最便宜的機票要跟哪家航空公司訂 (http://www.backpackers.com.tw/forum/airfare.php)。

2. 早訂購能搶到位子，也能找到最便宜的機票。

3. 挑選轉機越多的航空越便宜。

4. 除了轉機之外，最好是挑選能免費住過境旅館還能到當地遊玩的航空。

5. 記得買來回機票最便宜。

　　許多人說歐洲旅遊旺季7-9月如果不提前半年訂機票，一定會買到貴的機票，其實即使出發前一週才訂機票也不用擔心，因為這次去歐洲我跟小範是拖到最後一刻才去背包客棧機票比價系統，還是找得到很便宜的機票。當時我們6月底訂購時，最便宜的機票是中國的海南航空只要兩萬多，但我們選擇3萬多的約旦航空，因為去跟回程都可以住免費的過境旅館，順便安排約旦Mini Tour，去跟回程都有專門司機帶我們1日遊，非常值得！

　　只要你過境超過8小時，就可以免費住約旦航空的過境旅館，有專車從機場接送你去飯店。約旦沙漠中的過境旅館設備不輸國際飯店的水準，飯店內設有健身房及游泳池(在沙漠中是一大奢侈)等設施、最重要的是你在住飯店期間可以無數次去自助式餐廳用餐，餐廳菜琳瑯滿目非常豐盛令人食指大動，我跟小範在過境旅館期間吃了6餐都免費。Mini Tour有很多景點可以做搭配組合，當時我們選去程7月先去Jerash杰拉什 + Dead Sea死海，回程9月再去Petra佩特拉。總之去歐洲還可以免費到約旦住過境旅館，再花一點錢參加Mini Tour就可以順遊約旦，非常划算值得！(約旦Mini Tour詳細細節可以參考遊記心得PXX)

訂購廉價航空機票

　　如果要到距離非常遠的城市，才選廉價航空而不選火車，廉價航空雖然可能比長途火車便宜，但來往機場以及候機時間往往遠遠超過飛行的時間。西班牙和法國境內旅遊不太需要搭國內航空，只需搭火車就很方便，但由於義大利國土形狀像長靴，若要從義大利北部前往南端西西里島，可善用國內廉價航空。

廉價航空注意事項

1. 越早訂才能搶到最便宜的機票 (最好是提前3個月訂), 也常推出0元優惠票(只要付機場稅)。
2. 每天價格都不同, 可多比較不同廉價航空 (當初我們是搭乘blu-express)。
3. 通常單程機票及分段購買會較便宜。
4. 通常只接受網路信用卡訂票。
5. 通常不可更改日期或退換票。
6. 通常隨身行李不可超過56*45*25cm, 大型行李需另外計費。
7. 所有餐飲都須另外付費, 大多為簡單的三明治、餅乾及飲料。
8. 需留意機場位置, 很多廉價航空位於較偏遠的小機場務必提早到, 通常2小時前開放登機, 40-45分鐘前關閉, 若是錯過, 當場重買機票, 票價通常相當昂貴。

廉價航空比價網站：www.skyscanner.com.tw

低價航空聯合查詢網站：www.whichbudget.com

主要廉價航空：

- RyanAir : www.ryanair.com
- EasyJet : www.easyjet.com

申辦證件

國際駕照

　　只要有國際駕照就可以在歐洲租車，國內的駕照正本也要一起帶著，國際駕照才算生效。

1. 辦理地點：各縣市監理處

2. 所需文件：護照、駕照、身分證、2吋照片2張

3. 辦理天數：當天申請，當天取件

4. 費用：新台幣250元

 不建議辦理，租車很貴又要自己找路，除非是一群人要去義大利的西西里島或法國的酒莊交通不方便的地方，不然建議坐大眾運輸最輕鬆省事，還可以在火車上補眠

國際學生證 ISIC

1. 官方網址：www.isic.org

2. 條件：學生 12-35 歲

3. 所需文件：2吋相片1張、學生證正反面影本或國內外入學通知單影本、申請表格(姓名須依護照或信用卡英文名字以及就讀學校的校名英文簡稱)

4. 辦理天數：半天

5. 費用：新台幣300元

國際青年證 IYTC （如果不是學生但年紀未滿 26 歲可辦理，效用和國際學生證差不多）

1. 官方網址：www.yh.org.tw/member4.asp

2. 條件：年紀未滿26歲

3. 所需文件：2吋相片1張、身分證正反面影本、申請表格(英文姓名需與護照相同)

4. 費用：新台幣300元

YHA 青年旅館卡

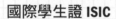 不建議辦理。西班牙、法國、義大利很難找得到旅館適用這張卡

1. 官方網址：www.fuaj.org

2. 條件：無資格限制

3. 所需文件：1吋相片1張、身分證正反面影本、申請表格

4. 辦理天數：馬上取件

5. 費用：新台幣600元

訂最適合的便宜飯店

網路訂房技巧

✪ **網路訂房很方便**：如果到現場才背著包包到處找住宿點，費時又費力，建議上網訂房省時又省錢。整個過程只要 5 分鐘，不僅所有旅館的服務與價格透明，飯店位置也在地圖上標了出來，非常方便篩選，通常價格還會比現場訂房便宜，並可享積分回饋。

✪ **網路訂房方法**：利用訂房網站選定飯店後，只需要輸入簡單的個人資料與信用卡卡號，通常費用將在住宿當天從信用卡支付，有時會要求你先付一點訂金，訂房後記得將確認信用手機拍照留底。以下介紹一些好用的全球訂房系統。

- www.hotelscombined.com 超級旅館比價網站，號稱比較超過100多家訂房網站，包括 booking.com, hotels.com,hostelbookers 等等

- www.booking.com 有中文頁面。

- www.hotels.com 有中文頁面，非常推薦這個，因為累積訂10間飯店後，會送你免費住一間飯店，適合長途旅行者。

- www.hihostels.com 有中文頁面。

- www.ratestogo.com 最後一分鐘訂房服務，有中文頁面。

- www.hostelbookers.com

- www.hostelsclub.com

- www.hostels.com

- www.hostelworld.com

選擇合適住宿點

✪ **地理位置很重要**：旅館地理位置與周邊，對於旅行的興致影響頗大。

- 選擇住離火車站附近最方便也便宜，一到車站即可先去飯店 check in 放行李，放完行李再去玩就輕鬆多了！

- 也可選擇鄰近觀光景點的市中心，晚上外出參觀景點回旅館也比較方便。

✪ **有 Wi-Fi 很重要**：房時需考量飯店是否有提供免費的 WIFI，有網路晚上回飯店才能再訂之後旅程的飯店與火車票，抵達飯店時跟櫃台要帳號與密碼即可上網，有些飯店有限定某些區域才有訊號。

✪ 旅館類型選擇：

- 若2人同行建議住2星級飯店或民宿，行李保管比較安全，可以有獨立的空間不用擔心室友的好壞，價錢跟2人一同住青年旅館差不多。

- 私營民宿好處是幾乎不會收城市稅，不過有些私營民宿，沒有招牌比較難找，但通常會有民宿名稱的小字條貼在門鈴上。

- 如果幸運的話可以找公寓式日租套房，價格跟民宿差不多，且多了有廚具的廚房可以自己買菜煮。

- 若當地房價太高或是一個人旅行，可以住青年旅館，因為歐洲旅館的單人房價通常跟雙人房差不多，一人住不划算，可以選擇住以算人頭來計費的青年旅館。

✪ 青年旅館的優缺點：

- 優點：通常以人頭數來算，住宿房間以4,6,8人或大通鋪為主，有些會男女分房，偶爾也有青年旅館提供單人房和雙人房，但價格會比較高。房間擠越多人的越便宜，適合一個人旅行省錢的住宿方式。可以結交來自各國的朋友，同時也可以交換旅遊資訊，有些還有提供廚房、遊戲室、烤肉區等等額外的服務。

- 缺點：須注意行李保管，行李通常沒有專門的可鎖櫃子可以放，比較好的青年旅館有櫃子可以放行李，有些則是鎖頭要自己帶；沒有隱私，人越多的房間除了要排隊洗澡，大家作息也不同常常半夜才有人陸續回房，吵到睡不著，或是遇到會打呼人的也很難睡。

注意事項

- ✪ **留意信用卡資訊安全**：因為卡號一旦暴露在網路上，就有被盜刷的風險，建議可以帶一張已停用的信用卡，用停用的卡號輸入訂房網站最安全！

- ✪ **留意訂房規則**：每間飯店的規定不同，訂房前須留意飯店規則，如有些飯店不一定是24小時 check in 櫃台，須注意 check in 時間；有些則規定如果一定的時間你沒有出現，會自動從你的信用卡扣款；有些民宿甚至屋主都不在，只給你密碼或簡訊要你自己按密碼進入大門，進入後再去找你個人專屬的盒子裡面放有鑰匙，再開門進去你的房間。

- ✪ **出發前建議先訂好第一晚的住宿**：事先在台灣先訂好第一天的住宿，抵達歐洲時的第一

天才能得到充分的休息，之後可以每隔幾天再一次訂3天後的住宿。建議不要一次把90天的飯店先訂好，保留彈性才能臨時增加或改變行程，否則會因常常更動行程而損失不必要的手續費。

✪ **一入住立即檢查房間設施**：登記入住後先檢查房內是否有熱水、冷暖氣、電視是否能開、鑰匙功能是否正常等等，若發現有問題要立即反應，可以要求更換房間。

✪ **託管行李或找寄物處存放**：退房後，若離出發時間還有一段時間，可以委託旅館代為保管行李，一般都會將行李放在櫃檯內部或是寄物間。但若旅館只是將託管的行李放在大廳，那依然會有被偷的危險，貴重東西一定要隨身攜帶，寄放的行李記得鎖上鎖頭。

最簡單訂火車票的方式

獨家技巧公開

❂ 需要購買火車通行證 Railpass 嗎？

除非是長途旅程，否則不要購買火車通行證，非常不划算；如果是長途跨國之旅，我們也建議改搭廉價航空省時又省錢。(獨家心得:因為我們是深度遊每一個國家，因此每個城市之間的火車通行時間幾乎不超過3個小時，短途旅行只需要搭地區性火車，票價比火車通行證便宜方便許多。)

火車通行證有以下缺點：

- 購買天數最多最便宜的火車通行證，平均每次搭火車至少要超過30€才會划算。
- 在台灣訂位收費較貴，向國內代理旅行社購買通行證另有手續費。
- 法國與義大利的高鐵是強制訂位，每筆需另付訂位手續費。
- 每班列車限定部分名額開放給通行證使用者使用，所以有可能訂不到位的情況。
- 跨國旅行時，購買多國火車通行證，單日平均價錢會貴許多，如果某一國只是稍微經過，在那一國可單獨買票。

歐洲火車通行證官網 www.eurorail.com

❂ 為什麼要上網訂火車票？

上各國國鐵網站訂購最好(義大利國鐵網站，請參考本書義大利行前旅遊資訊)，因為真正便宜的票只能網路購買，通常越早訂越優惠。此外，可省去火車站現場大排長龍排隊買票之苦，而且大城市火車站櫃台種類繁多容易排錯。如果不想去臨櫃排隊買票，也可以現場去自動售票機買票，但沒有事先查好火車時刻才買票，要浪費寶貴的旅遊時間等候，建議還是事先上網訂票最有效率。上網用信用卡訂購只要3分鐘，所有時刻班次一目了然，還可以選座位，等出發時再到火車站自動售票機領票即可。

❂ 如何訂火車票？

1. 上網選好火車班次後(法國國鐵網站需選「取票方式」，記得選「至售票機提票」最為方便)，填入信用卡號碼付費，用手機拍下確認信，等要出發時再到火車站的自動售票機列印車票(售票機可選英文介面)，輸入確認信上的「取票代碼」即可取票(取票時西班牙不用帶付費的信用卡，但法國、義大利需要)。

2. 記得上火車前要在月台附近的打票機，將車票插入機器，打印搭乘時間，否則被查票會罰錢。如果取票時離出發時刻接近，有時售票機在列印車票時已經幫你打票了。
3. 須注意義大利的自動售票機比較老舊，通常無法辨識國外旅客的晶片信用卡，因此無法去自動售票機提票或買票，建議可先上網訂票再到臨櫃取票。

✪ 需要搭夜車嗎？

如果是長途旅行長達 5~6 小時以上，可以考慮搭夜車省下時間不會佔用白天行程與住宿費用，但缺點是夜裡看不到歐洲優美的風景，臥鋪空間狹小不如旅館舒服，長途旅行需要考慮體力問題，而且需要隨時注意安全。

因為我們幾乎都是短途旅行所以都是白天搭火車晚上住飯店，唯有在西班牙搭火車到聖地牙哥時有選擇搭夜車，因為路途遙遠且火車班次不多。

搭夜車注意事項

1. 歐洲常見的夜車，通常分為三種艙等：最高級的臥鋪含衛浴、多人共用包廂、只能坐不能臥的座位艙。三種艙等票價差距極大，選擇臥鋪幾乎都比住飯店貴上許多，寧可去飯店住隔天早上再搭火車；如果選擇省錢的座位艙，有些還不能斜躺，需考量睡眠不足，體力是否可以撐到隔天早上。
2. 一定要留意自己的行李，貴重物品最好帶著睡覺。
3. 安全起見，單身女性應避免獨自搭乘夜車。
4. 對同包廂的室友只要剛見面時禮貌性打聲招呼即可。
5. 遇尖峰假日，較舊的夜車座位車廂會擠滿人，可能會很吵。

✪ 如果非要向臨櫃買票，如何最有效率？

先將班次查好，在今日車票櫃台排隊或抽取號碼牌等候叫號，最簡單的購票寫法如下圖，直接拿給櫃檯人員即可，服務員人一定看得懂，不必浪費唇舌或筆墨，也不會溝通錯誤！可以選擇用信用卡付費。

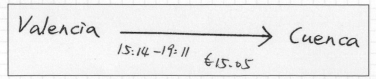

如何帶錢？

獨家技巧公開

✪ **兌換部分現金**：出國旅遊兌換一部分的現金是絕對必要的，在歐元匯率低時先兌換，盡量不要換面額超過50歐元以上的大鈔。至於要帶多少現金，依每個人的旅程而定，但須防搶，勿帶太多現金在身上 (獨家心得：如果跟我們一樣，90天旅程先從西班牙開始最後才去義大利，那麼現今不需要帶太多，因為店家幾乎都接受信用卡，那時我們一人身上現金帶1000歐元出國，一直到義大利最後幾天才用完)。

✪ **旅行支票不要換**：歐洲店家普遍不接受旅行支票，能兌換的銀行也非常有限，如果出門一早還要去找銀行排隊換錢，又有一定的手續費還有兌換上限，無論時間與金錢考量上都沒有經濟效益，獨家建議不要換旅行支票。

✪ **信用卡準備**：信用卡是最方便的消費方式，大部分的商家、餐廳、旅館都可以使用信用卡，可省下帶現金的麻煩。請準備兩張以上的信用卡 Master & Visa備用 (獨家心得：西班牙及法國店家幾乎都接受信用卡，但義大利普遍只接受現金須留意；此外，須注意信用卡的額度及手續費，在國外消費手續費一般是1.5%，因此可申辦有海外回饋金1.5%以上的信用卡，當時我跟小範是各自申辦一張海外回饋金2%以上的信用卡)。

✪ **金融提款卡**：請準備兩張以上的金融卡備而不用，消費盡量都用信用卡，其次是原本帶的現金，再來才是提款卡領錢，因為金融提款卡手續費最高，除了匯差將台幣換成美金，再換成歐元，再加收0.5%左右的費用，銀行還會另收75元手續費，如果非要提款，盡量一次多提一些，避免太分散而損失過多的手續費。留意出國前要確認提款卡有設定「跨國提款使用的4位磁條密碼」，而非台灣晶片卡的6~12碼。在國外提款時，只要提款機或螢幕上有顯示自己提款卡上的標誌，即可以提款，提款步驟與國內相同。

台灣銀行匯率表

www.bot.com.tw

打國際電話、旅遊平安險

獨家整理最省錢打電話的方法：

1. 手機申請國際漫遊只是人在國外遇到緊急事件用的，目的在備而不用 (因為在國外接電話自己要負擔台灣到國外這段國際電話費用，非常昂貴。

2. 出國前請電信公司開通手機國際漫遊服務，並把語音信箱服務暫時關閉。

3. 到國外時把智慧型手機調成「飛航模式」，這時別人要打給你都打不進來。除非有國內緊急電話要接，才把飛航模式調回一般模式，就可以撥國際電話。

4. 跟家人報平安等回飯店有免費無線上網 WiFi 再用 LINE 免費傳訊息撥電話最省錢。

APP 智慧型手機應用程式：

✪ **LINE**：免費通話與簡訊的終極應用程式。

旅遊平安保險

歐洲醫療費用昂貴，建議在出發前還是要投保適當的旅遊醫療保險。

重要證件備份

出發前，將發卡銀行的海外掛失電話記下來，並將所有證件、機票以及其他重要文件都影印 2 分，一份放在家裡留給家人，另一份放在背包裡，也可以拍照存在手機裡，萬一出外遺失或遭竊，這些影本可有效快速縮減補辦證件的時間，也方便家人代辦掛失。

檢查裝備與穿著

獨家打包技巧＆旅遊著裝參考

1. 行李以簡單＆輕為原則，旅行才會輕鬆。

2. 不要帶行李箱，歐洲很多石板路很難用行李箱拖，而廉價航空檢查行李非常嚴格，行李箱不容易通過，會被罰錢。

3. 除了帶大背包，還要帶一個隨身小包包裝水跟隨身用品（我們那時沒想到，只能用塑膠袋代替）。

4. 建議行李重量不要超過１０公斤。

▲ 雨衣著裝圖

◀大小包包合背圖

◀瞭望遠景必備的
小型望遠鏡

◀長途旅行用的
大背包裝備

登山、酷暑時必備的▶
遮陽帽、太陽眼鏡

▲輕便型服裝

013

出國旅行裝備介紹

品項 Item	女性背包客 Female Backpacker

大背包 50~60L

Forclaz 50L 背包 (Quechua) SIZE: 50L

背包需選擇耐用且輕便，建議女生可以選擇50L的容量，可以裝得下所有必帶物品。這款背包我們相當推薦，耐用、簡單、輕便、而多口袋的實用設計，更讓需要準備大量資料的長途旅行變得簡單許多。甄妮特別推薦給女性使用，可以讓女生在長途旅行的負擔更為輕鬆。

隨身小背包

Arpenaz 15 戶外超輕背包 (Quechua)

大背包寄放在飯店後，建議攜帶隨身小後背包，裝徒步旅行需要用到的物品如水壺、地圖、雨具、帽子等等，貴重東西不要放在這，避免遭搶，這款20L的小後背包適合女性使用，防水輕便，不需要用時還可以收納成小圓球，讓徒步旅行相當輕鬆方便。

隨身腰包

皮帶包 (Quechua)

每人隨身必帶皮帶包，貴重物品如護照、機票、車票、信用卡、現金等都放於此，這款皮帶包有相當重要多隔層設計，相當好用。

登山短袖 T-shirt

TS TECHFRESH 50 L PINK (Quechua)

長途旅行行李輕便，衣服不能帶太多，建議選擇快乾、透氣的T-shirt，這款短袖上衣，適用登山、健行或戶外旅遊，非常舒適乾爽，再生聚脂纖維抑制異味，洗完隔天馬上乾，特別推薦。

男性背包客 Male Backpacker

Forclaz EASYFIT 60L 背包 (Quechua)

男生可以背比較重的背包，裝筆電或平板，這款 60L 大容量的旅行背包，實實在在地通過了小飯糰在 90 天的旅程驗證，大容量的設計可以輕易將 90 天旅程中得帶的重要物品完整收納，輕量化且緊貼背部的設計，相當適合連續數天承重的登山活動使用，背負起來相當舒服，其功能和包覆性對長途旅行來說絕對是游刃有餘。

FORCLAZ 20L backpack (Quechua)

大背包寄放在飯店後，建議攜帶隨身小後背包，裝徒步旅行需要用到的物品如水壺、地圖、雨具、帽子等等，貴重東西不要放在這，避免遭搶，這款 20L 的小後背包適合男性使用，容易攜帶且通風良好，相當適合 check in 後在市區或短程旅行時進行一日的觀光使用，出外散步觀光時才會方便。

皮帶包 (Quechua)

每人隨身必帶皮帶包，貴重物品如護照、機票、車票、信用卡、現金等都放於此，這款皮帶包有相當重要的隔層設計，相當好用。

TechFRESH 500 T 恤 (Quechua)

男生的 T-shirt 可以選擇這款，質地輕盈，登山運動除了保持身體乾爽舒適，更能有效抑制汗水異味，洗完隔天馬上乾，特別推薦。

品項 Item	女性背包客 Female Backpacker

禦寒衣

POL F50L Sangria 刷毛衣

歐洲早晚溫差大，或登高山健行時，需攜帶的禦寒衣，這款非常保暖卻不笨重，高領口刷毛面料具有排汗抗濕功能，相當推薦。

登雪山厚外套

Arpenaz 300 L (Quechua)

我們的行程有登上法國白朗峰3,800多公尺的雪山，因此除了禦寒衣，還需要再多穿一件登山防雨外套，這款有風冒，可擋風遮雨，讓身體乾爽，透氣攜帶輕便，登山健行都非常適合，貼身女性化剪裁，推薦給女性。

長短褲

Forclaz 100 長褲＋短褲 L (Quechua)

行李愈輕便愈好，因此我們非常推薦這款長褲，因為這條長褲可以利用拉鍊變換成短褲，這樣就不用另外攜帶一件短褲。此外這件輕便又快乾，陪伴我90天的旅程，非常耐穿，是選褲子首選。

登山鞋

Forclaz 100 鞋款 (Quechua)

長途旅行90天，每天都需要走很多路，一定要挑一個非常好穿耐用且適合健行的鞋子。我們非常推薦這款防水健行靴，可以有效抵禦惡劣氣候，和市面上同功能性商品比較，超高CP值，橡膠鞋底耐磨，有良好的抓地力，中筒設計讓足部保持舒適乾爽。

男性背包客 Male Backpacker

男款健行毛衣 Arpenaz 50 pullover (Quechua)

歐洲早晚溫差大需攜帶的禦寒衣，這款透氣輕盈，具有吸濕排汗功能，相當保暖，推薦給男性。

Arpenaz 300 (Quechua)

我們的行程有登上法國白朗峰3,800多公尺的雪山，因此除了禦寒衣，還需要再多穿一件登山防雨外套，這款有風帽，可擋風遮雨，讓身體乾爽，透氣攜帶輕便，登山健行都非常適合，耐磨不拘束，推薦給男性。

Forclaz 100 可變長褲 - 深灰 QUECHUA (Quechua)

同樣的我們非常推薦這款長褲，因為可以變換成短褲，就不用另外攜帶一件短褲。這件吸濕、排汗、快乾，洗完隔天就乾了，陪伴小飯糰90天的旅程，非常耐穿，是選褲子首選。

Forclaz 100 鞋款 (Quechua)

長途旅行90天，每天都需要走很多路，一定要挑一個非常好穿耐用且適合健行的鞋子。我們非常推薦這款防水健行靴，可以有效抵禦惡劣氣候，和市面上同功能性商品比較，超高 CP 值，橡膠鞋底耐磨，有良好的抓地力，中筒設計讓足部保持舒適乾爽。

品項 Item	女性背包客 Female Backpacker

背包客用雨衣

Arpenaz 40L S/M 防雨斗篷 (Quechua)

除了攜帶雨傘外，背包客需要比較大的雨衣，才能保護我們旅途中背包不被雨淋濕。建議可買這類型的防雨斗篷，輕量、耐用、透氣，可以遮蔽健行者的背包，為背包客必需品。

遮陽帽

防曬帽

抗紫外線必備防曬帽，這款可阻擋95%的紫外線，可快速吸濕排汗。

衣物防水袋

衣物防水袋

建議攜帶這款非常實用的衣物防水袋，保護衣物不浸濕、不染塵，防水袋有三種不同尺寸方便衣物收納。

運動手錶

ONtime 110S 數位手錶 (GEONAUTE)

甄妮帶的這支，與小飯糰的ONtraining200一樣，都是多用途運動手錶，具有時間、日期、鬧鐘、背光、碼表和防水功能，建議女生也要帶一隻。

男性背包客 Male Backpacker

Arpenaz 40L S/M 防雨斗篷 (Quechua)

除了攜帶雨傘外，背包客需要比較大的雨衣，才能保護我們旅途中背包不被雨淋濕。建議可買這類型的防雨斗篷，輕量、耐用、透氣，可以遮蔽健行者的背包，為背包客必需品。

防曬帽

抗紫外線必備防曬帽，這款可阻擋95%的紫外線，可快速吸濕排汗。

衣物防水袋

建議攜帶這款非常實用的衣物防水袋，保護衣物不浸濕、不染塵，防水袋有三種不同尺寸方便衣物收納。

ONtraining 200 男性計時器運動錶 藍色 (GEONAUTE)

長途旅行時建議帶一隻多用途運動手錶，除了時間、日期、鬧鐘、背光、碼表功能，這款錶還有防水功能，相當方便。重點是這支錶的價格相當實惠，而且出國玩最重安全，電子錶最適合因為它絕對不會讓你被搶。

品項 Item	女性背包客 Female Backpacker

水壺 0.5L　**戶外健行保溫瓶 (Quechua)**

0.5L耐用不銹鋼保溫瓶，健行者一開杯口設計，一根手指就能搞定。

隨身望遠鏡　**簡單的雙筒望遠鏡**

建議攜帶簡易望遠鏡，觀賞教堂藝術或是遠景時非常好用。這款雙筒望遠鏡，無須調整、自動對焦，放大倍率為6，輕盈精巧好攜帶，是專業的背包客一定要準備的基本裝備之一。

太陽眼鏡　**戶外登山太陽眼鏡**

出國一定要準備一隻戶外和登山用的太陽眼鏡，迪卡儂賣場提供多種選擇，建議以具有廣闊的視覺及配戴舒適度為考量，可以參考圖中這支我們帶的，它搭配的3號鏡片，具有防藍光和紫外線功能，最重要的是久帶不會引起目眩感，相當推薦喔。

男性背包客 Male Backpacker

戶外健行保溫瓶 (Quechua)
0.5L耐用不銹鋼保溫瓶，健行者一開杯口設計，一根手指就能搞定。

簡單的雙筒望遠鏡
建議攜帶簡易望遠鏡，觀賞教堂藝術或是遠景時非常好用。這款雙筒望遠鏡，無須調整、自動對焦，放大倍率為6，輕盈精巧好攜帶，是專業的背包客一定要準備的基本裝備之一。

戶外登山太陽眼鏡
出國一定要準備一隻戶外和登山用的太陽眼鏡，迪卡儂賣場提供多種選擇，建議以具有廣闊的視覺及配戴舒適度為考量，可以參考圖中這支我們帶的，它搭配的3號鏡片，具有防藍光和紫外線功能，最重要的是久帶不會引起目眩感，相當推薦喔。

私房裝備賣場推薦 - 迪卡儂

　　出國前我們在規劃裝備清單時，有二大苦惱，一是苦惱坊間賣場或連鎖店良莠不齊，該去哪裡買才能買到安心有保障的裝備？畢竟一趟九十天的路程，我們又都是預算有限的背包客，如何買到耐用度與實用性兼具，價格上一般業餘的遊客也能負擔的起，至少在這三個月內密集使用下，能撐的起考驗的好產品，對我們來說是最重要的，二是賣場提供物品的專業度，是否足夠讓像我們一樣從沒一次出過國這麼久的消費者，感到安心。

　　這邊我們特別推薦位在台中市 cosco 旁邊的迪卡儂賣場（北中南也有分店，可上迪卡儂官網搜尋：www.decathlon.tw），可以說一次把我們的苦惱和擔憂一次解決。這間來自法國的 1500 坪運動大賣場銷售超過 60 種運動項目，其中一個自有品牌代表一種運動，又以登山品牌 (Quechua 趣岳) 為大宗，提供背包客完整的登山健行裝備。他們沒有一般大賣場的成本導向，販賣一些粗製濫造用一下就壞的黑心貨，也沒有以超專業為定位的高貴連鎖店一樣，販賣的專業度過高，不僅功能多餘，相對的價格也高，徒增讀者的金錢壓力。

　　迪卡儂結合了兩者特色，賣場內提供的都是相當合適實用性高，且價格實惠的產品。舉鞋子來說，產品的專業說明、等級標示和每雙鞋子因為價格不同而顯出的功能差異，都直接標示在旁讓人一目瞭然，讀者只要依照自己的需求或根據行程的安牌，就可以輕鬆挑到「適合」自己的產品，而不會買到功能過剩或嚴重不足的裝備。

　　如果不知道怎麼挑選自己想要的產品，賣場的人員也都相當專業，會從旁親切的提供專業建議，真的不誇張，我們只花一天的下午到晚上，約半天時間，就在迪卡濃一站購足這九十天要用到的九成五裝備，從包包、外套衣服到雨衣、望遠鏡、手錶等配件，全都在這裡一次挑完，且全都派上用場，沒有一件壞掉，除了小飯糰因為迷糊在飯店內弄丟一件內褲以外…剩下的 0.5 成裝備則是胃藥、保健食品和個人衛生用品等無法在這裡買的小東西。如果讀者對於行前裝備的購買場所不太熟悉，我們大力推薦迪卡儂賣場，在他們的賣場中可以用最有效率的方式購足了所有必需品，總而言之，迪卡儂真的是太棒了，絕對是背包客出國旅行前的最佳整裝地。

出遊前裝備檢查表

隨身腰包檢查表

v	項目	説明
	護照＆護照影本2份	檢查護照的有效期，至少要有6個月效期 護照影本1份留給家人,1份自己帶著，不慎遺失補辦時可用
	入境文件	來回機票、旅館訂房確認信或親友邀請函、付款證明、旅遊行程表、財力證明等（入境雖然免簽證，但文件是給海關備詢用）
	金融提款卡2張	記得檢查是否有設定海外提款4位密碼
	信用卡2張 （Master & Visa）	可請銀行提高額度以備不時之需，並將海外救援及掛失電話記起來
	現金	歐元不需要帶太多,90天帶1000€以內即可
	國際學生證或 國際青年證	如前述，國際駕照或國際青年旅館證不實用可不用辦
	平安保險單	如前述，可先詢問保險公司有無海外急難救助，善加利用海外急難救助，沒有最好再單獨買旅行平安險以防萬一
	大頭照數張	證件遺失時（如護照）補辦可用
	零錢包（可不帶）	和信用卡＆紙鈔分開放分散風險，買小東西時用；如果選擇不帶，可以把零錢放入衣服裡的暗袋而不放在腰包裡，因為要拿錢很麻煩容易引人注目，也可以減少零錢包的重量

隨身小背包檢查表

V	項目	説明
	水壺1公升	寶特瓶不耐用，且瓶蓋會積細菌
	防曬物（帽子、口罩、太陽眼鏡）	防止眼睛老後得飛蚊症，防止皮膚癌，帽子要選遮陽效果好的
	衛生用品（面紙數包）	基本上歐洲廁所都有衛生紙，面紙不需要帶太多，只是一些狀況像流鼻涕時可以用
	常備藥品（感冒藥、腸胃藥、中暑藥、高山症補充體力的健康食品等等）	因為要登雪山，備好補充體力的高山症健康食品免得頭暈嘔吐影響旅程
	文具類（筆數支、記事本、這本旅遊書）	旅遊書帶這本書就可以了，五臟俱全的資訊
	環保餐具（筷子、湯匙）	去超市買飯時通常不會附餐具，沒有還要花錢買大包免洗刀叉浪費
	相機	記得帶容量大的記憶卡
	手機	手機辦理國際漫遊，記得將語音信箱功能關閉
	小型望遠鏡 1 支	看教堂及風景用

大背包檢查表

∨	項目	説明
	沐浴用品（肥皂、洗髮精、沐浴乳、快乾毛巾、牙膏牙刷、牙線）	飯店通常會有肥皂、洗髮精與沐浴乳，但青年旅館時須自備沐浴用品，帶小罐即可，洗髮精可以順便用來洗衣服；毛巾必帶，飯店的毛巾用來擦洗好的衣服，而青年旅館幾乎不提供毛巾；牙膏牙刷必帶因為歐洲住宿都不會提供
	保養品（乳液、防曬乳、護唇膏、凡士林等）	歐洲乾燥，路走多了腳會乾裂，可以帶凡士林塗在腳上，凡士林也可以在中暑時刮痧用
	小鎖頭數個	很好用，用來鎖包包拉鍊以及青年旅館的櫃子用
	衣服（長袖T-shirt 兩件、長袖套衫2件、防寒外套1件、內衣褲2套、襪子3雙、長褲1件）	舒服、透氣、吸汗、快乾最重要
	家政類（針線包，指甲刀、修眉刀）	修眉刀就看個人需求吧
	雨具（小型雨傘、適合背包客用的大雨衣）	雨傘也能用來防曬，有時撐傘比雨衣好，因為要看地圖；雨衣是必須的，要選夠大件可以整個把後背包覆起來的雨衣
	鞋子（拖鞋1雙、布鞋1雙）	拖鞋是我的最愛，舒服透氣好走；健走布鞋只有在爬山時會穿
	電壓轉換插頭3個、延長線	多帶幾個可以同時充不同電器省時間
	平板或小筆電	用來訂飯店訂火車票，也可以兼拍照，儲存相機照片
	其他雜物（刮鬍刀、刮痧棒、梳子、生理用品）	不建議帶吹風機很佔空間；刮痧棒身體不舒服如中暑用
	急救箱（生理食鹽水、優碘、棉花棒、OK蹦、膠帶等等）	準備小盒急救醫療箱以備不時之需

髒衣服怎麼處理

獨家曬衣服小技巧

　　歐洲氣候乾燥，在夏天當天洗的衣服隔天幾乎都會乾。因為我只帶兩件上衣，所以我每天晚上回飯店第一件事就是洗衣服，用飯店提供的洗手乳洗衣服，洗好扭乾後用飯店的毛巾把衣服包起來再扭一次再曬(自己帶的毛巾才是用來擦身體的)。

　　需注意的是房間內所提供的衣架通常不多，可以利用房內任何角落想辦法曬衣服，如把窗戶門打開勾在上面(放心，歐洲幾乎沒有蚊子，只有義大利少許城市有蚊子)、掛在電視架上面、掛在窗簾勾及門上、攤在椅子上，最好是把襪子攤在檯燈上方，因為通常襪子最難乾，如果隔天沒有乾，就要把襪子掛在自己的背包上了，衣服沒乾的話也是這樣處理。

　　通常衣服隔天就會乾，如果遇到陰天，可以利用吹風機吹一下衣服(不過通常三星級以上的飯店才會提供吹風機)。

出國旅行避開危險須知

　　每一次自助旅行宛如到陌生的國度去探險，人一旦對環境不熟悉，就比較容易發生危險，但只要凡事多加注意，相信你也能和我們一樣每趟旅程都充滿美好的回憶。

1. 天黑或清晨後不單獨出門，也不走不走小路暗巷、樹林

2. 夜間搭地鐵挑人多或有女性的車廂

3. 保持低調樸素、不要穿著太暴露，會吸引怪人接近

4. 遠離聲色飲酒場所

5. 小偷搶法百百種但唯一不變的原則就是轉移你的注意力，請隨時顧好行李

6. 隨時保持警醒遠離怪人、隨時顧好行李

7. 貴重東西及錢不露白，重要物品財務等必要妥善放在最安全的地方

8. 分散風險原則 (紙鈔、零錢、證件分開放)

9. 不隨便用ATM提錢，要選在銀行營業時間，最好是銀行裡面的ATM最安全，提錢時最好有同伴陪同並注意左右

10. 遭搶先保命，人身安全為第一考量

11. 歹徒可能製造假事件，喬裝假警察藉機搜身或檢查錢財等藉口，趁機摸走遊客身上的錢財，要注意，警察是不會隨便搜身的

12. 不舒服找店家最安全

13. 不隨便跟陌生人交流、小心推銷者、借錢的人、無故搭訕甚至擁抱者(ex:有些黑人會笑容滿面地說要幫你綁非洲傳統幸運帶，綁好後才索取不合理的價格；在廣場或教堂前，有些賣鴿子飼料的小販會直接將飼料塞給你，等你餵了以後再跟你要錢)

14. 重要證件不交到他人手中

15. 定時跟家人報平安

出國緊急應變需知

護照遺失

1. 馬上至警察局報案：請警局開立失竊、遺失證明書

2. 申請補發：持報案證明 Police Report 親自向「駐當地台北辦事處」申請補發護照。如果有護照影本及大頭照，可使補發程序快速些。

- 外交部海外國人急難救助全球免付費專線：00-800-0885-0885

- 台灣旅外國人急難救助聯繫中心：+886-3-3982629/+886-3-3834849

信用卡遺失

　　出發前先記下信用卡號、有效期限、海外免付費掛失電話、全球救援電話，電話記得抄在其他地方，不要跟卡片放在一起。信用卡也不要全部放在一起，以免全部一起遺失。

1. 立刻打電話向發卡銀行掛失。

2. 若緊急的話，可請銀行立即補發寄新卡給你，寄到國外通常要一星期的時間。建議可以選擇寄到台灣的家，請家人告知你新的卡號，就可以在國外上網訂票使用。

機票遺失

1. 有機票影本：攜帶機票影本及手續費至航空公司在當地的辦事處辦理遺失及申請補發，記得出發前一定要帶機票影本並拍照留底或 email 備份，才能節省手續。

2. 無機票影本：需先向航空公司另外購買一張全額機票，並申請一張機票遺失證明單(Lost Ticket Form)，航空公司在確認 3 個月內沒有被盜用之後，才可以辦理退費。

錢財遭竊

✪ 西聯匯款 Western Union

　　先聯絡當地駐歐洲台北辦事處請求支援，或找當地西聯匯款(Western Union)服務據點，請台灣的親友至台灣的彰化銀行、台新銀行或國泰世華銀行以西聯匯款的方式匯錢至當地的據點，匯款後請親友告知你密碼，即可以密碼和護照提領現金，最快在幾個小時內就可匯到。記得告知親友收款人的姓名(需要和護照上的英文名相同)。

1. 匯款人步驟：指明要匯給誰→告知匯到 Western Union 哪個服務據點→匯款→告知取款人密碼。

2. 取款人步驟：攜帶護照和匯款密碼
   →前往指定的 Western Union 服務
   據點→填表領款 (需提供匯款人姓
   名、匯款密碼、金額、匯款國家)。

西聯匯款 Western Union

www.westernunion.tw
國內電話：(02) 8723-1040
其他分行可至網站查詢 www.westernunion.com

✪ 駐歐洲台北辦事處

　　如果人在國外，也可以到當地台北辦事處，請辦事處的人幫忙。一般來說，他們可以先借你回國的費用。

物品遺失

　　若是在大眾運輸工具上遺失，請聯絡當地大眾運輸工具公司；如果是在路上不見，就到當地的失物招領處碰碰運氣；如果是被搶或被偷，先到當地的警察局報案。

生病或意外

1. 出國前，先詢問信用卡及保險公司海外急難救助服務電話是必要的。

2. 若不是太嚴重的病，可以就近到藥局，向藥劑師告知症狀，藥劑師就會推薦藥品給你，大城市的藥局通常會以輪流的方式24小時營業。若是急症，可以請餐廳或旅館的人幫忙叫救護車。

3. 歐洲的急診室不像國內的急診室那麼快速，除非是昏迷或嚴重意外，否則急診室等診的時間可能會兩小時以上甚至更久。

4. 如有就醫，在結束療程後別忘了向醫師申請診斷證明 (a medical certificate) 和醫療費用收據 (a detailed account)；如果發生意外事故的醫療，也別忘了向警局索取意外事故證明 (accident report)，以便於回國後申請保險理賠。

5. 若發生較大的事故，請與駐當地台北辦事處或外交部特別設立的旅外國人急難救助全球免付費專線：00-800-0885-0885。

免費 APP 智慧型手機應用程式：尋找朋友、我的好友！

　　只要邀請親朋好友加入你的帳戶，朋友可以彼此看到對方在地圖上的位置歷史紀錄。出國時可以開啟位置分享，如果發生緊急狀況，只要按下緊急按鈕，就能讓每個人都知道你最新的位置。

背包自由行 Q & A

Q1. 旅行的意義？

每個人對旅行的意義或目的都不盡相同，不過大致上我們可以先分為兩類。

✪ **休息式旅行**：出國目的是為了散心、忘掉工作與挫敗的戀情。據某出版社總編輯說過台灣人出國旅遊有一大部分是屬於這種，有種發洩式的花錢慾望，想忘卻一切煩惱與壓力，非要住五星級飯店，非要吃上最昂貴的美食，非要血拚名牌不可。

✪ **學習式旅行**：出國目的是為了開拓自己的視野與人生觀、體驗異國文化、學習不同的傳統文化、不同的風俗民情、不同的飲食方式，當然還有不同的生活型態。

對我而言旅行的意義不只是擴展個人視野，這世界真的很美，是值得我們一一去親身體驗感受的，現場一看勝過千言萬語；旅行其實就是人生體驗的縮影，感受對生命的那股熱力和活力，沒有浪費過一絲一毫的生命，這才是真正的生活哪！C'est La Vie！

Q2. 為什麼要選擇自助旅行？

一般來說，想去旅行最缺的東西是時間和金錢，再來缺的是旅行技巧。有趣的是，一般人都把旅行想得太困難也太容易；老是想到困難，到最後就決定還是繼續跟團；老是想得很容易，也就因為規劃得不夠周詳而玩得不夠盡興。

對我來說我喜歡自助旅行的原因，除了培養自己獨立自主的精神、訓練自己冒險、解決問題的能力之外，我最喜歡自助旅行是因為可以根據個人喜好安排行程，我喜歡把所有時間花在逛人文藝術與自然風景，這種自由與充實是跟團無法做到的。旅行中所經歷的每一天，以及獲得的一切對我而言，都是珍貴的體會讓我永生難忘。

Q3. 為何要趁年輕當背包客，不等成家立業以後再去？

人生是一場偉大的冒險，只有敢冒險的人才是自由的人。世界上美景不勝其數，最好一定要去見識的景致更是不勝其數，如果瞭解到這一點，剩下的只是如何去實現的技術問題。

一般來說，想去旅行最寶貴的三樣東西是時間、金錢和健康，如果你等存夠錢再去當背

包客環遊世界，勢必會隨著你的年紀增長而越加困難。成家立業後，身上的包袱越來越重，最缺的就是時間，要兼顧工作與家庭，無法隨心所欲長時間去旅行，想去自助旅行的動力也越來越微薄，於是還是選擇不費心思跟團；而若要等到退休以後再去，由於體力的限制勢必得走高級路線，到時候環遊世界可能得花上80、100萬，還要應付物價上漲的壓力，也不可能買得到學生票了！更別說是途中不幸中年被病痛纏身或遇上突發狀況，可能來不及實現環遊世界的夢想。

在歐洲你到處可以看到揹著大背包的年輕人，他們大多是還沒有出社會的學生，有人利用寒暑假旅行，有的人乾脆休學一年去自己想去的地方待著，他們的價值觀跟東方人不同，他們是在認識世界之後在決定自己要在世界上扮演什麼角色，而我們是把自己的社會位置確認之後才開始去認識世界。也許我們在一味追求升學教育的背後下，應該積極思考自己想要的，趁年輕多出國走走，增加國際視野，了解生命的意義。

夢想還是把握當下，及早實現吧！旅行是一輩子的事，越早開始越好，現在不去，一輩子都不會去了！我們要活在當下、享受生命，因為幸福美滿是任何事物都無法取代的。只要你勇敢跨出那一步，環遊世界真的不用花大錢！

Q4. 有人說背包客是不太需要計畫的，因為計畫跟不上變化，對嗎？

這要看你的旅行目的是什麼。如果你時間多，想要悠閒地體驗當地生活，當然你可以不用做太多計畫，一個城市多停留幾天，花時間結交外國朋友，跟著當地人去玩；如果你想用最短的時間內，走遍所有城市以及所有的景點，那麼事先周詳的準備可以讓你事半功倍，千萬不要規劃得不夠周詳而玩得不夠盡興。

對我而言，每次出國我都希望把「時間與金錢效益化為最大」，因為人生有限，有效率地規劃每一次的旅行就顯得非常重要，若去一趟歐洲隨便玩玩，一個巴黎你得去十次才能玩遍它，光從旅行預算的角度來評量就不夠經濟。而我想要去的國家太多太多，因此我希望只要我去過的國家，就不需要再去第二次，所以每當我去一個國家，我立誓要把所有我想看的景點都走遍而不留遺憾，在時間有限的情況下，周詳的計畫變得非常重要了，基本上「有了計劃，就不怕變化，但如果沒有計畫，那也談不上什麼變化了」。

這趟去歐洲90天，我們之所以能走遍105個城市，歸功於我16頁的交通行程表，所有行程幾乎按表抄課達成率95%，因為事前查好所有飛機、火車、船及公車轉乘時間、門票搶購時間以及其他重要資訊，所以在玩樂時可以不費工夫，不須擔心交通門票問題。當

然偶爾還是會遇到突發事件如交通或景點變更，但由於有準備好的行程表，所以可以有彈性的變化而不擔心之後的路線。

Q5. 省錢旅行只有自助旅行高手才辦得到嗎？

俗話說的好「天下無難事，只怕有心人」，現在網路資訊發達，出國自助旅行不再是一件遙不可及的夢想，自助旅行不怕你能不能辦到，只怕你沒時間研究。此趟歐洲之行，因為是第一次長時間自助旅行，我不顧一切辭職花了半年的時間研究，每天從早到晚整天埋在書海裡，除了花時間研究景點，也研究這些國家的歷史地理、人文藝術、每個教堂雕刻背後的意義、每個美術作品的意義，平均一個國家我會看十本書以上，幾乎到了念博士的瘋狂境界。

當然你們不用像我這麼瘋，時間是很寶貴的，為了讓時間有限想自助遊歐洲的人實現夢想，我們系統性整理完整的「歐洲自助旅行省錢工具書」，這本書的價值在於我們分享了寶貴的經驗，除了省錢的方法，許多冤枉路讀者是可以避免的，希望能在眾多紛亂無章的資訊中，提供讀者「時間與金錢效益化為最大」的價值，讀者只要拿這本書就可以馬上出發的強力後盾，不須花太多時間研究，因為時間就是金錢。

Q6. 省錢自助旅行會不會很刻苦？

「旅行並不是比賽誰花的錢比較少，而是比較誰把錢花到好的地方。」省錢旅行的動機並不在於追逐低價或吝嗇小氣，因為出門在外「人身安全」是最重要的，沒有健康或健全的身體，就無法實現夢想。以安全為前提下，我們推廣省錢自助旅行是希望把「錢的效益化為最大」，把錢花在刀口上，花同樣的錢，為什麼不想辦法用同一筆預算物超所值玩得更遠更久呢？

基於安全前提考量下，我們此趟環遊西、義、法90天，雖然花費只有15萬，但我們全程幾乎都是住兩星級飯店，偶爾一兩次住青年旅館，完全不考慮交換借宿當沙發客，也不可能露宿街頭搭帳棚。而在15萬的花費，我們很注意健康，不僅吃飽還要兼顧飲食均衡，除了大部分的錢花在住和行，我們毫不吝嗇把錢花在門票或景點上，以及冰河地區所有纜車上（許多背包客只是去城市裡走走，並不想花錢看什麼博物館或教堂等等需要門票的地方）畢竟大老遠跑來歐洲，不沐浴在人文藝術精華或絕妙風景非常可惜，而實際完成這趟旅程比出發前抓的預算省下一半的錢。

Q7. 需要幾個人成行才能完成這趟旅行？

古彥說得好：「一個和尚挑水喝，兩個和尚抬水喝，三個和尚沒水喝。」我把它類推到旅行上就是「一個人不嫌少，兩個人恰恰好，三個人玩不好。」一個人旅行雖然辛苦點，但還是可以享受自助旅行的樂趣，無聊不是問題所在，而是安全上要更加提高警覺；兩個人只要興趣個性投合，旅行是件極大的樂事，因為分工合作效率是最高的；三個人容易因為意見太多吵架而犧牲某人興趣。

此趟歐洲行，我跟小飯糰把分工合作發揮到最大，所謂「男主外、女主內」只有在這趟旅行時，可以得到應證。小飯糰利用他的專長負看地圖找路、所有3c產品的使用，包括訂飯店及交通票、以及負責監督我們行程的安全性；而我堅守傳統婦女的美德舉凡洗衣服、買菜煮飯、殺價、生病急救，包辦所有雜事，當然還有精神喊話：「小飯糰，不要偷懶，我們要走完這座城的所有景點！」

歐洲 Q & A

Q8. 為什麼要去歐洲

歐洲一直是許多人憧憬的旅行目的地，我也不例外。它佔地球面積的比例不到四分之一，近幾百年來卻創造了我們人類文明的大半，而世界遺產的數量更是佔了全世界的1/3。此外歐洲適合自助旅行，遍布各地的官方旅遊服務中心提供免費的地圖以及所有資訊，交通發達所有尤其適合年輕人，許多景點通都有學生票，青年旅館也到處可見。如果人生有限，那麼自助旅行的規劃，我會把歐洲擺第一，先把人生最想去的地方看盡，因為夢想要即時實踐，其他地方留待中年或老年再去看。

Q9. 歐洲這麼大，要如何用一生規劃理想的旅遊路線？

詳細的旅遊路線究竟如何安排最為妥當？我想應該因人而異，但我心中的理想是，歐洲這塊區域要花3次長時間的自助旅行去體驗。

✪ 西班牙→法國→義大利

　　先遊歐洲的文明的濫觴，羅馬文藝復興讓歐洲走出黑暗時代，遊後更能幫助你了解歐洲的脈絡，之後再去其他歐洲國家更上手。此外，先把歐洲的精華遊遍，世界遺產數量截至2013年止，這三個國家的排名分別佔據全世界前四名(義大利49處、中國45處、西班牙44處、法國38處)。

✪ 英國→荷比盧三國→德國→瑞士

　　這些先進國家是非去不可，大英帝國掠奪來的寶物可謂世界之冠，德國風景之漂亮早有聽聞，以及瑞士美麗的小鎮風景更非浪得虛名。這些國家的世界遺產數量也不低，截至2013年止德國38處、英國28處、瑞士11處。

✪ 波蘭→捷克→奧地利→匈牙利→希臘

　　去完了昂貴的國家後，再去東歐國家可就輕鬆多了，物價沒那麼昂貴，很適合跑更多國家。

至於北歐國家(挪威、瑞典、芬蘭)，我認為是不適合年輕人去的，除了要命的貴，它們的風景是屬於中年人和老年人心境才享受得來的恬靜與安適，可能等上了年紀再花錢去那邊享受悠閒什麼事都不要做的放鬆。

Q10. 為什麼選擇夏天去歐洲？

1. 夏季白天長，可以從06:30一直玩到22:00太陽才下山，我建議7-9月是最佳時間。

2. 夏季博物館及美術館的營業時間比較長，可以自由運用時間安排參觀不會碰到關門。

3. 陽光普照宜人，就連上雪山也不覺得寒冷。

Q11. 90 天為什麼不安排去很多國家，而是深入走遍很多城市？

1. 如前述，我想要去的國家太多，我希望只要我去過的國家，就不需要再去第二次。所以在免費簽證有限的90天裡，我安排一個月只去一個國家，這樣才能深入走遍各國所有重要城市，把所有我想看的景點都走遍而不留遺憾，畢竟每個城市都是獨一無二的，文化不盡相同、風景也迥異，只去各國首都是無法體會整體國家文化的。

2. 如果深入玩各國城市，就不需要花時間與金錢搭飛機或長途火車，只需要搭區域性的火車，如此一來可以節省不少時間與金錢。

Q12. 為什麼 90 天安排西班牙→法國→義大利？

1. 這三個國家彼此相鄰路線順暢。

2. 雖然現在不需要簽證，但海關還是會檢查你是否為觀光客，會提出很多問題審問你要你準備文件，但從西班牙入境海關比較鬆散，不會問問題直接讓你快速通關。

3. 這三個國家中，西班牙物價最便宜，而且店家幾乎都接受信用卡，可以節省帶現金的麻煩；反之，如果先從旅費最貴的義大利開始玩，玩到西班牙可能就破產了，要提領現金多花手續費。

4. 如前所述，這三國是歐洲的旅遊精華，世界遺產數量分別佔據世界前四名（中國第二名外）。

Q13. 不會講英文，西班牙文，義大利文，法文也能去嗎？

感謝網路時代的發達，出國不再需要花時間學習語言。可以用 Google 翻譯，幾乎所有語言都可以翻，不會發音，還可以請它幫你發音；沒有網路也不用擔心，比手畫腳是人類最原始的本能，沒有什麼事情是無法表達的 (除非你想跟當地人用流利的語言吵架)。

Q14. 需要觀光簽證嗎？

自民國 100 年 1 月 11 日開始，持中華民國護照即可入境歐洲 35 國/地區，旅遊歐盟正式免簽證。(詳細說明請看「行前準備篇」)。

準備 Q & A

Q15. 為什麼不選擇沙發客 Couch Surfing 或交換住宿？ 為什麼不搭便車？

是否考慮交換住宿還是要看每個人的旅行目的，我們不否認交換住宿最能節省旅費支出，畢竟住宿是旅費最大的開支，而交換住宿還能獲得珍貴的文化交流經驗，如果時間很

充裕不趕行程，我們不反對透過交換住宿換取報酬。

　　但就如同我前面說的，我奉行省錢旅行的動機並不在於追逐低價或吝嗇小氣，因為出門在外「人身安全」是最重要的，旅行所要的不僅僅是一個美好的回憶，更要以安全為考量前提，才能為旅程帶來無限樂趣。所以基於安全考量我們還是排除一切有風險性的嘗試，雖然沙發客網站有屋主的評價機制，但終究無法抵過人性的黑暗面，每一次的交換住宿都是一種生命的賭注；再來由於我們行程緊湊90天要逛完105個城市，一天要走遍很多的景點甚至要趕往下一個城市，交換住宿需要花費大量時間來往信件，從上網註冊登記詳細的自我介紹開始，一直到仔細搜尋每個屋主的位置及正面評價，過程中要花費很多時間溝通和等待回應，即便找到了屋主又要承擔被放鴿子的風險，那麼一切旅程又被耽誤了。而我們如果訂飯店只需要10分鐘就搞定，又可以挑到離景點近的完美的地點，比較符合我們的經濟效益，畢竟時間就是金錢，我們可以把省下來的時間多玩10個城市。

Q16. 此趟歐洲行有碰到任何生命或財產上的損失嗎？

　　無論國內外出門在外都有一定的風險性，我們很幸運的是此趟歐洲行90天來沒有發生任何生命或財產上的損失。說句實話，由於我們打扮非常落魄(我每天都穿全身黑，手上總是像流浪漢般提著大大小小的塑膠袋)，就連馬路上叫賣的黑人都懶得理我們。

義大利行前旅遊資訊

氣候	• 夏季(最適合旅遊5-9月):17－25℃,南義也可能高達35－42℃ • 冬季:5－12℃
時差	夏季比台灣慢6小時;冬季比台灣慢7小時。
營業 時間	• 一般商店(一)~(六)10:00-13:30,中午休息約2-3小時,下午15:30-19:30,週日及週一 　早上除市區較多觀光客的地方之外,大部分都休息。 • 傳統雜貨鋪:夏季週六&冬季週三下午休息。
觀光局 網站	• 義大利觀光局官網 www.enit.it
電壓	• 電壓220v、2~3孔圓頭插座與台灣不同(義大利圓孔比較小,法國與西班牙比較大)。 • 記得帶轉接頭,這樣才能用電子產品的充電器。 
語言	義大利文為官方語言,在大都市及觀光景點的服務人員大都會講英文,如果想講義大利文 可以用下列方法: **免費APP智慧型手機應用程式:** 　免費説義大利文 Speak Italian free 　免費版列出一些基本會話單字與發音 　Google 翻譯 　非常好用!可以翻譯多國語言並且發音

食

- 早餐：義大利人早餐吃得極簡單，多半只是喝一杯咖啡配個可頌 Brioche 麵包。
- 午餐：義大利上班族中午吃得蠻簡單的，喜歡去 Bar 吃義大利三明治 Panini 或 Pizza，或吃沙拉加義大利麵。
- 晚餐：義大利吃得最豐盛，包括前菜、配菜、第一道菜、第二道菜、甜點、咖啡。
- 一般而言，低價位餐飲如 Pizza 店或咖啡館簡單的三明治或義大利麵，約 5-15€；中價位餐館或小酒館約 15-25€；高價正式餐廳則在 25€以上。
- 獨家健康省錢吃法：早餐可以吃街頭小巷常可以找到便宜大片的 Pizza。中餐可以吃義大利麵。晚餐可以去超級市場買水果、熟食、生菜，省錢吃大餐又營養，當然義大利也可以找到中東賣的 Kebab 袋餅，便宜又吃得飽。威尼斯物價相當貴，但水都內還是可以找得到超市，不要錯過機會。
- 小費：小費隨意，不強制。
- 水：設於古城區的小噴泉水大多可以直接飲用，除非標示有 Acqua Non Potabile。餐廳的水都要付費，分為兩種，有氣泡 Acqua frizzante 或無氣泡 Acqua naturale。獨家省錢撇步：羅馬火車站附近有小噴泉水可以裝水飲用，每次路過記得把水壺裝滿。

衣

夏季雖熱，但早晚溫差大，可準備一件薄外套或風衣以防著涼。題外話，義大利是我們這次歐洲行，晚上開窗戶睡覺時有遇到蚊子的，晚上睡覺時要記得關窗，可不能像西班牙或法國一樣開窗一整晚。

住

- 義大利的旅館幾乎都會額外收城市稅
- 一般旅館費用通常不包含早餐，有些旅館有附早餐，訂房時可以留意，早餐內容大多是簡式早餐包括咖啡、牛奶、果汁、麵包等。
- 獨家：義大利旅館價格偏高與跟法國差不多，一星級旅館雙人房每晚約 40~70€，北義費用偏高，尤其是靠近市中心，旺季房價可能到 100€，南義比較能找到 30 多€；二星級約 85~120€；三星級約 120~180€；四星級約 220~350€；五星級約 300€以上。
- 獨家：二星級的義大利旅館浴室幾乎都無浴缸可以泡澡，也不提供吹風機與盥洗用具。
- 須注意水龍頭 C 是指熱水 Calda，F 是指冷水 Fredda。
- 青年旅館在義大利小城市費用大約 15~20€，大城市約 20~25€。
- 義大利民宿聯盟 www.bbitalia.it

行

訂購義大利國內飛行的廉價航空機票

如果需要從義大利北部前往南端西西里島，建議善用國內廉價航空，不要坐長途火車。例如從巴里 Bari 到西西里島的卡塔尼亞 Catania 需要坐長達 14 小時不停轉車的火車，票價非常昂貴約 123€起跳；而搭乘廉價航空只需要花 1 小時 10 分鐘，票價只需要 35€含稅，當然是選擇搭乘廉價航空囉！同理可證，回台灣時從西西里島的首府巴勒摩 Palermo 飛回羅馬 Roma 需要坐長達 12 小時 41 分鐘的火車，票價非常昂貴約 124€起跳；而搭乘廉價航空只需要花 1 小時 10 分鐘，票價只需要 40€含稅，當然也是選擇搭乘廉價航空囉！

- 廉價航空比價網站 www.skyscanner.com.tw
- 低價航空聯合查詢網站 www.whichbudget.com
- 主要廉價航空：RyanAir www.ryanair.com ；EasyJet www.easyjet.com
- 義大利本土航空：Meridiana www.meridiana.it ；AirItaly www.airitaly.com
- 火車
  - 義大利國鐵入口網站 www.trenitalia.com
  - 免費APP智慧型手機應用程式 Trains Timetable Italy

免費查詢火車時刻表、購票、即時訊息更新。

義大利大都市的大眾運輸系統，都是統一由一家公司運行，因此一張票在有效時間內可以搭乘市區內所有交通工具(公車、地鐵、電車等，但只能進出地鐵一次。

行

羅馬 (羅馬交通官網 www.atac.roma.it)

大眾運輸網路完善，由於古蹟眾多滿地開花，適合以步行為主，搭配觀光巴士或地鐵的方式逛羅馬。

- 地鐵、電車、公車：單程票 1€ (75分鐘有效票)、1日票 4€、3日票 11€、7日票 16€
- 考古觀光巴士 Archeobus (48小時有效票) 12€

米蘭 (米蘭交通官網 www.atm-mi.it)

大眾運輸網路完善，景點以步行方式即可逛完，不太需要搭地鐵。

- 地鐵、電車、公車：單程票 1.5€ (90分鐘有效票)、1日票 4.5€、3日票 8.25€、4次票 6€、10次票 13.80€

佛羅倫斯 (佛羅倫斯交通官網 www.ataf.net)

市區古蹟相當多，不方便興建新的大眾運輸系統，只有巴士。步行是最適合的觀光方式。

- 巴士、小巴士、電車：單程票 1.20€ (90分鐘有效票，車上購票)、1日票 5€、3日票 12€、2次票 2.40€、4次票 4.70€、10次票 10€

威尼斯 (威尼斯交通官網 www.actv.it)

大眾運輸工具只有船，最適合以步行方式為主，搭配公船或汞多拉遊水都，船分3種。

- 公船 (水上BUS)：沿大運河行駛，速度緩慢，最便宜的交通工具。(1號公船每站都停 /82號只停幾個大站，所以速度較快 /N號可在夜間搭乘)。單程票 6.50€ (60分鐘有效票)、12小時票 16€、24小時票 18€、36小時票 23€、48小時票 28€、72小時票 33€
- 水上計程車 (小艇)：相當貴，從火車站到聖馬可廣場約 64€起 (1~4人)
- 汞多拉 Gondola(小舟)：穿梭在小水巷間，適合觀光客閒逸遊覽水都，人工划船最貴，1艘船 40分鐘 80€ (最多可6人共乘)，每多20分鐘多加 40€，夜間遊船 40分鐘 100€。汞多拉網址 www.gondolavenezia.it

行

西西里島

島內城市之間的來往以公車為主，火車班次少不方便。

通訊

- 打電話 (如果沒網路不能用 LINE 或 Skype)
  - 從台灣市話打到義大利：國際冠碼 (002)+ 義大利國碼 (39) + 區域號碼 (不去 0)+ 義大利市話號碼 8 碼 *** 義大利手機號碼前面都沒有 0，共 10 碼。
  - 從台灣市話打到「台灣帶至義大利漫遊手機」：直接撥台灣手機號碼 10 碼。
  - 從台灣手機打到義大利：義大利國碼 (39)+ 區域號碼 + 義大利市話號碼 8 碼。
  - 從台灣手機打到「台灣帶至義大利漫遊手機」：(886) + 台灣手機號碼 9 碼 (去前面的 0)。
  - 義大利市話打回台灣：國際冠碼 (00)+ 台灣國碼 (886)+ 區域號碼 + 電話號碼 8 碼 *** 市話或手機電話開頭是 0 須扣除。
  - 義大利市話打至「台灣帶至義大利漫遊手機」：國碼 (00886)+ 台灣手機號碼 9 碼 (去前面的 0)。
  - 「台灣帶至義大利漫遊手機」打義大利：義大利國碼 (39)+ 區域號碼 + 義大利市話號碼 8 碼。
  - 「台灣帶至義大利漫遊手機」打「台灣帶至義大利漫遊手機」：(+886) + 台灣手機號碼 9 碼 (去前面的 0)。
  - 在義大利打電話到任何地方都要撥打區域號碼。例如在羅馬市區要打電話到羅馬市區，仍要撥打區域號碼 06，跟台灣不一樣。免費電話 Numeri Verdi 的開頭為 800。另外週日晚上 23:00-06:00 打電話費用最低。

- 上網
  - **街上**：大城市四處可接收無線網路 WiFi，有些需付費有些則完全免費 (Gratuit)，但無論付費與否，都必須輸入一些基本資料。選擇網域後打開瀏覽器，在顯示登入連線 (connexion) 或使用條款同意書上勾選同意 (J'accepte) 才可正常上網。
  - **店家**：由於網路普及許多咖啡廳或速食店 (如麥當勞) 開始提供免費 WiFi。義大利有些附設咖啡館 Caffè 的書店，也提供 WiFi。
  - **飯店**：一般飯店都會提供免費 WiFi，訂房時須特別留意。
  - **網咖**：火車站或觀光區附近的巷道，都可找到上網中心，通常會標示 Internet 字樣，但費用相當昂貴 1 小時 2~7 €。
  - **郵局**：有些郵局另設有網路中心，但並不普遍。

省錢上廁所

- **速食餐廳**：速食餐廳通常都設有免費使用的廁所。
- **購物商場與百貨公司**：大部分大型購物商場與百貨公司都有免費廁所，只有少數需要付費。
- **熱門景點**：一般博物館、美術館或知名景點內都設有免費廁所。
- **飯店、餐廳或咖啡廳**：通常只提供給店裡的消費者。有時可以向服務生借廁所，有些願意借你免費使用。
- **路邊公共廁所亭**：有些城市會在觀光區設置路邊公共廁所亭，各種樣式都有，有時空間很小會以為是根柱子，有些則需要投幣。
- **火車站**：公廁幾乎都需要付 0.5-1 €，建議可以上火車後再上省錢費用。
- **教堂**：跟台灣廟不一樣，廁所不開放大眾使用，但少數教堂內還是可以找到沒有上鎖的廁所。

緊急電話

駐義大利台北代表處
Viale Liegi 17, Roma (在火車站前搭電車 3,19,360 號到 Urgheria-Liogi 站下)
當地直撥 06-9826-2800 、行動電話 3381418946 、3402802638 、3383173317

駐教廷大使館 Embassy of the Republic of China to the Holy See
Via della Conciliazione 4/d, 00193Roma,Italy
當地直撥 347-1748814 、行動電話 (39)347-1748814
www.taiwanembassy.org/VA

義大利緊急電話 (無論是公共電話或手機都可直接拿起電話撥打)：
- 醫療急救：118
- 警方求救：113,112
- 消防求救：115
- 歐洲緊急救助：112

外交部海外國人急難救助全球免付費專線：00-800-0885-0885

台灣旅外國人急難救助聯繫中心：+886-3-3982629 / +886-3-3834849

STATION 1

義大利
北義時尚水都

7日遊參考交通時刻表

日出 05:53
日落 21:15
18°C-24°C

日出 05:57
日落 20:59
18°C-24°C

日出 06:00
日落 21:20
13°C-23°C

€19   €19   Milano（住宿）
                    Genova   Centrale
Day 1 Torino   €19   Piazza   18:19-19:50
         Porta   11:05-12:49 Principe
         Nuova

                              €11.55   Verona Porta Nuova（住宿）
Day 2 Milano Centrale 19:25-21:20   日出 05:46 14°C-24°C
                                           日落 20:54

                                           1 轉
                                           在 Verona Porta Nuova 轉車   Vicenza（住宿）
          €3.45   Mantova   19:28-20:17 €12.45   日出 06:22
Day 3 Verona   13:30-14:16   20:29-20:54   日落 20:30

                                              €3.55   Venezia（住宿）
                              Padova   S. Lucia
          €3.55   18:00-18:48
Day 4 Vicenza 13:34-14:01

Day 5 Venezia   日出 06:19 日落 20:25, 14°C-24°C
         （住宿）

                              €10.85   Bologna Centrale（住宿）
Day 6 Venezia S. Lucia 17:43-19:40   日出 06:24 15°C-25°C
                                           日落 20:30

Day 7 Bologna

北義時尚水都

DAY 1 都靈 Torino & 熱那亞 Genova

DAY 2 米蘭 Milano

DAY 3 維洛納 Verona & 曼托瓦 Mantova

DAY 4 維琴察 Vicenza & 帕多瓦 Padova

DAY 5 威尼斯 Venezia

DAY 6

DAY 7 波隆那 Bologna

北義時尚水都 7 日遊玩超經濟消費總覽

	飲食消費	住宿消費	交通費用	遊樂費用
都靈 Torino& 熱那亞 Genova	12 € *1 天	雙人房 65 € (1 人 32.50 €)	火車 Torino → Genova → Milano 19 € +19 € =38 €	0 €
米蘭 Milano	11 € *1 天	雙人房 39 € (1 人 19.50 €)	火車從 Milano → Verona 11.55 €	0 €
維洛納 Verona& 曼托瓦 Mantova	10 € *1 天	雙人房 48 € (1 人 24 €)	火車從 Verona → Mantova → Vicenza 3.45 € +12.45 € =15.90 €	羅馬劇場與考古學博物館 1€ 茱麗葉之家 1€，古城堡博物館 1€ 阿雷納圓形競技場 1€ 茱麗葉之墓 & 溼壁畫藝術館 1€ 特皇宮 2.50 €
維琴察 Vicenza& 帕多瓦 Padova	10 € *1 天	雙人房 40 € (1 人 20 €)	火車從 Vicenza → Padova → Venezia 3.55 € +3.55 €=7.10 €	0 €
威尼斯 Venezia	12 € *2 天 =24 €	雙人房 *2 天 84 € (1 人 42 €)	火車從 Venezia → Bologna 10.85 €	0 €
波隆那 Bologna	10 € *1 天	住下一個城市	0 €	0 €
每人總計	77 €	138 €	83.40 €	

時尚水都位置圖

米蘭 Milano　維琴察 Vicenza

維洛那 Verona　威尼斯 Venezia

都靈 Torino　　　　　　　帕多瓦 Padova

熱那亞 Genova　曼托瓦　波隆那 Bologna

法國　　　　　　Mantova

比薩 Pisa　　　　佛羅倫斯 Firenze

聖吉米尼亞諾　　　　西恩納 Siena

San Gimignano

科西嘉島　　　義大利

Corsica　　　　Italy　　　　亞得里亞海

羅馬　　維蘇威火山　巴里

ROME　Vesuvio　Bari

撒丁尼亞島　拿坡里 Napoli

Sardinia　　　　龐貝 Pompei

地中海　　卡布里島　阿爾貝羅貝洛

Capri　　Alberobello

萊切

Lecce

0　　　　200 km

0　　　　120 miles

遊樂費用 (免費)

都靈 夫人宮 (古代藝術美術館)；聖卡洛廣場 (聖卡洛和聖克里斯蒂娜教堂)；聖約翰大教堂；蘇佩加大教堂；熱那亞 寇綿達廣場 (聖喬凡尼教堂)；瓦卡門；新街和羅里宮殿體系；法拉利廣場及周圍 (聖羅倫佐大教堂)；港口區

市立自然史博物館；米蘭大教堂；艾曼紐二世拱廊；史豐哲斯可城堡 (市立美術館)；仙皮歐尼公園 (和平之門 & 米蘭 水族館)；感恩聖母教堂；聖安布吉羅教堂；聖羅倫佐馬喬雷教堂

維洛納 布拉廣場；史卡利傑羅橋；史卡拉基園；羅密歐之家；香草廣場；領主廣場；卡比托賴圖書館；朱斯蒂花園； 曼托瓦 聖喬治治城 & 總督宮；索德婁廣場與大教堂；布洛雷多廣場；香草廣場；聖安德列教堂；阿科宮；貴立歐羅馬諾 之家；安德烈曼特尼亞之家；聖塞巴斯蒂亞教堂；格拉多聖母教堂；勝利聖母教堂；瓦倫蒂貢薩格美術館；歐薩那之

維琴察 福爾圖納托大教堂；聖瑪麗亞諾瓦建築 (世界遺產)；瓦爾馬拉納建築 (世界遺產)；蒂內博寧朗格列宮 (世界遺 產)；城堡之門；波爾圖宮 (世界遺產)；教區博物館；大教堂 (世界遺產)；錫芬納宮 (世界遺產)；布拉加羅莎宮 (世 界遺產)；波亞納 (世界遺產)；威尼斯共和國總督官邸；大會堂；蒂內宮 (世界遺產)；伊梭波宮 (世界遺產)；聖可洛 納教堂；史開雷特城門 (世界遺產)；
帕多瓦 聖尼可拉教堂；大教堂；聖喬凡尼門；聖利奧波德教堂；聖裘斯汀娜教堂；. 沼澤綠地；帕多瓦植物園；彭特克 沃門；聖安東尼奧教堂；聖索菲亞教堂；波提洛門

羅馬廣場；帕帕都普利花園；聖保羅廣場；. 聖特洛瓦索造船廠；韋尼耶萊奧尼宮；鳳凰劇院；聖馬可廣場 (聖馬可大教堂)； 造船所；大運河區；摩爾人小廣場；猶太區

現代藝術畫廊；馬喬雷廣場 (聖佩托尼奧大教堂 & 市政廳)；舊波隆納大學；聖多明尼哥教堂；聖史提芬廣場和教堂；雙塔； 市立歌劇院；工業藝術博物館與巴爾杰利尼畫廊；莫蘭迪之家

7 日總計 305.90 €

都靈 Torino

城市整體評價：★★★★

　　都靈 Torino 地處 Dora Riparia 河與波河交匯處，波河平原的東側，是北義皮埃蒙特區 Piemonte 首府，這裡擁有廣袤的平原和良好氣候，是義大利知名的魚米之鄉。城市東部的 Monferrato 丘陵，盛產葡萄酒和起司，西北部則是臨靠阿爾卑斯山；前往白朗峰及馬特洪峰的兩條古山道交匯處的奧斯塔溪谷，首府奧斯塔 Aosta，也是知名的羅馬時代古城，留有眾多的羅馬建築遺跡。若有像我們一樣在這裡轉車，也可以繞去看看，這裡就不加贅述了。

　　若依照我們 90 天的觀光路線，位居義大利西北部的都靈，是我們穿越法瑞義邊境的阿爾卑斯山，開始體驗義大利豐富的文化藝術以及浪漫人文歷史風情的第一站。這座在 1861 年義大利統一後，第一個做為國家首都的工業大城，擔任首都的角色只有統一後的短短三年，隨後義大利便遷都至佛羅倫斯。然而都靈沒有在歷史上缺席。19 世紀下旬開始，工業上的蓬勃發展，尤其是 1899 年義大利汽車產業的領導品牌，一度占義大利汽車生產高達九成以上的飛雅特 Fiat 企業的創立，使其成為開啟近代義大利現代化的工業重鎮之一，在義大利近代的政治和經濟上，皆占有舉足輕重的地位。作為 16 世紀以來薩瓦伊公國 Savoia 的領地重鎮，都靈舊市區內至今保留完整，大量來自於 17 世紀

後期的巴洛克式建築，就是薩瓦伊家族統治都靈期間，依照古羅馬的規劃風格，所型塑出來的美麗城市風貌。薩瓦伊家族是領導義大利邁入近代化國家的重要成員之一，義大利前身的薩丁尼亞王國，也與薩瓦伊家族息息相關，是此家族在西班牙繼承戰爭勝利後所建立的王國。19 世紀中葉，薩丁尼亞王國在當時首相加富爾 Cavour 的領導下，實現了使義大利列入近代強國之林的統一大業，建設完善行政機能發達的都靈，也因此成為了義大利統一後的首善之都。

　　19 世紀以來，工業飛躍性的成長和持續性進步，如今的都靈已成長為一座擁有近百萬人口的大城市，包括歐洲當地知名的汽車品牌飛雅特 Fiat 在內的許多知名品牌都設於此；城市既有繁榮的現代化風貌，亦保有悠久典雅的文化風情，棋盤式交錯的整齊街道，交匯而成的美麗廣場，和舊城區內大量建於 17 世紀後期的巴洛克式建築，是都靈市區令人印象最深刻的三大特色。而悠悠流經城區東側，河面寬達 100 公尺的波河兩岸，則替都靈優美的人文歷史風貌，添加浪漫風情。整體而言，都靈深受法國文化影響的城市街道規劃和巴洛克式建築，以及市區內列入世界遺產的三大建築傑作，其中特有的皮埃蒙特式巴洛克風格，都值得你花時間駐足賞味。

交通方便指數：★★★★★

　　作為北義大城，都靈對外交通相當發達，

不但有專屬的Caselle機場前往義大利各大都會，遊客也可選擇搭乘方便又便宜的火車。市區範圍很大，包含整個大都靈郊區，就設有數座火車站。最主要的就是位在市中心舊市區的新門火車站Stazione Porta Nuova，除了是國際線和長距離火車的停靠站外，也是距離都靈舊市區景點和商圈最近的停靠點。車站正門口出來沿著羅馬大道Via Roma直走，市區內的知名人文景點，包括對稱和諧的廣場以及雄偉壯觀充滿氣勢的巴洛克式風格建築幾乎都圍繞這條大道周圍，非常集中，一天內就可以步行方式走完；從車站正門步行至大道頂端的城堡廣場，時間則約30分鐘，棋盤式的街道規劃，更是許多路痴者的福音，市區內參觀建議步行即可。都靈是座非常現代化的大都市，市區交通非常完善，除了步行以外，若要到較遠的景點或是節省時間，可至新門車站西門側的站牌搭乘市區公車，或是搭乘先進的市內地鐵，也都非常方便。

自然美景指數：★★

皇宮Palazzo Reale後方人工修整完善的草皮和噴泉形成的庭園美景，與萬紫千紅的瓦倫蒂諾公園Parco del Valentino，以及洋溢閒散氣息的波河河岸風光，是市區內必不可錯過的美麗景色，其閒情逸致的氛圍，讓這座文化都市在典雅厚重的歷史韻味下，依舊閃耀著自然清新的氣質。市區內有兩個重要的眺望點，一個是位於皇宮東側的國家電影博物館Museo Nazionale del Cinema (Mole Antonelliana)，另一個是則位於波河東岸Monte dei Cappuccini小山丘上的國家山地博物館Museo Nazionale della Montagna，有著絕佳的高度可以飽覽城市景觀，還可以遠眺山景與河畔。

人文歷史指數：★★★★★

沿著羅馬大道Via Roma一路向北，市中心聚集的大量17世紀巴洛克式建築，塑造出這座工業大城的現代化外衣下，依舊保有的歷史人文面貌。這些古蹟建物，擁有嚴正對稱的建築線條、雄偉壯觀的外觀，與縱橫交錯的整齊街道和城市內處處可見的寬敞廣場，互相襯托，讓都靈擁有獨步於世、如同幾何學般，充滿嚴謹秩序美感的美麗市容。在這樣優雅華麗的市井風情下，漫步起來相當賞心悅目。市區內的這些古蹟建築，又以位在大道盡頭的城堡廣場P.za Castello

附近的皇宮 Palazzo Reale，最為華麗壯觀，皇宮屬於被列入世界遺產的薩伏伊皇家宮殿群 Residences of the Royal House of Savoy 的一部份。也是薩伏伊宮殿群，唯一一座位在市中心內的建築物，曾作為薩伏伊家族王室宮殿使用，除了皇宮 Palazzo Reale 以外，包括周圍的夫人宮 Palazzo Madama、卡理亞尼諾宮 Pal. Castello 等在內，無論內在和外觀都充滿華麗的巴洛克式風格，相當值得一看。薩伏伊皇家宮殿群位在都靈的另外兩座世界遺產，都座落在城市以外的郊區，由於地點過遠，這裡不多加介紹。一座是位在城市西南側，薩伏伊家族作為狩獵行館之用的史都頻尼基狩獵宮 Palazzina di Caccia di Stupinigi，其廣達 60 萬畝的廣闊森林庭園，和華麗精細的建築內部，號稱是薩伏伊家族最華麗的城堡；另一座是位在可俯瞰都靈市區山丘上的蘇佩爾加大教堂 Basilica di Superga，這兩座建築物都是出自建築師 Filippo Juvarra 之手，是皮埃蒙特巴洛克風格的典型代表作，若讀者在都靈有規劃更多時間，也相當推薦前往欣賞。

除了人文建築，市區內寬敞道路棋盤狀交錯而成的大大小小的美麗廣場，也是這座城市不可忽略的特色之一。每個廣場都擁有獨到風景，有的有噴泉造景，有的用現代藝術作品裝飾，廣場角落絕大多數設有露天餐廳和咖啡座，讓你用餐之餘享受都靈的人文風光。廣場上設置的大量公共座椅，更讓遊客和市民隨時可坐下休息，非常貼心。當地最著名的三大廣場，分別是位在從車站到皇宮之間、羅馬大道上的菲利斯廣場 Piazza Carlo Felice、聖卡洛廣場 Piazza San Carlo 和見證義大利統一後近代歷史開端的城堡廣場，剛好都是步行必經之地，別錯過了。另外都靈擁有 40 多間以上的博物館和美術館，呈現城市豐富的精神文化內涵，領域橫跨歷史、文化、藝術、宗教等內容，較為知名的有埃及博物館 Museo Egizio、東方美術館 Museo d'Arte Orientale、國家電影博物館 Museo Nazionale del Cinema、現代藝術美術館 Galleria Civica d'Arte Moderna、聖骸布博物館 Museo della Sindone、中世紀村 Borgo e la Rocca Medieovale、古代藝術美術館 Museo Civico d'Arte Antica、皇家武器館 Armeria Reale 和薩沃伊美術館 Galleria Sabauda 等，多半設立在舊市街沿路走來的這些巴洛克式建築內部，景點集中，逛起來也非常節省時間，可根據自身興趣挑一些喜歡的參觀。

世界遺產數量：1 個

薩沃伊皇家宮殿群 Residences of the Royal House of Savoy。

都靈通行証 TORINO+PIEMONTE CARDS：可以免費參觀200個景點，二天26€，三天30€，五天35€。

熱那亞 Genova

城市整體評價：★★★★★

　　座落在義大利西北部，俯視熱那亞灣 Golfo di Genova，雄踞地中海濱與一片丘陵之間的熱那亞，是自古便以發達的海洋貿易著稱於世的海港大城，沿著利古里亞海呈東西狹長狀的利古里亞區 Liguria 首府，城市居住人口約 65 萬，至今仍舊是義大利最大的海港之都。因為與法國南部阿烏雷利亞古道相接的優越位置，以及天然港灣的得天獨厚環境，讓這裡自古羅馬時代開始，便發展為貿易熱絡之地。自 12 世紀以降，隨著十字軍東征和海上貿易的開拓，熱那亞進入了歷史上的黃金時期，約莫與威尼斯崛起之時相當，商業的蓬勃發展，海洋貿易的繁榮，強大的海上商隊與軍艦，熱那亞成為中世紀時期與威尼斯共和國並列於世的海上王者，彼此競相爭奪海上王權，稱雄地中海域數百年，因此又有地中海之王的稱號。

曾為冒險家的夢想天堂

　　14 到 17 世紀更是熱那亞的全盛時期，其富有和強大權勢，使熱那亞成為了當時冒險家、銀行家、海上探險家的夢想天堂，貴族們當時在以 Via Garibaldi 街為中心，涵蓋 Via Garibaldi、Via Balbi、Via Cairoli 等古老街道範圍的新街區 Strade Nuove，建造了一棟棟炫人耳目統稱為羅利 Rolli 宮殿群的豪華別墅，並讓公國以這些豪華宮殿做為招待國外賓客之所在。如今留居在新街區上的這些 16、17 世紀古典建築，不僅讓遊客見證了當時熱那亞之繁華和令人咋舌的雄厚財力，位在地勢斜緩起伏小丘上的新街區域和宮殿群更於 2006 年被列為世界遺產，成為熱那亞在熱情洋溢充滿創新和冒險氣息的港口區 Porto Antico，以及古老窄巷交錯政府機構林立的古城區以外，最值得漫遊其中的精華區域。作為知名的海上強權，熱那亞也是孕育 15 世紀歐洲地理大

發現的啟蒙之地，以探險為一生職志，最後獲得西班牙王室贊助，創造了地理大發現以來人類探險史上的里程碑，發現美洲新大陸的哥倫布，就是出身於熱那亞。

　　漫步在熱那亞沿著港口向丘陵地擴張，熱鬧鼎沸車水馬龍的市中心，親身走一趟，你絕對會對這座古老海港兼具人文歷史氣息和熱情活力的港都魅力折服，其風情萬種和多元的城市面貌，完全超乎我們預期。遊客可以在古城區老舊巷弄間探索熱那亞過往的昔日繁華，或是悠遊於新街區上華麗氣派的宮殿玄關和中庭，又或是在港口區充滿熱帶活力氣息數株棕櫚樹交錯而列的濱海大道上，欣賞落日餘暉和並排而列的一艘艘豪華帆船遊艇，迎著海風散步放空，熱那亞的迷人風情令人回味無窮。

交通方便指數：★★★★★

　　熱那亞交通發達，火車班次很多，前往米蘭、都靈、比薩等周圍大城，相當方便，火車站也有提供背包客寄放行李的付費服務，非常適合短期的一日旅遊，所以也可以和我們一樣，不一定選擇住在這裡，參觀完就搭火車到下一個城市居住。唯一要注意的是，名字中帶有 Genova 地名包含地方的火車小站多達 20 幾座，主要大站則是位在市中心的兩座火車站，靠近市區東南側的 Brignole 車站，和在市區西北方向靠近港口北側的 Principe 車站。從 Principe 車站出來，沿著 Via Balbi 直行就是被列入世界遺產的羅利宮殿豪宅群，Brignole 車站則距離以法拉利廣場 Piazza De Ferrari 為中心的古城區較近，由於都在我們規劃的觀光範圍，所以不管到哪站下車都可以。市中心大抵上可分成新街區、古城區和港口碼頭區，範圍都在步行內，景點集中，步行逛完一圈，含休息時間，約莫 7 到 8 小時，夏季的話排一天遊玩，時間上還算充足，端視自己規劃。市區交通工具的選擇，除了巴士以外，市區設有數條纜車線與手扶梯可以通

往較高的丘陵地，建議搭乘以Cairoli街的Largo Zecca為起點至Righi高地的纜車線，從終點Righi的廣場上，熱那瓦的繁華城景和濱臨海灣的遼闊景色一覽無遺，景色最為壯觀。

自然美景指數：★★★★

沿著海岸線發展的熱那亞，前臨海後踞山的地形，讓它擁有海港都市裡少見的山海美景，遼闊海灣與丘陵上一間間聳立的豪華宮殿，在天邊紅色彩霞的暈染下，描繪出遼闊壯觀又美麗的迷人港都面貌。除可搭乘纜車欣賞外，新街區上的許多宮殿屋頂陽台和遼望台也都是居高臨下眺望美麗海港全景的極佳眺望點，不過有些建築物的觀景陽台得視天候狀況才會開放。走在港口區的濱海大道上，靠在碼頭邊一艘艘的觀光帆船與遠方海平面上的點點漁船，形成的浪漫海景，也相當推薦。

人文歷史指數：★★★★

承載輝煌歷史風華的熱那亞市區，大抵上可分為新街區、港口區和市中心的古城區三個觀光區域，每區的人文風情各具魅力。華麗豪宅林立的新街區，街道兩旁是一間間充滿歷史意義和保存完好的豪華宅邸，精巧的建築裝飾和文藝復興式的古典風格讓人打從心底讚嘆。走在石板道上，更會產生時光宛如倒流至中世紀的錯覺，古城區則是體驗熱那亞當地生活的最佳區域，迷宮般的窄巷和曲折小徑內林立著餐館、商店、雜貨店、手工藝店等小店，當地飲食、裝飾和庶民文化熱鬧呈現，在港口區裡則可以一邊欣賞海景一邊緬懷熱那亞過往榮光。

世界遺產數量：1個

新街和羅利宮殿體系 Genoa: Le Strade Nuove and the system of the Palazzi dei Rolli

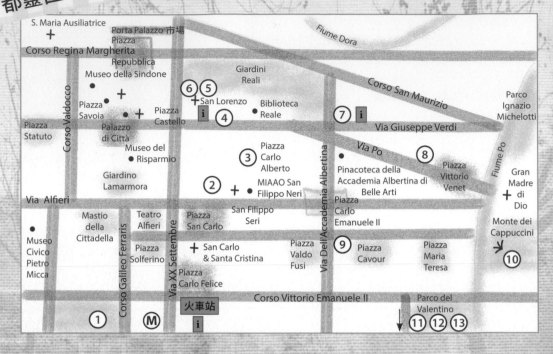

① 現代藝術美術館 GAM Galleria Civica d'Arte Moderna e Contemporanea

② 聖卡洛廣場 Piazza San Carlo (聖卡洛和聖克里斯蒂娜教堂 San Carlo e Santa Cristina)& 埃及博物館 Museo Egizio

③ 卡里尼亞諾宮 Palazzo Carignano (義大利文藝復興博物館 Museo Nazionale del Risorgimento Italiano)

④ 夫人宮 Palazzo Madama (古代藝術美術館 Museo Civico d'Arte Antica) 推薦

⑤ 皇宮 Palazzo Reale (皇家武器館 Armeria Reale& 薩沃伊美術館 Galleria Sabauda) 推薦

⑥ 聖約翰大教堂 Duomo di San Giovanni Battista & 聖骸布博物館 Museo della Sindone 推薦

⑦ 國家電影博物館 Museo Nazionale del Cinema

⑧ 裝飾藝術博物館 Museo di Arti Decorative

都靈旅遊局 (Turismo Torino e Provincia)
Piazza Castello/Via Garibaldi/Stazione ferroviaria di Porta Nuova
查詢網頁：www.turismotorino.org
查詢郵件：info.torino@turismotorino.org

⑨ 自然科學博物館 Museo Regionale di Scienze Naturali

⑩ 國家山地博物館 Museo Nazionale della Montagna (眺望點)

⑪ 國家汽車博物館 Museo Nazionale dell'Automobile

⑫ 喬瓦尼與瑪蕊樂美術館 Pinacoteca Giovanni e Marella Agnelli

⑬ 中世紀村 Borgo e la Rocca Medieovale

⑭ 蘇佩加大教堂 Basilica of Superga 推薦

⑮ 史都頻尼基狩獵宮 Palazzina di Caccia di Stupinigi (家具博物館 Museo dell'Arredamento) 推薦

夫人宮 Palazzo Madama
(古代藝術美術館 Museo Civico d'Arte Antica)

夫人宮是城堡廣場上另一棟精緻華麗的皇室建築，就位在皇宮的右側，巨大的建築架構，擁有不遜於皇宮的迷人魅力。因卡洛艾曼紐二世的未亡人曾居住於此，因而得名為夫人宮。這座中世紀就存在的建築，從宮殿玄關的階梯開始，雕像、壁飾雕刻等裝飾，皆呈現華麗的巴洛克風格，充滿了典雅奢華的貴族氣息，也是一座相當值得參觀的歷史建築。內部共四層樓的空間，現今規劃為古代藝術美術館，需另外購票，收藏非常豐富，地下室以中世紀的石雕和珠寶為主，地面層展示十五世紀的城堡和中世紀以來包含文藝復興時期的宗教畫，一樓數十間巴洛克式樣的房間和頂樓，則展示17、18世紀的繪畫和家具，以及陶瓷、象牙、珠寶、紡織品、玻璃製品等當地特有的裝飾藝術，這些珍貴文物，將薩伏依王朝統治六個世紀以來，阿爾卑斯山和周邊地區的文化和藝術品味完整呈現，並讓我們背包客可以更為了解當地的風俗民情。更棒的是，若不想付費參觀，只想看看宮殿，從大門進去的階梯和中庭庭院是免費參觀的，可別錯過這個好康。

- 營業時間：休一，二~六 10:00-19:00，日 10:00-19:00
- 票價：階梯庭院免費參觀；美術館永久展含臨時展全票10€｜10-25歲8€｜每月第一週二免費
- 網址：www.palazzomadamatorino.it

皇宮 Palazzo Reale
(皇家武器館 Armeria Reale&薩沃伊美術館 Galleria Sabauda)

優惠 HOT SPOTS

世界遺產 RECOMMEND HOT SPOTS

　　位在城堡廣場正面的皇宮，建於17世紀，作為當時薩伏伊王室統治的權力中樞，是都靈數個世紀以來的政治中心，也是薩伏伊王室領導義大利，邁入近代統一國家發展的輝煌和富裕象徵。1861年6月，薩丁尼亞國王伊曼紐二世 Victor Emanuele II 登基為義大利王國國王，聞名於世的義大利統一宣言，就是在皇宮宣讀，可以說這裡見證了義大利開國的榮光歲月。直到1865年，王室成員也都居住於此，是個饒富歷史意義的歷史景點。作為數世紀以來的權力中心，皇宮建築外觀雄偉磅礴，與正門外優雅的城堡廣場，共同體現巴洛克藝術秩序中帶華麗的藝術美感，以皇宮為首的周遭宮殿群環繞其中，充滿了皇家威嚴，讓人一眼就被其氣勢懾服。這座優雅華麗的美麗建築，曾在18、19世紀經過兩次大改建，不同建築風格的和諧共處，也呼應了義大利文化的多元面貌。

　　皇宮內部眾多陳設華麗的房間，則體現皇室的奢華生活和尊榮氣息，從木質地板、擺飾雕刻、收藏品到富麗堂皇的整體裝飾，無不充滿了皇家的威嚴和奢華，令人驚嘆不已。除了皇室起居空間，內部還設立了皇家武器館和薩沃伊美術館以及古物博物館三個展區，以皇宮內的優美豪華作為展示空間，相當大氣。博物館展示品皆以國王和皇家的收藏為主，有些則是來自於大學、畫廊等民間機構和貴族的私人收藏。武器館收藏了來自12到18世紀當地樣式的盔甲、武器和文獻等相關文物。設立於1832年薩沃伊美術館，原名為皇家美術館 Royal Gallery，1860年具備了國家博物館的地位，1932年博物館遷到如今的二樓位置，並改名為薩伏伊畫廊 Savoy Gallery，以紀念其來自薩伏伊皇室和熱那亞公爵的主要收藏來源，裡面展覽大量義大利的藝術作品，以及包括荷蘭、法國等地中世紀以來的畫作。由於參觀內部的票價偏高，建議購買聯票會比較划算。

- 🕐 營業時間: ㊡一, 二~六 08:00-19:30
- 💲 票價: 皇宮&武器館&美術館&古物博物館全票12€｜優惠票6€
- 🏠 網址: www.ilpalazzorealeditorino.it

推薦景點

聖約翰大教堂
Duomo di San Giovanni Battista & 聖骸布博物館 Museo della Sindone

外觀上呈現文藝復興風格的聖約翰大教堂，緊鄰皇宮西側，是城堡廣場上不可錯過的景點之一。教堂內部莊嚴肅穆，不過最吸引人的，還是附屬的聖骸布博物館 Museo della Sindone 收藏的號稱耶穌遭到處死後裹在他身上的聖骸布，這個在天主教信徒心目中，地位崇高號稱見證神蹟的聖物，是只有聖年才會提供展示的鎮館之寶，如今在博物館內看到的是複製品，布面上形似一位手腳被釘上釘子的男子圖像，看了令人相當震撼，每年總是吸引無數信徒前往朝聖觀摩。然而根據科學考證，有些專家認為這塊布是中世紀的偽造品，有些則認為是真品無誤。眾說紛紜下，雖然真實性有待商榷，不過其珍貴性不言可喻。

🕐 營業時間：一~日 09:00-12:00, 15:00-19:00
💲 票價：教堂免費參觀；博物館全票6€‖學生24歲以下5€
🏠 網址：www.sindone.it

推薦景點

蘇佩加大教堂
Basilica of Superga

以薩伏伊家族的皇家陵墓所在地而名聞遐邇的蘇佩加大教堂，薩伏伊王室大多數成員共62座的陵墓，就安葬在教堂下方，以其重要的歷史地位和美麗建築式樣，屬於被列入世界遺產的薩伏伊皇家宮殿群之一，是來都靈不可錯過的美麗建築。大教堂與薩伏伊家族另外一間知名的史都頻尼基狩獵宮 Palazzina di Caccia di Stupinigi，皆為建築師 Filippo Juvarra 的代表傑作，是18世紀皮埃蒙特式風格的經典範例，這種樣式是晚期巴洛克古典主義風格的一種支派；大教堂的雄偉外觀完美詮釋了這種風格，美麗巨大的圓形穹頂相當吸睛，搭配門外迴廊的巨大立柱，呈現統一和諧的美感。

大教堂地處城市東部蘇佩爾加山山頂上，擁有一望無際的視野，可以眺望美麗的城市景觀與河畔景色，由當時的薩伏伊公爵維托里奧 • 阿梅迪奧二世 Vittorio Amedeo II，也就是後來建立薩丁尼亞王國的第一任

國王，在1717到1731年興建而成，他因為在都靈戰役期間，向聖母許下擊敗敵人的誓願，為了還願，便在山丘頂興建這間大教堂。

🕐 營業時間：3-10月 一~五 09:00-12:00, 15:00-18:00‖週末09:00-12:00, 15:00-19:00‖10-3月 一~五 09:00-12:00, 15:00-17:00‖週末09:00-12:00, 15:00-18:00
💲 票價：教堂免費參觀；圓頂全票3€‖學生2€；墓地3€；國王的房間4€
🏠 網址：www.basilicadisuperga.com

如何前往教堂：從都靈的城堡廣場 Piazza Castello 搭15號巴士在 Sassi 下車，然後搭乘 Tranvia 登山電車到 Dentera。

推薦景點

史都頻尼基狩獵宮
Palazzina di Caccia di Stupinigi (家具博物館 Museo dell' Arredamento)

　　位在都靈郊區，雄偉聳立在一片廣袤森林旁的狩獵宮，是薩伏伊家族18世紀初，為了在森林打獵所設立的狩獵行館。宮殿由蘇佩加大教堂的建築師Filippo Juvarra一手打造而成，是中歐宮殿建築的經典傑作，雖然只是皇家娛樂休閒之所，卻是被列入世界遺產的薩伏伊宮殿群裡，規模最大也最華麗的宮殿，皇室成員的聚會和婚姻也常在這裡舉辦。

　　外觀上呈現典型皮埃蒙特式樣的這座華麗建築，從中間的巨大圓柱體向左右延伸的格局，充滿了法式建築風情，典雅氣質，讓人難忘。建築物從1729年動工到18世紀末為止，中間還經歷了許多建築師的擴張，因此建築架構也非常完善，除了宮殿本體，狗舍、馬廄、僕人房等設施一應俱全，與周圍廣達60萬坪的庭園，構築出當年王室的豪華生活面貌。宮殿內部如今以家具博物館的形式對外公開展示，將都靈地區的家具裝飾以及貴族的生活風貌完整呈現，值得進來看看。

🕐 營業時間：㉫一，二~五10:00-17:30，週末10:00-18:30
💲 票價：全票12€∥大學生8€
🏠 網址：www.ordinemauriziano.it

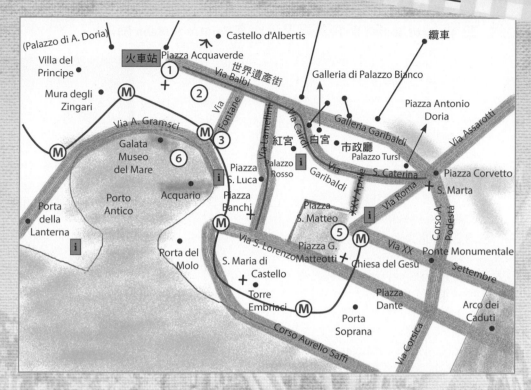

(Palazzo di A. Doria)

Villa del Principe

Mura degli Zingari

Castello d'Albertis

火車站

Piazza Acquaverde

世界遺產街

Via Balbi

纜車

Galleria di Palazzo Bianco

Piazza Antonio Doria

Via Assarotti

Via Fontane

Via Cairoli

Via Lomellini

紅宮

白宮

Galleria Garibaldi

市政廳

Palazzo Tursi

Via A. Gramsci

Galata Museo del Mare

Piazza S. Luca

Palazzo Rosso

Via Garibaldi

Via XXV Aprile

S. Caterina

Via Roma

Piazza Corvetto

S. Marta

Acquario

Piazza Banchi

Piazza S. Matteo

Corso A. Podestà

Porta della Lanterna

Porto Antico

Porta del Molo

Via S. Lorenzo

S. Maria di Castello

Torre Embriaci

Piazza G. Matteotti

Chiesa del Gesù

Via XX

Settembre

Ponte Monumentale

Piazza Dante

Porta Soprana

Corso Aurelio Saffi

Via Corsica

Arco dei Caduti

① 寇綿達廣場 Piazza della Commenda（聖喬凡尼教堂＆聖喬凡尼牧草劇院博物館 Commenda di San Giovanni di Pré）

② 皇宮 Palazzo Reale（斯特凡諾巴爾比宮 Palazzo Stefano Balbi） 推薦

③ 瓦卡門 Porta dei Vacca

④ 新街和羅利宮殿體系 Le Strade Nuove e Palazzi dei Rolli 推薦

⑤ 法拉利廣場及周圍 Piazza de Ferrari（公爵宮＆卡洛費利切劇院＆聖羅倫佐大教堂） 推薦

⑥ 港口區 Porto Antico（熱那亞水族館＆海洋博物館） 推薦

熱那亞旅遊局（Ufficio di Informazione e Accoglienza Turistica）
Palazzo delle Torrette (Via Garibaldi, 12r)
查詢網頁：www.visitgenoa.it
查詢郵件：info@visitgenoa.it

皇宮 Palazzo Reale (斯特凡諾巴爾比宮 Palazzo Stefano Balbi)

優惠
HOT SPOTS

　　位在Via Balbi街上心臟地帶的皇宮Palazzo Reale，是聚集在新街區的羅利宮殿群裡一棟堪稱貴族宅邸典範的豪華公館。原本是17世紀巴爾比家族的私人別墅，出自建築師Pier Francesco Cantone之手，稱之為斯特凡諾巴爾比宮Palazzo Stefano Balbi，1677年在歐亨尼奧都拉斯Eugenio Durazzo的設計下，宅邸的建築風格轉換為現今令人印象深刻，讓人想起羅馬宮殿的巴洛克式風格，並於1824年獲得薩丁尼亞王國的王室家族薩伏伊家族Savoy的青睞，成為王室在熱那亞的行宮，故名為皇宮。

　　如今被列為政府列為利古里亞區歷史遺產的這棟高尚住宅，內部作為皇宮博物館Galleria di Palazzo Reale museum對外開放，是新街區中多數改建為銀行、辦公機關的豪宅古蹟中，少數能入內一睹其華麗裝潢的建築物。內部廣大的空間，可以欣賞到一系列包括18世紀都拉斯家族Durazzo和19世紀薩伏伊王室曾經居住過的優雅房間和生活空間，如可追朔到18世紀的鏡廳Galleria degli Specchi、繪有精美濕壁畫的瓦萊里奧卡斯特羅廳Sala di Valerio Castello、教堂畫廊Galleria della Cappella、御座房Sala del Trono、舞廳Salone da Ballo擺設都拉斯家族成員肖像畫的會見廳Sala delle Udienze等等，濕壁畫、灰泥雕刻等精緻裝飾和家具布置，都讓人見識到這些貴族們的豪奢生活。展出的繪畫作品裡，則以佛蘭德斯畫家范戴克Van Dyck的《女士自畫像》和《十字架》，兩件繪於17世紀的繪畫名作，最值得一看，另外景觀優美的露臺、種滿奇異花卉的花園以及用來裝飾內部庭院的美麗馬賽克鵝卵石圖案等熱那亞貴族宅邸常見的特色，都是令人印象深刻的地方。

🕐 營業時間：◻️◻️09:00-13:30, ◻️~◻️09:00-19:00
💲 票價：全票4€∥18-25歲2€
🏠 網址：www.palazzorealegenova.it

新街和羅利宮殿體系
Le Strade Nuove e Palazzi dei Rolli

從 Principe 車站步行出來，沿著 Via Balbi 街道行走，映入眼簾的，就是被列入世界遺產，座落在 Corvetto 廣場西北側約 1.5 公里範圍內的丘陵地，由 Via Garibaldi、Via Balbi、Via Cairoli 等古老石板街道組成的新街區。16 到 17 世紀，這裡興起了一股豪宅興建熱潮，在熱那亞貴族的打造下，這個區域形成了當時的貴族居住區，也可以說是中世紀的高級住宅大街，林立著一間間華麗非凡的豪宅和華廈群落；精緻華麗，氣派輝煌，是當時公國用來招待國王、貴族、主教、大使等國外賓客的公共場所，巴洛克式和文藝復興式樣的古典別墅，讓人彷彿置身在熱那亞當年的無盡繁華裡。如今這些宮殿群不是仍是私人住宅就是改為銀行、公署等政府或民間機構，大多只能欣賞外觀，不過仍有部分改為美術館和市政廳的建築，可入內參觀，像是位在 Via Garibaldi 上的白宮 Palazzo Bianco、紅宮 Palzzo Rosso、圖魯西宮 Palzzo Tursi 等。白宮作為美術館展示 17 世紀以來熱那亞畫派和法蘭德斯畫派作品，紅宮則提供原本房子持有人 Brugnole Sale 家族兄弟在裡面的收藏品展示，最知名的是魯本斯 Ruben、范戴克 Van Dyck 替他們家族成員所繪的肖像畫、珍貴的印刷品以及熱那亞畫派和部分來自北歐的異國風景畫，如今作為市政廳使用的圖魯西宮則以展示知名小提琴家帕格尼尼 Paganini 最喜歡的小提琴 Cannoe 和相關遺物知名於世，也收藏一些裝飾藝術品和彩釉陶器等熱那亞當地文物。這三間宮殿有販售參觀聯票，有需要的可在白宮和圖魯西宮中間的書店購買。附帶一提，紅宮的屋頂陽台，擁有欣賞熱那亞古老海港城景的絕佳視野，眺望之下，後方的近郊山頭與前方蔚藍大海以及城區裡美輪美奐的屋瓦房舍所形成的動人美景，非常賞心悅目。

紅宮

圖魯西宮

推薦景點
法拉利廣場及周圍
Piazza de Ferrari (公爵宮 & 卡洛費利切劇院 & 聖羅倫佐大教堂 **)**

　　與貴族豪宅群聚的加里波底街 Via Garibaldi 相比，法拉利廣場 Piazza de Ferrari 及其周圍由許多窄巷、廣場組成的古老區域，屬於熱那亞古代以來就非常熱鬧的古城區，也是遊客體驗熱那亞當地風情的最佳場所和熱那亞的市中心所在。法拉利廣場中央的環狀噴泉相當壯觀襯托著一旁典雅的卡洛費利切劇院 Teatro Carlo Felice，而緊鄰的馬提歐地廣場 Plazza G. Mattetoi 上則聚集了公爵宮 Palazzo Ducale 和聖羅倫佐大教堂 Cattedrale di S. Lorenzo 等悠久的歷史建築，非常值得參觀。

　　位在法拉利廣場上的卡洛費利切歌劇院，為建築師卡羅巴拉賓諾 Carlo Barabino 所設計，建於 1827 年，如今的外觀是二次大戰遭到轟炸毀損後在原有地址上修復而成，在設計師羅西 Aldo Rossi 操盤下，歌劇院依舊保有古典風格的雄偉外觀，特別是正門外的巨大立柱，充滿了羅馬神殿氣息，內部主劇場是個提供 2000 座位的廣大空間，還有一個舉辦音樂和會議的小型 200 人座位的小劇場。多年來，世界上最重要的指揮家和樂團，以及著名舞蹈團和通俗音樂會都有登上這座劇院表演。

　　建於 1298 年的公爵宮，是熱那亞最富盛名地標建築之一，自完工以來就是統治這座城市的公爵官邸，富含歷史意義。這棟古老中世紀建築，在 14 到 16 世紀曾經歷多次擴建改建，以賦予符合熱那亞逐漸崛起擁有強大政經實力的相配地位，18 世紀末的火災，雖然遭到部分毀損，後續添加新古典主義元素的修復，讓建築風格更為多元。19 到 20 世紀公爵宮持續進行歐洲最大的修復工程，並在 1992 年對外開放，公爵宮如今成為熱那亞市民的驕傲和藝文活動重鎮，經常提供出色場地舉辦大型展覽等相關藝文活動。

　　聖羅倫佐大教堂 Cattedrale di S. Lorenzo，也是古城區不可錯過的的古蹟，在呈現哥德式樣的正立面下方，會見到兩座守護門口的栩栩如生的獅子雕像，與大教堂黑白相間的外觀，相當具有特色。大教堂的藝術風格和裝飾結合了哥德式、羅馬式、文藝復興式樣等多元風格，從九世紀開始，便取代另一座十二使徒教堂，成為熱那亞主教座堂。寶物殿 Museo del Tesoro 則位於大教堂的地下室，展示了從 11~19 世紀的金製與銀製聖物傑作，其中最重要的收藏包括 9 世紀的玻璃容器 Sacro Catino、拜占廷式的聖骨盒 Croce degli Zaccaria 以及熱那亞守護聖人聖施洗約翰的骨灰，是相當珍貴的聖物。

🕐 營業時間：美術館 🔲~🔲 14:30-18:30；
　　寶物殿 🔲~🔲 09:00-12:00, 15:00-18:00
💲 票價：大教堂免費；美術館全票 5€；
　　學生 3€；寶物殿 4.50€
🏠 網址：www.palazzoducale.genova.it；museo.
　　accademialigustica.it；
　　www.museidigenova.it

公爵宮

推薦景點

港口區 Porto Antico (熱那亞水族館＆海洋博物館)

優惠 HOT SPOTS

　　停靠大量遊艇帆船充滿悠閒氣氛的港口區，是最能呈現熱那亞海上王國榮光的地方。漫步於重新規劃過後的濱海大道，沿途可見販賣當地特色的紀念品、小吃攤販和遊樂設施，非常熱鬧；其中最令我們印象深刻的是港口停靠著一艘海盜船，有興趣的朋友可以買票上去參觀。吹著迎面而來充滿海港氣息的微風，熱鬧漁市和美麗海景，讓人身心靈獲得充分滿足。不過盡量不要往靠近 Principe 車站附近的巷弄街道走去，較為陰暗和潮濕髒亂，常見到許多不良份子和流浪漢聚集，盡量沿著碼頭人來人往的大馬路行走。

　　港口區最知名的景點就是位在碼頭邊依著港口而建，1992 年開放的熱那亞水族館 Acquario di Genova，是義大利規模最大的水族館，也是熱那亞非常熱門的旅遊景點，展示的水域和生物多樣性在歐洲可謂數一數二，裡面展示從世界各地蒐羅而來，從淺海到深海的海洋生物，讓人大開眼界。海洋博物館 Galata Museo del Mare 則是由造船廠改建而成，展覽路線依照歷史發展，從一樓的木槳船為主題到二、三樓以帆船和船艦技術演進下的實體船艦展示，也包括人類探索世界的地理相關文獻資料和文物器具等，三樓也有規劃互動區，讓遊客體驗當年義大利移民前往美國的浩大進程。

🕐 營業時間：水族館 7-8 月 08:30-22:30∥3-6&9-10 月 09:00-20:00 (週末 8:30-21)∥1-2,11-12 月
　09:30-20:00 (週末~21)；海洋博物館 3-10 月 10:00-19:30∥
　11-2 月 一~五 10:00-18:00 週末 10:00-19:30

💲 票價：水族館全票 24€；海洋博物館全票 12€，含潛艇 17€；水族館＋海洋博物館＋潛艇 37€

🏠 網址：www.acquariodigenova.it；www.galatamuseodelmare.it

熱那亞水族館

第二站

米蘭

一日遊

城市整體評價：★★★★★

位在北義倫巴底區的米蘭，有兩大身分，讓前往一遊的遊客對它的無窮魅力流連忘返。第一個身分是現代流行時尚的發源地，世界公認的時尚重鎮，與巴黎、紐約並駕齊驅，總是引領全球時尚潮流尖端，吸引來自各領域的設計愛好者前往朝聖，從工業、服裝設計、建築、視覺設計到街頭上隨處可見的印刷品、雜誌、海報、櫥窗陳設等，無一不替遊客帶來視覺上的驚喜和時尚文化的強大感染力；另一個身分則是承接自羅馬時代以來歷史發展精華的古都名城，從位在市中心哥德式建築經典傑作，米蘭最具代表性的地標「米蘭大教堂」，到收藏達文西經典名作《最後的晚餐Cenacolo Vincino》，連同作品和修道院被列為世界遺產的感恩聖母教堂Santa Maria delle Grazie，多不勝數的歷史古蹟，見證了米蘭在不同時代所發出耀眼光芒和其在歐洲歷史所扮演的重要地位。

位在肥沃的倫巴底平原上的米蘭，本身就具備良好城市發展條件，從羅馬帝國便是經濟繁榮商業貿易發達的大城，羅馬分裂為東西兩大帝國後，米蘭一度成為帝國中心。12世紀初，米蘭與其他北義城邦如威尼斯、熱那亞、都靈一樣，隨著十字軍東征獲得貿易開拓的機會，13世紀末在維斯康堤家族Visconti的統治下快速發展，1395年米蘭大公國建立，以維斯康堤家族女婿身分的史豐哲斯可家族Sforza接班掌權後，米蘭進入了黃金時期，在史豐哲斯可家族統治期間，以米蘭大教堂為中心呈放射狀向外延伸至城牆的中古市街規畫和米蘭大教堂的興建等政策，不僅塑造出米蘭迄今仍可見到在現代工業城市面貌下所保有的中古城市韻味，對文學藝術的保護和獎勵包括對文藝復興時期的藝術家、文學家、哲學家的大量延攬聘用，更確保了北義大利文藝復興在米蘭的開花結果和蓬勃發展，與奠定佛羅倫斯文藝復興成果並在歐洲政壇上呼風喚雨的麥迪奇家族一樣，米蘭的過往榮光可説與史豐哲斯可家族牢牢綁在一起。

這座被稱之為設計之城或是藝術與時尚之都的美麗城市，其蘊含厚重人文內涵的歷史古蹟與現代時尚設計風潮的獨特個性，文藝復興以來孕育出的強大創造力和對發展創新的渴望，挑動每一位到訪遊客的藝術細胞和感官美學，以及對人文美感的再提升。作為義大利文化時尚之象徵，現代設計重鎮的米蘭，等著你的再次詮釋。

交通方便指數：★★★★★

米蘭是現今北義倫巴底大區首府，市區範圍大，城市內的火車站超過10個，離市中心最近也最大的火車站，是位在市中心東北方的中央車站Stazione Central，也是大多數國內線和國際線列車一定會停靠的大站。通往佛羅倫斯、羅馬、威尼斯等大城的班次非常頻繁，大多數的車種和列車包含最快速的FS線都會停靠於此，附帶一提，為了因應每年大量的遊客和國際人士，空間廣大分成月台樓層、地面層和地下室三層空間的中央車站，其內部規劃已經越來越成熟，不僅有米蘭知名的流行服飾店進駐，商場、用餐、超市、書店都有規劃，非常方便。除了火車或是長途巴士，聯外交通也有馬賓薩機場Malpensa Airport可以搭乘飛機，前往機場的交通有Pullman巴士與馬賓薩鐵道Malpensa Express。

中央車站距離市中心的米蘭大教堂仍有段距離，步行約需30分鐘，從米蘭大教堂前往市區其他知名的主要景點，較遠的如史豐哲斯可城堡、感恩聖母教堂、達文西國家科學技術博物館Museo Nazionale della Scienza e della

Tecnologia "Leonardo da Vinci" 等，步行也都須20分左右，建議搭配地下鐵網絡會輕鬆許多。米蘭地下鐵對遊客來說是最方便的市區交通工具，分成 M1、M2、M3 三線，市區內所有觀光景點幾乎都有涵蓋，這邊不另外介紹路面電車和巴士，因為較為複雜，搭乘地下鐵就夠了。

自然美景指數：★★

現代時尚之都米蘭，市區內設立許多座美麗的花園和公園，遍佈的綠地，讓米蘭的人文藝術氣息更加濃厚，這些花園通常佔地廣大，是當地市民抒放身心的散步場所。市區內我們推薦兩個公園，一座是位在史豐哲斯可城堡後方的仙皮歐尼公園 Parco Sempione，廣大的天然綠地內，林蔭高聳，公園內還有池塘、小橋、運動場、博物館、水族館等設施，參觀完古堡後，非常適合散步放鬆一下。另一個是位在市區東北側的公共花園 Giardini Pubblici 設立於1857~1862 年之間，典型的英式花園風格，園內有池塘造景，也有市立自然史博物館等人文建築。若在米蘭有排超過兩天時間，可到市中心南方的那維利奧運河 Naviglio Grande 走走，穿過新古典主義風格的 Ticinese 門，就會到這條在建造大教堂過程中，擔負運送建造米蘭大教堂大理石建材重任的運河，與另一條交匯的那維利奧溝渠 Naviglio Pavese。這裡保留了米蘭中世紀以來的風貌，岸邊風景秀麗。另外這裡也是街頭流行潮牌和年輕人的聚集地，每月最後一個禮拜日會舉辦古董市集，人氣相當旺。

人文歷史指數：★★★★★

作為擁有濃厚人文氣息，北義文藝復興的重鎮，米蘭在歐洲史和天主教史上扮演了重要地位，因此歷史古蹟和人文景點非常多，且多集中在米蘭大教堂四周。除大教堂、感恩聖母教堂、聖安布吉羅教堂等必去的精彩宗教建築，你可漫遊在布雷拉畫廊 Pinacoteca di Brera 周遭美術館林立的藝文區，到史卡拉歌劇院 La Scala Theatre 傾聽一場世界級的音樂饗宴，或拜訪訴說米蘭公國強盛輝煌歷史的史豐哲斯可城堡。並到旁邊的米蘭三年展館 Triennale，參觀最新設計趨勢，或至時尚潮流店、咖啡館、餐廳、速食店聚集的艾曼紐二世大道 Corso V. Emanuele II 熱鬧商圈，體驗米蘭活躍的流行街頭文化，這些都是米蘭極具魅力的景點。而世界級精品名牌店林立，街頭櫥窗總是展示最新精品趨勢的拿破崙街 Via Monte Napoleone 以及史畢加街 Via della Spiga 圍起的四角區，更是喜好精品者不可錯過之地。此外，米蘭作為倫巴底首府，市區裡還處處洋溢著義大利民族的創新精神，米蘭市民對音樂、藝術的愛好和熱衷程度，可以說就像吃飯喝水一樣稀鬆平常。隨處可見的音樂廳和當代戲劇舞台、大大小小的影院藝廊，將現代和古典的表現藝術如電影、舞蹈、歌劇等，在充滿活力的市民日常繁忙生活中播放，令人見識到它現代大都會下的人文素養。

世界遺產數量：1 個

擁有達文西《最後的晚餐》壁畫的感恩聖母教堂及修道院 Church and Dominican Convent of Santa Maria delle Grazie with "The Last Supper" by Leonardo da Vinci

米蘭旅遊局 (Turistica Provincia di Milano)
Piazza Duomo 19/A
查詢網頁：www.tourism.milan.it
查詢郵件：iat.info@provincia.milano.it

① 市立自然史博物館 Civici Museo di Storia Naturale 推薦

② 米蘭大教堂 Duomo & 王宮 Palazzo Reale (大教堂博物館 Museo del Duomo) 推薦

③ 艾曼紐二世拱廊 Galleria Vittorio Emanuele II 推薦

④ 史卡拉劇院博物館 Teatro alla Scala 推薦

⑤ 布雷拉美術館 Pinacoteca di Brera 推薦

⑥ 史豐哲斯可城堡 Castello Sforzesco (市立美術館 Civici Musei d'Arte) 推薦

⑦ 仙皮歐尼公園 Parco Sempione (和平之門 Arco della Pace & 米蘭水族館 Acquario) 推薦

⑧ 感恩聖母教堂 Santa Maria delle Grazie (最後的晚餐 Cenacolo Vinciano) 推薦

⑨ 聖安布吉羅教堂 Sant Ambrogio 推薦

⑩ 聖羅倫佐馬喬雷教堂 Basilica di San Lorenzo Maggiore alle colonne 推薦

⑪ 安布吉羅美術館 Pinacoteca Ambrosiana 推薦

推薦景點

市立自然史博物館
Museo Civico di Storia Naturale

位於公共花園 Giardini Pubblici 內的市立自然史博物館，是我們非常推薦的博物館，展覽豐富，涵蓋地質學、古生物學、岩石學和礦物學，展示大量與自然科學有關的化石與標本，其中一億五千萬年前的異特龍 Allosaurus 的骨骼標本最令人印象深刻，建議利用下午4點半後的免費時間，過來看看，獨家推薦。

營業時間: ㉠㊡ 1/1,5/1,12/25；09:00-17:30
💲 票價: 博物館全票3€ ‖ 大學生1.50€ ‖ 週五14:00後&每天16:30後免費參觀
🏠 網址: www.comune.milano.it

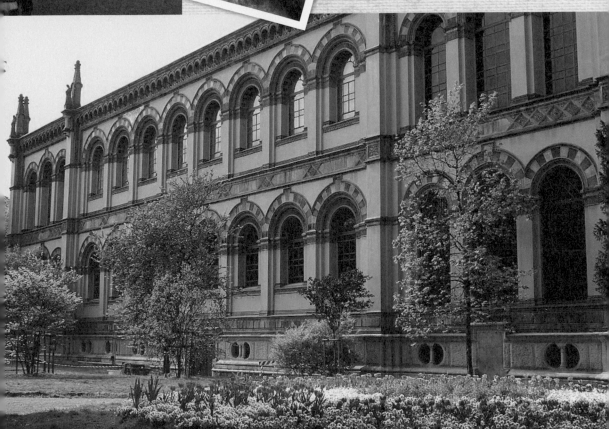

推薦景點

米蘭大教堂 Duomo& 王宮 Palazzo Reale
(大教堂博物館 Museo del Duomo)

規模僅次於羅馬聖彼得、西班牙塞維亞，堪稱為哥德式建築經典代表作的米蘭大教堂，是世界第三大的哥德式大教堂，也是米蘭最知名的地標，位在米蘭市中心大教堂廣場上，數條大道交匯的全米蘭最熱鬧、遊客聚集最多的地方。大教堂建於1386年，於1897年完工，耗費500多年的時光歲月下，大教堂擁有精雕細琢的外觀，3500多座聖人雕像，正立面五扇刻繪著米蘭飭令、聖安布吉羅一生、聖母瑪莉亞一生、米蘭中世紀歷史、大教堂歷史的青銅拱門，135根尖塔石柱石峰，以及108.5m的最高尖塔上方一尊貼滿金箔的黃金聖母瑪利亞雕像，一座座典型花窗，種種精細華麗的雕刻裝飾，共同襯托出這棟巨大建築的巍峨氣勢，將起源於中世紀的哥德式建築藝術，做了最極致燦爛之詮釋，令人驚嘆。從教堂外廣場向其望去，大教堂象徵著神聖純潔以白色大理石為建材所形成的潔白外觀，在藍天白雲的陽光照射下，閃閃發光，其聳立在廣場上的龐大雄偉姿態，就像一棟用大理石譜寫出的壯闊史詩，磅礴氣勢中帶著聖母的慈悲親切，神諭般讓人油然生出崇高尊敬之意，在民智未開的中世紀，以神聖華麗的偉大教堂建築去榮耀神的智慧，米蘭大教堂可謂極佳證明之一。

大教堂的寬敞內部和挑高天花板，營造出的莊嚴氣息，讓外界繁華的花花世界，彷彿是另一個與自身完全無關的喧囂塵世，讓前往教堂的信徒，能夠安靜專注的祈禱，一扇扇可追朔到15世紀的馬賽克彩繪玻璃，繽紛彩光，就像是撫慰人心的聖光，讓我們一下子產生位於天堂的幻覺，相當值得進來看看。教堂內還有許多有趣的藝術作品，例如 Il Medeghino 之墓、St. Carlo Borromeo 雕像、15世紀的彩繪玻璃、聖喬凡尼洗禮堂遺跡等等。參觀完大教堂後，別忘了到大教堂的屋頂欣賞米蘭的壯觀城景，入口處在大教堂外側，遊客可以徒步爬201個階梯或搭電梯登頂，露臺被135個大理石尖塔和180座雕像環繞，除了可近距離欣賞尖塔以及城市象徵的黃金聖母雕像外，天氣良好時，遠方義大利和瑞士邊境的阿爾卑斯山亦清晰可見。露臺超廣角的視野，別錯過這個欣賞城市的最佳之處。若不想花費多達12歐元的登頂費用，也可以到大教堂旁邊的百貨公司 La Rinascente 的七樓美食區，這裡也是欣賞大教堂頂端尖塔的良好位置，點杯咖啡就可以坐下來細細欣賞，還可以藉此上廁所小憩一番，獨家推薦。

王宮則位於大教堂東側，前身是維斯康堤 Visconti 家族與史豐哲斯可家族 Sforza 的宅邸，隨後成為西班牙和奧地利總督的官邸，如今的新古典主義外觀是十八世紀設計史卡拉歌劇院 La Scala Theatre 的建築師 Giuseppe Piermarini 改建而成，可惜第二次世界大戰破壞了館內的裝飾，現今做為政府辦公室、大教堂博物館及特展展覽館使用。

🕐 營業時間：教堂07:00-19:00；頂樓09:00-19:00；聖喬凡尼洗禮堂🗓~🗓10:00-18:00；聖斯特凡諾洗禮堂09:00-19:00

💲 票價：教堂免費；搭電梯登頂全票12€/徒步登頂全票7€；聖喬凡尼洗禮堂及博物館套票6€，26歲以下4€；聖斯特凡諾洗禮堂免費參觀；搭電梯登頂+聖喬凡尼洗禮堂及博物館套票15€∥徒步登頂+聖喬凡尼洗禮堂及博物館套票11€

🏠 網址：www.duomomilano.it

聖喬凡尼洗禮堂

王宮

米蘭大教堂

史卡拉劇院博物館 Teatro alla Scala

　　屬於史卡拉劇院一部分的劇院博物館，入口就位在歌劇院正門旁邊，若無法在史卡拉劇院廳一場世界級的歌劇表演，那這座博物館可別忘了過來走走。博物館內展出義大利歌劇的表演服裝、樂譜、佈景設計、深具歷史價值的樂器和珍貴的陶瓷人偶等一系列相關文物，還連結了劇院的內部舞台，讓遊客可一窺劇院內的裝潢布置，體驗歌劇表演的氛圍，相當推薦。

🕐 營業時間：㊡12/7&24-26,31,1/1,5/1,8/15；09:00-12:30,13:30-17:30
💲 票價：全票6€
🏠 網址：www.teatroallascala.org

艾曼紐二世拱廊 Galleria Vittorio Emanuele II

艾曼紐二世拱廊位於面對大教堂的左手邊，是座由兩座玻璃拱型的室內長廊，以直角相交於正中央八角形拱頂呈現十字交叉狀，以金屬、透明玻璃天花板維材質所建構的時尚迴廊，完工於1877年，以義大利統一後的第一位國王艾曼紐二世Vittorio Emanuele II命名，完工後便擔負著連接大教堂與史卡拉劇院這兩個景點的重任，時尚又美麗大方的裝飾風格，將米蘭的高貴優雅氣質展露無遺。拱廊內一排排人潮旺盛的商圈店家，有咖啡館、書店、餐廳、速食店以及一些知名高級時裝品牌店如LV、Prada等，總是擠滿了觀光客，相當熱鬧，被譽為是歐洲最美麗的室內拱廊之一，也是Via Montenapoleone和Via della Spiga兩條街組成的時尚精品區的延伸，串連起全球流行前端的時尚走廊。除了血拼購物，拱廊內也有許多美麗裝飾，值得細細欣賞，如位在八角形拱頂邊的鑲拼畫、通道地面上的馬賽克鑲嵌裝飾等，而位在中央十字路口上，米蘭居中，象徵東西南北四個不同文明的美國、北歐、非洲、中國壁畫也相當有名。

推薦景點

布雷拉美術館 Pinacoteca di Brera

　　以中庭一尊英姿颯爽的拿破崙銅像歡迎遊客入內的布雷拉美術館，是米蘭最具代表性的畫廊，主要收藏了14世紀文藝復興時期以來到20世紀義大利藝術的傑出作品，不乏藝術史上的經典名作，如拉斐爾Raphael的《聖母婚禮 Marriage of the Virgin》、喬凡尼貝里尼Giovanni Bellini的《聖殤 Pietà》、佛朗西斯卡Piero della Francesca的《烏爾比諾祭壇 Urbino Altarpiece》、安德烈曼特尼亞Andrea Mantegna的《基督之死 The Dead Christ》、卡拉瓦喬Caravaggio的《以馬忤斯的晚餐 Supper at Emmaus》等等，想要體驗北義大利文藝復興時期的燦爛成果，或是提升對藝術美學的鑑賞能力，千萬不要錯過這間美術館。

🕐 營業時間：㉹□1/1,5/1,12/25；8:30-19:15
💲 票價：全票6€
🏠 網址：www.brera.beniculturali.it

推薦景點

史豐哲斯可城堡 Castello Sforzesco
(市立美術館 Civici Musei d'Arte)

免費
HOT SPOTS

史豐哲斯可城堡是座佔地廣大，四方被瞭望塔、城牆圍住的中世紀城，由當時統治米蘭的維斯康堤家族的 Galeazzo II Visconti 建於 1358 年，一做為堡壘使用，15世紀時史豐哲斯可家族加以擴建，成為了統治米蘭大的史豐哲斯可家族的根據地，從其雄偉外觀仍可感受到米蘭當時強大的實力。城堡內部的中庭和四面迴廊，都是免費參觀，堡內博物館則須付場，建議可以選擇免費時段前往參觀，目前規劃為多種不同主題類型的館，從古代藝術文物、樂器收藏、武器、盔甲到古埃及文物，非常豐富中最知名的收藏，就是市立美術館內的隆達尼尼的《聖殤 Pietà Rondan，這是文藝復興大師米開朗基羅 Michelangelo，直到過世前都還在創作的成遺作，相當有名，若有入內參觀，一定要親眼看看。

🕐 營業時間：城堡07:00-18:00 (夏季~19:00)；美術館㊡⬜1/1,5/1,12/25, 09:0 17:30

💲 票價：城堡免費；美術館全票3€‖25歲以下或週五14:00-17:30 ⬜~四& 16:30-17:30免費參觀

🏠 網址：www.milanocastello.it

推薦景點

仙皮歐尼公園 Parco Sempione
(和平門 Arco della Pace& 米蘭水族館 Acquario)

　　位在史豐哲斯可古堡後方，介於仙皮歐尼廣場上的和平門和城堡之間。公園面積廣大，綠草如茵，林蔭高聳的步道兩旁，放置了許多休閒長椅，是野餐和散步休閒的好地方，參觀完古堡，可以像我們一樣，帶著路上買好的三明治，坐在草地上或長椅上野餐休息。除了青青草地和林蔭步道，公園不同的角落，還規劃了不同的遊憩區域和人文建築，包括拿破崙體育場 Napoleonic Arena、米蘭水族館 Acquario、高塔 the Tower 和米蘭設計界的重要展覽會場米蘭三年展館 Triennale，設施豐富，可以說屬於綜合性的休閒場所。

　　我們特別推薦米蘭三年展館和米蘭水族館，米蘭三年展館常常舉辦涵蓋工業設計、服裝設計、視覺設計等短期展覽，是米蘭設計界的重要中心，不過這些短期展覽需要門票，有喜歡的再購票入場。免費又划算的設施，則非米蘭水族館莫屬，其充滿巧思呈現新藝術風格的活潑外觀，相當具有欣賞價值，兩層樓的展覽空間內，通過玻璃圍起的如同海底隧道，可以欣賞到百餘種魚類、甲殼類、軟體動物和來自地中海和紅海棘皮動物，再加上罕見的熱帶淡水魚，內容非常豐富。最後別忘了繞到位在公園西北方盡頭的和平門，這裡是仙皮歐尼公園一個非常顯眼的地標景點，採新古典風格樣式的凱旋門式樣，原本要獻給法王拿破崙一世，滑鐵盧之役戰敗後便停工，直到 1838 年才由當時統治米蘭的奧地利皇帝斐迪南一世 Emperor Ferdinand I of Austria 落成，最後在 1859 年獻給義大利。

🕐 營業時間：水族館㊡🈑09:00-13:00, 14:00-17:30
💲 票價：水族館免費參觀

感恩聖母教堂 Santa Maria delle Grazie
(最後的晚餐 Cenacolo Vinciano)

　　因收藏達文西經典作品《最後的晚餐 Cenacolo Vinciano》，與修道院一起被列為世界遺產的感恩聖母教堂，是米蘭除大教堂外必看的歷史古蹟。保有古代風貌的茶褐色外觀和大圓頂，充滿濃厚的文藝復興風格。教堂旁邊修道院，裡面的食堂，就是最後的晚餐這幅名畫所在地。這幅達文西從1495年開始作畫，花費三年始成，以其自創的蛋彩乾畫法，所繪製的名畫，是達文西應北義大利文藝復興的重要資助者米蘭大公盧多為可史豐哲之邀，在米蘭待了16年時間進行的藝術創作中，最經典最具代表性的作品。

　　畫的內容是呈現耶穌跟他的門徒説「汝等12人之一人將我出賣」時的剎那間，門徒們驚慌失措的生動樣態，每位人物的表情、動作都具有一定的含意，其真正意涵至今仍有許多爭論之處，有興趣的朋友可以先參考資料再去欣賞。除了深奧富含哲理的內容，整幅畫還運用了多種革新的繪畫技術，讓人見識到達文西的天才和創新思想，例如以牆壁為作畫空間，運用透視景深塑造出場景立體感，又以背面窗戶的明亮空間，替代宗教畫常見的用來象徵聖人的頭頂光圈等。無論你喜不喜歡藝術，最後的晚餐的繪畫技巧或是內容所代表的哲學意義，都是一生一定要看的作品。

- 營業時間：休🗓1/1,5/1,12/25；教堂08:00-12:30,15:00-18:30；最後的晚餐08:15-18:45 (需事先預約)
- 💲 票價：教堂免費∥最後的晚餐全票6.50€+預約費1.50€
- 🏠 網址：www.cenacolovinciano.org

推薦景點
聖安布吉羅教堂 Basilica Sant Ambrogio

免費
HOT SPOTS

以祭祀米蘭守護聖人374~397年擔任米蘭大主教的安布吉羅，並以其為名的聖安布吉羅教堂，屬於羅馬式建築的經典範例。建於379年，於386年完工，年代之久遠，從其外觀的古樸式樣和古老紅磚可見，是米蘭最古老的教堂，也是整個倫巴底大區，最有歷史的中世紀建築。教堂的構造在中世紀期間經歷多次擴充和改建，一方面讓教堂構造更為完整，例如正門外右邊9世紀所修建的修士鐘樓，一方面教堂也融合了倫巴底式文藝復興風格，最具象徵性的就是根據15世紀末紅衣主教Ascanio Sforza的構想，以紅磚打造的三座拱門迴廊，這些都非常具有欣賞價值。免費參觀的教堂內部，充滿了歷史氣息，除了聖安布吉羅的遺骸，教堂內還安葬了St. Gervase和St. Protasius這兩位聖人遺骸，有些禮拜堂則展示聖安布吉羅的相關文物，包括油畫、鑲嵌畫、掛毯、大理石、衣服和其他貴重物品，主祭壇後方的禮拜堂內，還有一個代表基督的祝福的馬賽克裝飾，都是很值得欣賞的地方。

推薦景點

聖羅倫佐馬喬雷教堂
Basilica di San Lorenzo Maggiore alle colonne

位在 Corso di Porta Ticinese 這條路上的聖羅倫佐馬喬雷教堂，擁有少見的特別外觀，建於四世紀末的它，正處於羅馬認同基督教並開始蓬勃發展的時期，因此其正面有著來自三世紀羅馬神殿的16根科林斯式列柱和君士坦丁大帝的青銅雕像裝飾的外觀，成為觀察羅馬帝國時期早期基督教建築藝術的一個很好例子，與聖安布吉羅教堂一樣，具有免費參觀的優惠，是米蘭知名的歷史古蹟。建築上的圓形穹頂建於1619年，教堂內的 Sant'Aquilino、Sant'Ippolito 和 San Sisto 禮拜堂有源自羅馬時代的基督教馬賽克鑲嵌畫和各種壁畫都極具歷史意義，非常推薦。

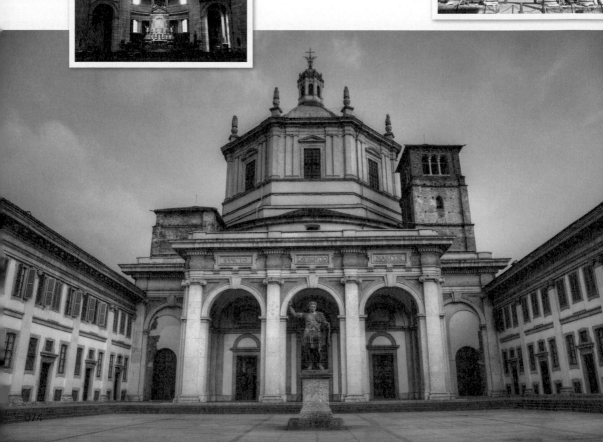

推薦景點

安布吉羅美術館 Pinacoteca Ambrosiana &
安布吉羅圖書館 Biblioteca Ambrosiana

　　美術館前身為17世紀米蘭大主教的豪華館邸，改建為美術館後，內部以展示威尼斯畫派和倫巴底畫派的作品為主。這是一座低調卻充滿價值的博物館，外觀雖不甚起眼，但內部許多作品和文物都相當珍貴，如文藝復興時期的巨匠，達文西、拉斐爾和卡拉瓦喬的知名作品和相關文物。與其相連的安布吉羅圖書館，則是個古老的圖書館，來自17世紀的木質裝飾，使其充滿古樸的風格，也相當值得一看。這兩間古老建築雖然要付費，且門票所費不貲，我們還是特別推薦給喜歡藝術的你。

🕐 營業時間：㊡□ 1/1,12/25；10:00-18:00
💲 票價：布拉曼帖聖物室+大西洋密碼手稿10€‖安布吉羅美術館+達文西房+大西洋密碼手稿15€‖布拉曼帖聖物室Sacrestia del Bramante+安布吉羅圖書館Biblioteca Ambrosiana 20€
🏠 網址：www.ambrosiana.eu

安布吉羅圖書館

安布吉羅美術館

維洛納 Verona

城市整體評價：★★★★

　　以羅密歐與茱麗葉這齣莎士比亞膾炙人口的浪漫戲劇背景發生地，聞名於世的這座歷史名城，始建於公元前1世紀羅馬共和時期。城市就坐落於阿迪結河Adige沖積而成的一片寬廣流域上，自古以來就是北義大利地區南至羅馬，西至熱那亞，東往威尼斯的交通要地。從最早的羅馬殖民地身分，到13、14世紀凱利格家族Scaliger統治下的繁榮，良好的地理位置，讓維洛納一直持續保有繁榮的商業發展，也一直是北義最富有的城市之一。而也就是凱利格家族統治期間的繁華風貌，讓12世紀的維洛納成為16世紀大文豪莎士比亞心中，悲劇名作羅密歐與茱麗葉最適合的場景舞台和時代背景。

　　1405年這裡成為威尼斯共和國的領地之後，直到18世紀，是維洛納鮮少戰事，長達數百年的和平時期。此時維洛納的發展達到鼎盛。威尼斯人統治期間，維洛納被作為防禦北面的軍事重鎮，內部修建了多座中世紀的防禦工事，也讓滿溢美麗浪漫氣息的維洛納，成為當時歐洲軍事據點建設的傑出範例，這些防禦工事的遺跡，至今都保存良好，仍可在舊市區裡見到。如今這座二千多年來持續發展，孕育出獨有浪漫風情的優雅小鎮，因為保留了大量的從羅馬時期、中世紀到文藝復興時期的歷史古蹟，且大多保存的相當完善，讓它成為北義眾多繁花般的名城中，一朵美麗高貴、不可忽視的存在。如果你是理性的歷史癖，喜歡探訪古代人文史蹟，維洛納豐富充滿氣勢的羅馬古遺跡，不會令你失望，如果你是愛幻想喜歡浪漫故事的感性之人，那麼發生在維洛納，風靡無數世人的羅密歐與茱麗葉的愛情悲劇，其虛實交織令人真假難分的所有蛛絲馬跡和美麗景點，你更絕對不能錯過。若有多排時間，建議可在古羅馬競技場遺跡上，欣賞一場官方舉辦讓人彷彿回到古代，與古羅馬人穿越時空並肩欣賞的露天歌劇音樂會，身歷其境的感受。

交通方便指數：★★★

　　維洛納地理位置居於羅馬、米蘭和威尼斯之間，每日都有雙位數以上的火車班次前往周圍大城。然而維洛納是個人口數不到30萬的中型城鎮，火車班次和米蘭、威尼斯等大城相比，班次畢竟較少，建議還是先行網路訂票或是先查詢時刻，以免浪費寶貴旅遊時間。火車站Stazione Porta Nuova位在市區南側，距離舊城區市中心的布拉廣場步行約20分鐘，有一小段距離，由於我們入住地點剛好位在布拉廣場與火車站之間，順路之下還是選擇步行，也可以在車站外的巴士站搭乘市區巴士11~13號，前往布拉廣場。維洛納大多景點都集中在布拉廣場到阿迪結河河岸之間的舊城區，範圍適中，相當適合閒逛漫步，以步行方式約5~6小時，就可以把市區景點逛完。

自然美景指數：★★★★

　　維洛納的自然美景，就屬流經市中心的阿迪結河風光最為秀麗，並讓維洛納市中心的古典人文氣息更添韻味。其中我們特別推薦，連接羅馬劇場的石橋 Ponte de Pietra 和連接古城堡博物館 Museo di Castelvecchio 的史卡利傑羅橋 Ponte Scaligero，綠樹碧水映襯著石橋粗拙古樸的橋墩，兩岸古老的房舍與高聳的古堡襯托著幽靜的風光，宛如穿梭在中古世紀的時光隧道裡。

人文歷史指數：★★★★★

　　作為莎士比亞名著羅密歐與茱麗葉的故事舞台，維洛納不僅擁有許多與這個浪漫故事有關的，吸引無數戀人的迷人景點，二千年來的歷史進程，使其還擁有許多保存完善的古羅馬遺跡和歷史古建築。而每年6~8月的歌劇季，更是維洛納在古蹟、歷史、虛幻浪漫的城市氛圍下，最能象徵其熱情和文化內涵的城市精神，每年夏季在古羅馬劇場上舉辦的露天音樂會，總是吸引大量遊客前往欣賞，一邊吹著夜色涼風，一邊欣賞最高的藝術表演，是歐洲人相當喜歡的文化活動，所以每年的這個時候房價也相對較貴。另外由於距離威尼斯很近的關係，許多遊客往往以維洛納為居住地點，以當天來回的方式前往威尼斯，讓維洛納晚上的舊城區生活相當熱鬧精彩，遍布餐館、咖啡店的石板街道，總是人聲鼎沸，住在這裡時晚上記得出來走走，感受一下度假悠閒的氣氛。

世界遺產數量：1 個

　　維洛納城市 City of Verona

曼托瓦 Mantova

城市整體評價：★★★

　　曼托瓦與同屬倫巴底區的省會米蘭，同為北義文藝復興的重鎮。雖然城市規模小，興盛的藝術發展，卻在歐洲藝術文化歷史上，占了極重要的地位。這座距離核心較遠三面環湖的古老小城，於14~18世紀鞏薩格家族Gonzaga統治期間，在幾乎沒有受到任何外力影響下，取代了米蘭，完整承繼了16世紀受到外族統治而逐漸衰微的米蘭在北義的文藝復興發展衣缽，發展出屬於北義倫巴底式的文藝復興風格，也就是「獨特精緻的鞏薩格文化」，讓以米蘭為首的倫巴底式文藝復興，真正的在這裏開花結果，曼托瓦的歷史意義和重要性不言可喻。

　　如今這座充滿文化藝術風味的美麗小城，其稱之為鞏薩格文化的的倫巴底式文藝復興品味，洋溢在古城區保有中世紀樣貌的街道巷弄間。漫步一圈，處處都是獨特精緻的文藝復興建築和藝術樣式，其富含人文意義的古典氣息，讓人徒步逛遊間，被其出色獨特的藝術魅力折服。美麗的中世紀石板街道和優雅建築，完整重現了曼托瓦原有豐富的歷史特色，整個城區也在2008年被列為世界遺產，

是前往北義時不可錯過的小鎮。另外，地勢上被三面湖泊環繞的曼托瓦，從13世紀開始，持續修建了許多水利工程，街道間馬路下有許多調節湖泊水位和連接運河的溝渠、水道等水利設施，與潺潺流經巷弄間橋樑下的小溪，讓曼托瓦的藝術氣息中另有一種中世紀古城風情。老實說，曼托瓦城區裡遍布的鞏薩格文化藝術足跡，其紅瓦綠牆、土黃色的建築物外觀、裝飾和藝術風格，其實沒有米蘭的華麗顯眼，然而樸實無華中的精緻品味，依舊很值得一遊。

交通方便指數：★★★

曼托瓦城市規模較小，與周圍大城多以地方區域間的列車來往，從維洛納前往約一小時內可到，距離米蘭則約2小時。火車站位在城區西側，三面被湖泊環繞的舊城區範圍不大，從車站步行至市中心的香草廣場，僅需花費10分鐘，景點非常集中，約半日內就可將市區內景點走完。

自然美景指數：★★

曼托瓦雖然以豐富的人文建築取勝，也有相當優美的自然風景。最值得推薦的就是城市周圍的廣袤湖景Largo Superiore、Largo di

Mezzzo、Lago Inferiore，從湖邊草皮向湖面眺望，遠方的蔥籠綠樹，舒展起伏，觀之令人胸懷舒暢。另外交織在曼托瓦市區石板鋪地的花園、小道間的小溪和溝渠，也與市區內的歷史建築形成美麗風景。

人文歷史指數：★★★★★

從古羅馬時代的小邊城到北義大利波河流域上最著名的文藝復興城鎮，曼托瓦悠久的歷史，在它的舊城區裡留下豐富的古蹟建築和人文景點。其中在1328~1708年的鞏薩格家族統治期間，在著名建築師萊昂•巴提斯塔 Leon Battista Alberti、朱里歐•羅馬諾 Giulio Romano 以及畫家安德烈•曼特納 Andrea Mantegna 的規劃下，文藝復興風格的市街規劃和鞏薩格文化的古蹟建築物和藝術品，都是曼托瓦不可錯過的人文風景，這座被列為世界遺產的小鎮，值得你多逛逛。

> 曼托瓦通行證：看5間博物館15 €，8間博物館17 €。

世界遺產數量：1個
曼托瓦與薩賓尼塔 Mantua and Sabbioneta

維洛納旅遊局Turismo Verona
Via degli Alpini 9
查詢網頁：www.tourism.verona.it
查詢郵件：iatverona@provinciadiveronaturismo.it

① 收音機博物館 Museo della Radio

② 茱麗葉之墓 Tomba di Guilietta & 溼壁畫
藝術館 Museo degli Affreschi 推薦

③ 阿雷納圓形競技場 Anfiteatro Arena & 布
拉廣場 Piazza Bra 推薦

④ 寶石博物館 Museo Lapidario Maffeiano

⑤ 古城堡博物館與史卡利傑羅橋 Museo di
Castelvecchio&Ponte Scaligero 推薦

⑥ 茱麗葉之家 Casa di Guilietta 推薦

⑦ 史卡利考古挖掘 Centro Internazionale di
Fotografia Scavi Scaligeri

⑧ 拉坰宮 Palazzo della Ragione (阿希爾福
蒂現代藝術畫廊 Galleria d' Arte Moderna
Achille Forti)

⑨ 史卡拉墓園 Arche Scaligere 推薦

⑩ 羅密歐之家 Casa di Romeo

⑪ 香草廣場 Piazza delle Erbe 推薦

⑫ 領主廣場 Piazza dei Signori 推薦

⑬ 歌劇院博物館 AMO-Arena Museopera

⑭ 艾利周博物館 Museo Miniscalchi Erizzo

⑮ 卡比托賴圖書館 Biblioteca Capitolare

⑯ 羅馬劇場與考古學博物館 Teatro Romano
& Museo Archeologico 推薦

⑰ 非洲博物館 Museo Africano

⑱ 朱斯蒂花園 Giardino Giusti

⑲ 自然歷史博物館 Museo Storia Naturale

推薦景點

茱麗葉之墓

Tomba di Guilietta&溼壁畫藝術館 Museo degli Affreschi

　　茱麗葉之墓是位在聖弗朗西斯科修道院 San Francesco，地下室內的一座紅色空石棺，據説是《羅蜜歐與茱麗葉》的女主角埋葬之所。雖然這部浪漫愛情故事經過考證，裡面的男女主角和情節都是杜撰，然而莎翁強大的文學魅力和成功的角色塑造，依舊讓維洛納這些相關景點充滿人氣，吸引文學迷們前來朝聖紀念。有趣的是，我們在墓園裡發現一座東方版的羅蜜歐與茱麗葉雕像，原來是中國寧波市於 2008 年贈與維洛納的梁山伯與祝英台石雕，偉大堅貞的愛情不分國度感動著世人，永垂不朽。參觀完這座紅色石棺後，不妨順道至旁邊的溼壁畫藝術館 Museo degli Affreschi 逛逛，裡面展示維洛納當地 16 世紀時稱之為 Urbs Picta 的溼壁畫作品，小有特色。

▶ 營業時間：🗓13:45-19:30 ‖🗓～🗓 08:30-19:30
💲 票價：全票6€‖14-30歲學生票4.50€‖1-5&10-12月的第一週日1€

溼壁畫藝術館

推薦景點

阿雷納圓形競技場
Anfiteatro Arena & 布拉廣場 Piazza Bra

布拉之門

巴比宮

　　座落市中心布拉廣場上的阿雷納圓形競技場，是維洛納最具代表性的歷史建築，也是這座古老城市的象徵性地標，巨大充滿羅馬文化特色的高聳拱門外牆和橢圓形露天劇場，其規模是義大利現存羅馬競技場的第三大。如今這棟建於西元一世紀的古老羅馬遺跡，已從羅馬時代充滿血腥野蠻的人獸搏鬥之所，搖身一變為維洛納每年六月下旬到八月舉辦的夏季音樂季中心，此時廣闊的競技場內，會搭建多達兩萬多人席位的露天歌劇舞台，上演著聞名全世界的戶外歌劇，這時也是維洛納一年中最熱鬧的時候。入內參觀的門票主要是欣賞建築物內的結構和舞台，不包含歌劇，歌劇的門票得另外購買。

　　競技場所在的布拉廣場則是維洛納最富盛名的市中心廣場，擁有青翠碧綠的大面草地和大型噴泉造景。廣場上座落多棟頗富盛名的歷史古蹟，像是位在廣場西側入口的布拉之門 Portoni della Bra、艾曼紐二世騎馬雕像 Vittorio Emanuele II、廣場南側的新古典風格建築大瓜迪納宮 Palazzo della Gran Guardia 和巴比宮 Palazzo di Barbieri（市政廳）等，古典優雅的建築外觀，自然而然的襯托出維洛納豐富歷史底蘊中的優雅氣息。我們經過廣場時可能正巧有展覽活動，廣場中央佈置著許多與埃及相關的大型雕塑裝置藝術，如法老像等，令人充滿驚喜。布拉廣場也是前往舊城區的主要入口，從廣場沿著競技場西側的老街走去，就是通往舊城區熱鬧市集的馬滋尼街 Via Mazzini，這條街人潮川流不息，也常有街頭藝人駐足表演，是維洛納最精華熱鬧的購物大街，街中石板鋪地，一路上大多為富麗堂皇的豪華宅邸，中間坐落著寶格麗、班尼頓等知名品牌和珠寶精品店，處處透出貴氣風雅，卻沒有俗世中的粗俗喧囂，是最能夠代表維洛納細緻迷人風情的美麗街道。

🕐 營業時間：⬛13:45-19:30 ⬛~⬛ 08:30-19:30
💲 票價：全票6€‖14-30歲學生票4.50€‖1-5&10-12月的第一週日1€

推薦景點

古城堡博物館與 史卡利傑羅橋 Museo di Castelvecchio&Ponte Scaligero

　　博物館所在的古城堡以及從城堡延伸出去的史卡利傑羅橋，是中世紀維洛納領主史卡拉家族 Scala 在維洛納的根據地和權威象徵，也是維洛納現存最偉大壯觀的中世紀建築。雄偉壯觀的軍事要塞，建於1354年，由當時領主 Cangrande II della Scala 以保衛維洛納市民為由，興建在阿迪結河畔，內部現今改造為古城堡博物館，29間的房間展示1300~1700年的繪畫、雕塑以及武器等藝術和考古文物。橫跨河面擁有紅色磚牆與高聳拱門的史卡利傑羅橋，連結到阿迪結河左岸，當初修建作為王室成員逃生路線。河畔兩岸為鬱鬱蔥蔥的綠樹，景色風光明媚，也非常值得走走。

- ⏰ 營業時間：博物館 🗓 13:30-19:30；08:30-19:30
- 💲 票價：博物館全票6€∥14-30歲學生票4.50€∥1-5&10-12月的第一週日1€

推薦景點

茱麗葉之家 Casa di Guilietta

　　茱麗葉之家是維洛納市區內，與『羅蜜歐與茱麗葉』有關的最富盛名的建築。時代背景和故事舞台設定在維洛納的莎翁名著『羅蜜歐與茱麗葉』，其實是一部虛構的愛情故事，不僅男女主角是杜撰的，劇情也不是原創，是莎士比亞以義大利詩人路易吉達波達 Luigi da Porta 寫的愛情詩歌為依據，所寫的浪漫悲劇，莎翁本人更是未曾來過此城，然而劇中羅蜜歐和茱麗葉分別所屬的兩大家族 Capulets 和 Montagues 確實存在，因此便誕生了這間茱麗葉居住宅邸的浪漫景點，成為了劇迷和戀人們憧憬膜拜的聖地。這棟建於14世紀的建築物，外觀樸素，加入小說中的浪漫情愫後，處處充滿了羅曼蒂克的氣息。從門口進去後，首先會看到一面貼滿大量遊客和戀人們在這裡所留下互訴情意的情書紙條牆面，紙張上充滿的甜言蜜語，讓原本虛幻的浪漫倍添真實，來自世界各地不同文化語言的我愛你更是讓人臉紅心跳，而在爬滿藤蔓的中庭裡，一尊茱麗葉雕像，美麗大方的迎接著我們，許多遊客會撫摸茱麗葉，祈求尋求真愛的好運。雕像上方的民宅陽台，就是電影裏頭最知名的拍攝場景。從門口到中庭都不用花費任何費用，是免費參觀，建議看完這些就夠了。建築物內部則需購票參觀，裡面有收藏相關的電影劇照、畫、戲服和床鋪等文物。

- ⏰ 營業時間：🗓 13:30-19:30；08:30-19:30
- 💲 票價：全票6€∥14-30歲學生票4.50€∥1-5&10-12月的第一週日1€

推薦景點

史卡拉墓園 Arche Scaligere

在舊城區內的這座豪華墓園，四周被鐵欄杆圍繞，相當顯眼，是14世紀統治維洛納的在地豪門史卡拉家族成員埋葬地，Cangrande I、Mastino II 和 Cansignorio 三位領主的遺骸棺木頂端，分別有三位領主的騎馬雕像，墓上雕刻裝飾壯觀華麗，若不是看說明牌還不知道這些是用來裝飾石棺的。鐵欄杆上的花紋是史卡拉家族的家徽，四枚花瓣中間一座哥德式樣的階梯圖案，非常特別，也別忘了留意欣賞一下。

推薦景點

香草廣場 Piazza delle Erbe

順著馬滋尼街 Via Mizzini 一路過來就會抵達舊城區裡最熱鬧的香草廣場，廣場上坐落著維洛納最大的露天傳統市集，摩肩接踵的市民每天都讓這裡相當熱鬧，一座座販賣各式蔬果、花卉、鮮食、飲料和麵包的攤販，整齊的排成數列，吆喝聲、叫賣聲此起彼落，讓人看見這座城市最原生的生活活力，建議可在此買些新鮮的鮮食，像是水果或三明治，到喜歡的美麗景點進行野餐，這可是我們旅遊時最樂在其中的一種享受。

廣場昔日是羅馬人聚會討論議事的公共場所，如今廣場上聚集了各式各樣的街頭藝人表演，為這兩千年的悠久廣場增添不少活潑的氣息，除了觀賞表演逛逛市集，廣場中央和周遭林立的古老建築和噴泉、雕像等源自中世紀和文藝復興時期的古蹟裝飾，也很值得欣賞。中央的維洛納噴泉，以羅馬溫泉浴場的大理石為材質，造型典雅，1368年為了紀念確立維洛納供水來源的溝渠完工而建，是廣場上最優雅的裝飾；廣場西北側還有一棟華麗的三層樓巴洛克式建築馬費宮 Palazzo Maffei，正面上半部有六座用當地石頭雕刻而成的希臘神明雕像，雕刻精細，顯示出維洛納人的藝術美感；其側邊繪滿色彩豐富的壁畫建築是馬桑提之家 Casa di Mazzanti，這些壁畫在中世紀當時象徵著屋主的身分地位，經過時不妨仔細欣賞品味一番。

馬桑提之家

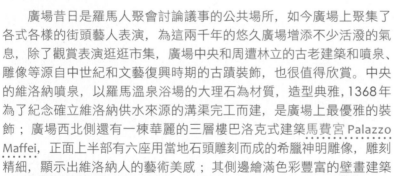

推薦景點

領主廣場 Piazza dei Signori

性宮 & 議會迴廊

　　美麗且極富歷史人文氣息的領主廣場，因為廣場中央立有一座設於19世紀的但丁雕像，又稱之為但丁廣場 Piazza Dante，這位文藝復興時期的著名詩人，因為曾替維洛納領主史卡拉家族服務，故頗有淵源。廣場上可以欣賞到眾多宮殿，其四周都是極有歷史意義的古老建築，是維洛納人文景點最集中的地方，其中最美的建築就是廣場西側的議會迴廊 Loggia del Consiglio 和理性宮 Palazzo del Governo。理性宮屬於文藝復興時期的建築，U 型的設計圍繞著一座美麗中庭，裡頭末端的長廊，牆壁天花板上的雕刻非常精緻。宏偉的議會迴廊建於15世紀下半葉，是通往理性宮中庭的入口，屬於新古典主義風格，建築物正立面上半部的精美壁畫、彩色大理石鋪設的雙拱形窗和屋頂上方的小石像，呈現的典雅風情，讓它被譽為北義大利文藝復興時期最美的建築之一。廣場旁邊有一座朗貝爾蒂塔 Torre dei Lamberti，是這裡年代最久的古蹟，建於1172年，當時高大的塔建築是維洛納貴族們權利與財富的象徵，這座高塔也不例外，是當地豪門朗貝爾蒂家族所有，內部有開放遊客至塔頂參觀，高84公尺的塔頂，視野非常棒，可將維洛納連綿不斷的紅色屋瓦城景盡收眼底。

◎ 營業時間：朗貝爾蒂塔08:30-19:30
$ 票價：全票(朗貝爾蒂塔+阿希爾福蒂現代藝術畫廊Galleria d'Arte Moderna Achille Forti) 8€‖
　　14-30歲學生票5€‖搭電梯1€
⌂ 網址：www.palazzodellaragioneverona.it

推薦景點

羅馬劇場與
考古學博物館 Teatro Romano & Museo Archeologico

　　建於一世紀末的羅馬劇場，其建築年代比阿雷納圓形競技場還早，位在舊城區阿迪結河的對岸，古蹟內擁有羅馬時代遺留下來的大理石裝飾和馬賽克圖案，內部如今改建為羅馬劇院考古博物館，裡面收藏了維洛納羅馬時代的重要出土文物和考古品，劇場夏季時跟阿雷納競技場一樣，成為音樂表演會的場地。推薦這個景點主要原因為劇場沿著小山丘而設，地勢較高，向舞台方向眺望，可欣賞阿迪結河畔與 Ponte de Pietra 石橋的壯麗景色。

◎ 營業時間：▢13:30-19:30‖▢~▢ 08:30-19:30
$ 票價：全票6€‖14-30歲學生票4.50€‖1-5&10-12月的第一週日1€

考古學博物館

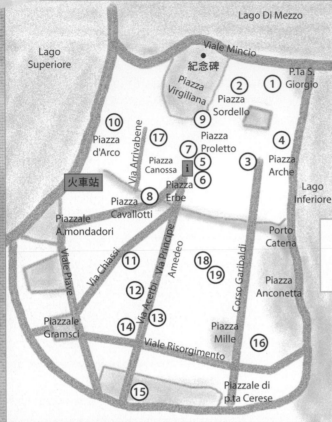

曼托瓦旅遊局Office de Tourisme
Piazza Mantegna,6
查詢網頁：www.turismo.mantova.it
查詢郵件：info@turismo.mantova.it

① 聖喬治城 Castello di San Giorgio & 總督宮 Palazzo Ducale （推薦）

② 索德婁廣場與大教堂 Piazza Sordello&Duomo （推薦）

③ 學術劇場 Teatro Accademico Bibiena

④ 消防大隊歷史博物館 Museo Storico dei Vigili del Fuoco

⑤ 布洛雷多廣場 Piazza Broletto （推薦）

⑥ 香草廣場 Piazza della Erbe （推薦）

⑦ 聖安德列教堂 Basilica di Sant'Andrea （推薦）

⑧ 索恰雷劇院 Teatro Sociale

⑨ 貢薩格主教區博物館 Museo F.Gonzaga

⑩ 阿科宮 Palazzo d'Arco

⑪ 貴立歐羅馬諾之家 Casa di Guilio Romano

⑫ 安德烈曼特尼亞之家 Casa di Andrea Mantegna

⑬ 聖塞巴斯蒂亞教堂 Chiesa di San Sebastiano

⑭ 聖塞巴斯蒂亞宮 Palazzo di San Sebastiano (曼托瓦博物館)

⑮ 特皇宮 Palazzo Te （推薦）

⑯ 格拉多聖母教堂 Chiesa di Santa Maria del Gradaro

⑰ 勝利聖母教堂 Chiesa di Madonna della Vittoria

⑱ 瓦倫蒂貢薩格美術館 Museo Valenti Gonzaga

⑲ 歐薩那之家 Casa di Osanna Andreasi

推薦景點

聖喬治城
Castello di San Giorgio & 總督宮 Palazzo Ducale

位在索德婁廣場 Piazza Sordello 東北側和東側的聖喬治城和總督宮，屬於同一個佔地廣闊龐大連綿的宮殿建築群，是鞏薩格家族 14~18 世紀在曼托瓦的權力中心，也是曼托瓦最知名的人文地標。為彰顯其在藝術、建築方面的輝煌成就，鞏薩格家族召集了當時最偉大的建築師和藝術家，從 14 世紀開始，逐步打造出包含聖喬治城和總督宮在內的這片宮殿建築群，中間經歷數次擴建，直到 17 世紀中葉整個架構才全部完工，包含總督府中間遼闊的庭園，整座宮廷佔地面積約為 34,000m2，規模巨大，在當時一度是歐洲最大的宮殿。

宮殿外的拱門式迴廊相當顯眼的總督宮，是建築群裡最大的建築，裡面總共有 500 間客房，據歷史記載，在鞏薩格文化最興盛時期，裡面曾多達千位以上包含王室家族和貴族等，居住在裡面，規模相當驚人。開放參觀的部分房間，裝潢華麗，呈現出當時鞏薩格家族的權威和富裕，其中在美術館裡頭，還展示了鞏薩格家族當時所收藏的大量藝術品繪畫，不乏許多大師名作，相當值得一看。1395 年由曼托瓦公爵 Francesco I Gonzaga 委託建築師 Bartolino 設計的聖喬治堡，位在總督宮北側約 2 分鐘的路程，呈現簡樸而優雅的四邊形，作為防禦性質的城塞使用，設有廣闊的碉樓和城垛，防衛領主家族成員的安全。不過讓聖喬治堡赫赫有名的，是位在城堡東北部塔內的婚禮堂 Camera degli Spos，裡面有曼托瓦的偉大畫家安德烈曼特尼亞從 1465~1474 年為止，在這裡花費九年所繪製的美麗壁畫，是他一生最閃亮的傑作。由於目前整修，還不能進去，請參考最新官網開放資訊。

🕐 營業時間：休一 1/1,12/25；08:15-19:15
💲 票價：全票 6.50€；8-12 月每月最後週六 20:00-24:00 免費參觀
🏠 網址：www.ducalemantova.org

💙 貼心小提醒：由於地震的破壞，參觀行程不包括城堡(含 Camera degli Sposi)及 Corte Nuova，目前行程包括 Corte Vecchia。

聖喬治城

推薦景點
索德婁廣場與大教堂 Piazza Sordello&Duomo

被鞏薩格家族那些宅邸宮殿圍繞的索德婁廣場，是曼托瓦14世紀以來的市政廣場。周遭一磚一瓦幾乎未變的古老建築，讓廣場上瀰漫著懷舊古樸的中世紀氣息，彷彿回到過往時光的氛圍，直到見著周圍林立著餐廳和紀念品店，廊簷下川流不息的遊客，才使我們依稀察覺到時代的變化。這裡除了總督宮和聖喬治堡這兩棟過往的政經中心建築，還有一座數百年歷史的大教堂，呈現新古典主義風格的正立面，頂部數尊的神像雕刻，羅馬式的古老鐘樓，都是大教堂值得欣賞的細節。大教堂可免費入內參觀，白色大理石的牆面，透過花窗進入的自然光線的反射，營造出明亮整潔的空間，既莊嚴又神聖。

推薦景點
布洛雷多廣場 Piazza Broletto

這座小廣場介於索得婁廣場 Piazza Sordello 和香草廣場 Piazza della Erbe 之間，與香草廣場僅以騎樓相隔，騎樓裡有販售當地生活文物的小店和雜貨店，不妨逛逛了解一下當地的民俗風情。廣場上有座人物雕像，是紀念曼托瓦的著名詩人維吉里歐 Virgilio。廣場旁有兩座建築物，一座是擁有數百年歷史的行政宮 Palazzo del Podesta，一個是市民大會拱廊 Arengario。

推薦景點

香草廣場 Piazza della Erbe

聖羅倫佐圓形教堂

在義大利的大城小鎮裡，若看到廣場以香草Erbe命名，那這個廣場很大的機率是舊城區庶民的生活中心，且多半也是當地販賣蔬果鮮花的傳統市集所在地，因為Erbe也有蔬菜的意思，曼托瓦的這座香草廣場也不例外，是這座城市的市中心，每天早晨廣場上會搭起大小不等的棚架，形成販賣各式蔬果鮮花的市集，相當熱鬧。

廣場上最顯眼的地標，是從車站過來時，遠遠就能望見的巨大圓頂教堂聖安德烈教堂Basilica di Sant'Andrea，優雅的圓頂與高聳的鐘塔，經典的文藝復興風格外觀，在陽光照耀下特別迷人。廣場東側則是格局方正並以堆垛式樣裝飾的理性宮Palazzo della Ragione，其對稱樸實的風格與傳統法庭的身分相得益彰。理性宮旁邊的聖羅倫佐圓形教堂Rotonda di San Lorenzo，是一座相當珍貴的小型羅馬式圓頂教堂，這棟建於11世紀的古建築，以樸素的磚瓦和簡單的內部陳設，讓人見識天主教傳統的簡樸神聖氛圍，裡面天頂有珍貴來自12世紀的古老壁畫遺跡，從裡到外可說處處散發著歷史氣息，不用付費就可以入內參觀，相當划算，與緊鄰理性宮旁以15世紀的天文鐘面作為裝飾設計的時鐘塔Torre dell'Orologio，是廣場上最具歷史意義的兩棟建築。

推薦景點

聖安德列教堂 Basilica di Sant'Andrea

巨大的圓頂外觀，讓人很難忽略這座曼托瓦的信仰中心。建於14世紀的聖安德烈教堂，由來自佛羅倫斯麥第奇家族的宮廷建築師Fancelli設計而成，旁邊的高聳哥德式樣鐘塔，屬於更早的舊建築，與教堂構築出勻稱理性的文藝復興典型風格，充滿古典韻味。出身曼托瓦的文藝復興時期大畫家也是聖喬治堡結婚廳壁畫的創作者，安德烈曼特利亞的遺骸就安葬在教堂內的禮拜堂。特別的是，教堂內部柱廊和牆面上，精雕細琢的描金雕刻和裝飾，甚至二樓上的欄杆，都不是真實的雕刻，而是採用立體畫法描摹出來的繪畫裝飾，跟左右兩側禮拜堂內的繪畫，是同一平面創作出來的。栩栩如生的立體真實感，令人歎為觀止，若不是仔細觀察，發現陰影幾乎都一樣，絕對騙過大家的眼睛，有興趣的可以仔細欣賞，考較一下自己的眼力。

推薦景點

特皇宮 Palazzo Te

曼托瓦的人文景點幾乎全集中在市中心香草廣場附近，特皇宮是唯一例外，位在舊城區南側郊區，距離香草廣場步行約花費25分鐘，雖然較遠，還是強烈建議撥出部分時間，前往這座鞏薩加家族在曼托瓦的避暑離宮，其富麗堂皇且獨具特色的宮殿各廳，堪稱是曼托瓦最精彩的人文建築，絕對不容錯過。特皇宮建於1525年，是鞏薩格家族領主Federico為了他的情婦Boschetti，委託義大利知名建築師Giulio Romano建造設計。一方面為了逃離總督宮的政治生活，一方面以避暑享樂為目的，可謂集結鞏薩格文化藝術精粹的特皇宮，內部空間無論裝潢設計還是裝飾細節，皆充滿無限創意和驚人工藝，此外管理單位還在一些特別的房間搭配最新的音效科技，讓遊客更有身歷其境之感，最知名的就是整面天花板至牆角被大量顏色鮮艷的彩色濕壁畫填滿的巨人廳Sala dei Giganti，描述古希臘神話的壯闊戰爭場面，搭配效果驚人的音效，完美的藝術呈現，令人讚嘆，不過這裡禁止拍照，要特別注意。另外像是繪有六匹精狀結實的駿馬，並採用類似聖安德烈教堂一樣模擬出假浮雕、假廊柱的馬廳Sala dei Cavalli，富含希臘人文精神強調人體力與美，充滿裸體、愉悅、狂歡場面的丘比特和普賽克廳Sala di Amore e Psiche等，都是值得一看的藝術佳作，尤其是丘比特和普賽客廳，其生動細緻和大方毫不扭捏的裸體壁畫，看了更是直讓人臉紅心跳。皇宮二樓，則收集了大量的文藝復興時期藝術品和文物，集結倫巴底式文藝復興品味之大成，是難得的藝術寶庫。

營業時間：㊡1/1,12/25；一13:00-18:00；二~日09:00-18:00
票價：全票8€‖大學生2.50€
網址：www.fermimn.gov.it/palazzote

維琴察 Vicenza

城市整體評價：★★★★

地理位置居於維洛納與威尼斯之間的維琴察，座落於貝里奇山脈 Berici 和雷西尼山脈 Lessini 之間的小山丘，正好地處前往亞得里亞海的天然交通要道上，自羅馬時代以來就相當的繁榮富庶。維琴察與維洛納和帕多瓦，同屬以威尼斯為省會的北義維內多大區 Veneto。這個古老區域由於以地勢平緩的波河流域為主體，自古即為義大利的知名糧倉所在，農業興盛，發展出許多歷史文化悠久的古老城鎮，而維琴察正是其中之一。

13 世紀時，與當時大多數的義大利城市一樣，維琴察開始發展城市自治，並建構出奢華貴氣的城市建築風貌，至今市區內保留完整的一棟棟豪華住宅，見證了維琴察自中世紀以來就羨煞世人的龐大財富。然而維琴察今日呈現優雅面貌的古典風情和城市型式，主要深受 14~18 世紀隔鄰強大的威尼斯文化和其所帶進的文藝復興風格影響。1408 年，這裡被併入勢力強大的海上霸主威尼斯共和國之後，原本就受益於天然要道而興盛的維琴察，在強大的威尼斯文化庇蔭下，文藝復興的風格逐步發展成熟，並體現在市街規劃、建築風貌、藝術文化等方面，其中最有名的就是 16 世紀文藝復興時期的知名建築師帕拉迪歐 Andrea Palladio 所設計的宮殿建築群。他以古羅馬建築工法的設計風格，打造出的這批座落在帕拉迪歐大道 Corso Palladio 周遭的豪華別墅宮殿群，以多利克式

柱、柱廊為裝飾元素，結合了文藝復興的優雅風範和實際功能，獨具特色，不僅深受威尼斯富商和當地貴族的喜愛，這個稱之為帕拉迪歐樣式的建築式樣，也擴及到歐洲甚至日本等全世界各地，影響了那時的建築藝術。如今貫穿小小的市中心的帕拉迪歐大道，周圍包含那些帕拉迪歐樣式的美麗古典建築，全被列為世界遺產，成為體驗北義大利文藝復興建築藝術和文化內涵的最佳地點。歷久不衰的宮殿形式，每走三五步就會見到一座大師作品，參觀起來如同在欣賞帕拉迪歐大師執導的建築作品秀，這座典雅之城的古典氣息，精采絕倫的建築藝術，身受文藝復興薰陶的市區面貌，一而再再而三讓我們無比回味。

交通方便指數：★★★★

維琴察正好位於維洛納和威尼斯之間的中央，每日有數十班列車來往於這兩座城市之間，班次頻繁，距離維洛納車程約 40 分鐘，往威尼斯約 45 分鐘到 1 小時左右，也有前往米蘭的火車。火車站位在舊城區的西南側，從火車站前沿著 Viale Roma 步行約 15 分鐘，就會抵達橫貫市中心的帕拉迪歐大道起點，卡斯普里廣場 Piazzale de Gasperi，從這裡到盡頭的馬泰奧蒂廣場 Piazza Matteotti，步行約 20 分鐘。在火車站外面可搭乘 1 號、2 號、5 號巴士前往舊市區，或是詢問飯店櫃台如何從飯店外搭乘合適的公車前往。你可以選擇在盡頭的馬泰奧蒂廣場下車再走回來，也可向我們一樣，從卡斯普里廣場開始步行，繞一圈將人文景點逛完，充滿古典風情的城區，範圍不大，步行約半日就可遊遍所有人文景點。

自然美景指數：★

　　維琴察的市區，以舉世聞名的帕拉迪歐式樣的豪華宮殿取勝，舊城區附近的公園綠地不多，主要有兩個，一個是位於火車站附近種滿綠樹的 Campo Marzo，另一個是舊城區北側有涼亭小河造景的 Parco Querini。

人文歷史指數：★★★★★

　　維琴察是座充滿理性優雅氣息的文藝復興之城，城內由帕拉迪歐大師所設計建造的豪華宮殿群，堆疊出市區濃厚的歷史風情，那些出自大師之手的 16 世紀豪華別墅或宮殿，大多集結在帕拉迪歐大道 Corso Palladio 周遭，青石板道路小巷間。漫步閒晃，總是不期然遇到一間世界遺產的知名建築，那種宛如尋到寶藏的驚喜感受，讓人難忘。羅列著美麗與理性兼備的宮殿建築群，塑造出維琴察其珍貴典雅的城市風貌，時時衝擊著你我的視覺美學，維琴察深具魅力的人文建築，一定要親自來一趟才能體會它的迷人風情。

> ## 維琴察三天通行證
>
> 　　套票10€，學生優惠8€，三天內可以免費參觀所有重要的景點包括Teatro Olimpico, Pinacoteca di Palazzo Chiericati, Museo Naturalistico Archeologico, Museo del Risorgimento e della Resistenza, Museo Diocesano, Gallerie di Palazzo Leoni Montanari and Palazzo Barbaran da Porto (PalladioMuseum)。

世界遺產數量：1 個

　　維琴察城市及維內多省的帕拉底奧式宅邸 City of Vicenza and the Palladian Villas of the Veneto

帕多瓦 Padova

城市整體評價：★★★★

　　帕多瓦與維琴察同樣位在北義維內多大區內，是波河平原上眾多具有歷史文化價值的古老城市中，最耀眼的其中之一，自羅馬時代以來，就以豐饒的物產和富裕的經濟著稱。進入中世紀後，隨著11世紀威尼斯的逐漸強大，帕多瓦被納入了威尼斯共和國的勢力範圍，西元1222年一群來自波隆納大學的教授學生們，在威尼斯共和國的庇護之下，來此設立了帕多瓦大學，帕多瓦搖身一變成為充滿學術氣息的學術之都，文藝復興時代的自由學風，讓這裡人才輩出，尤其在自然科學和醫學領域，可說是名列當時歐洲數一數二的頂尖學院。數百年之間，帕多瓦大學不僅吸引了眾多知名學者如但丁、伽利略、哈伯、佩脫拉克等在此授課，也培育了各領域的眾多人才，不乏赫赫有名之人物，如曾在此學習研讀的哥白尼和哈伯等，都是奠定近代天文學的知名學者。大學耀眼的學術成就，讓帕多瓦成為名符其實的學者之城。

　　進入21世紀的現代，帕多瓦依舊承襲固有的學術傳統，從火車站出來後，街頭上大批的大學生，讓整座城市在濃厚的研究氣息外，充滿了年輕人活力。大量的國際學生，更讓這裡宛如國際都會，各色人種在充滿中世紀古典美的舊市區，交織出燦爛火花，走在街道上，讓人不知不覺也熱情了起來。這座充滿自由學術氛圍的古老城市，是前往水都威尼斯觀光前，絕對不容錯過的必去城鎮。

交通方便指數：★★★★★

　　為了疏運大量來此研究學習的學生，帕多瓦的火車交通相當方便，搭乘中短程列車如IC、EScity、E、RV、R等種類，往威尼斯方向，帕多瓦幾乎是必定停靠的城鎮，距離威尼斯路程僅需30分鐘，是非常適合一日內來回的觀光城鎮。帕多瓦火車站位在市區北側，距離市中心的香草廣場Piazza delle Erbe步行約20分鐘，景點都集中在市區內，徒步約花費5小時左右，就可將市區內的所有人文景點逛完，因此步行是最建議的方式。除了徒步，也可選擇搭乘火車站外的路面輕軌，直接抵達市中心的帕多瓦大學或是位於更南側的聖安東尼奧教堂Basilica di S. Antonio，再一路往北慢慢走回車站，節省步行時間。

自然美景指數：★

　　帕多瓦是座偏向學術文化性質的人文城市，不以自然風光取勝。我們推薦可以沿著貫穿市區的布倫塔運河Canale Piovego，沿路欣賞運河風光。另外較推薦的公園綠地，分別是運河流經史格羅維尼禮拜堂Cappella degli Scrovegni的青翠花園Giardini dell'Arena、市區南邊的沼澤綠地Prato della Valle與被列為世界遺產種滿奇花異草的帕多瓦植物園Orto Botanico。

人文歷史指數：

　　熱鬧非凡的帕多瓦市中心，因為保有大量的中世紀古典建築，加上改建時市民往往堅持以相同建材重建，可謂充滿了濃濃的中世紀古典風情，讓人產生回到數百年前的錯覺。帕多瓦的人文景點大體上可分成兩個區域，首先是介於車站和帕多瓦大學之間的舊城區，帕多瓦最知名的人文地標理性宮Palazzo della Ragione、義大利最古老的大型天文時鐘和最熱鬧的幾個廣場，水果廣場、紳士廣場和香草廣場等等，大多數的人文景點都聚集於此，再來就是位在市區南側的聖安東尼奧教堂區域。

世界遺產數量：1個

帕多瓦植物園Botanical Garden (Orto Botanico), Padua

維琴察旅遊局 Office de Tourisme
Piazza Matteotti,12
查詢網頁：www.vicenzae.org
查詢郵件：info@vicenzae.org

① 福爾圖納托大教堂 Basilica dei Santi Felice e Fortunato

② 聖瑪麗亞諾瓦建築 Santa Maria Nova(世界遺產)

③ 瓦爾馬拉納建築 Loggia Valmarana (世界遺產)

④ 蒂內博寧朗格列宮 Palazzo Thiene Bonin Longare(世界遺產)

⑤ 城堡之門 Torrione di Porta Castello

⑥ 波爾圖宮 Palazzo Porto Breganze (世界遺產)

⑦ 教區博物館 Museo Diocesano

⑧ 大教堂 Cattedrale di Piazza Duomo (世界遺產)

⑨ 錫芬納宮 Palazzo Civena Trissino (世界遺產)

⑩ 布拉加羅莎宮 Palazzo Valmarana Braga Rosa(世界遺產)

⑪ 波亞納宮 Palazzo Pojana(世界遺產)

⑫ 威尼斯共和國總督官邸 Loggia del Capitaniato 推薦

⑬ 大會堂 Basilica Palladian 推薦

⑭ 帕拉迪歐博物館 Palazzo Barbaran da Porto (PalladioMuseum) 推薦

⑮ 蒂內宮 Palazzo Thiene(世界遺產)

⑯ 伊梭波宮 Palazzo Iseppo da Porto(世界遺產)

⑰ 萊奧尼蒙塔納宮(義大利美術館) Palazzo Leoni Montanari (Gallerie d'Italia)

⑱ 考古自然歷史博物館 Museo Naturalistico Archeologico

⑲ 聖可洛納教堂 Tempio di Santa Corona 推薦

⑳ 奧林匹克劇場 Teatro Olimpico 推薦

㉑ 齊耶里卡蒂美術館 Pinacoteca di Palazzo Chiericati 推薦

㉒ 史開雷特城門 Arco della Scalette(世界遺產)

推薦景點

威尼斯共和國總督官邸
Loggia del Capitaniato

　　精緻的灰泥雕飾和三座顯眼的拱門，是這棟美麗建築的主要特色。總督官邸是威尼斯總督在維琴察的住所，屬於帕拉底奧在維琴察設計的宮殿群之一。外觀雖然古樸，走在石造柱廊下，依舊能感受到當年的豪華氣息。

推薦景點

大會堂 Basilica Palladian

　　坐落於領主廣場 Piazza dei Signori 熱鬧市集中間的大會堂 Basilica Palladian，是帕拉底奧式樣建築的代表作。由多立克式和愛奧尼亞式列柱兩兩並列而成的雙層迴廊，氣勢磅礴，見證了帕拉底奧大師成熟穩健的設計功夫。這棟建築在中世紀時期主要是作為維琴察富商和貴族們的議事場所，華麗的建築裝飾，不經意間流露出當年的奢華氣息，是維琴察最重要的人文景點之一，值得細細欣賞。在建築東側還可見到一座高聳鐘塔 Torre Bissra，它與廣場上聳立的兩座圓柱裝飾，讓廣場充滿了古典優雅氣息。

推薦景點

帕拉迪歐博物館
Palazzo Barbaran da Porto (PalladioMuseum)

博物館設立在最美麗的帕拉底奧式建築之一巴爾巴拉諾宮殿內部。主要的參觀樓層裏展示了帕拉底奧大師的相關文物，另外像是原始設計圖、簽名、文藝復興時期的繪畫，以及帕拉底奧與其弟子在維琴察所設計的一系列宮殿建築的木質模型等，相當豐富。若想進一步了解這位大師的設計風格和璀璨的一生，那麼這間博物館非常適合參觀。

- 營業時間：休一；10:00-18:00
- $ 票價：全票6€‖學生4€
- 網址：www.palladiomuseum.org

推薦景點

聖可洛納教堂
Tempio di Santa Corona

多明尼式的聖可洛納教堂，是座建於1261年的古老建築。聖壇和內部裝潢在15世紀下半葉改為現今見到的哥德式樣風格，呈現出典雅氣息。教堂內擁有許多大型的宗教畫和雕塑作品，知名如喬凡尼貝里尼 Giovanni Bellini 的《基督洗禮》，或是保羅委羅內塞 Paolo Veronese 的《崇拜賢者》，皆為不可多得的名作。教堂後殿配有精緻木雕裝飾的唱詩班，也是教堂內的參觀重點，別忘了過去走走。

- 營業時間：休一；9:00-12:00,15:00-18:00
- $ 票價：免費參觀

推薦景點

奧林匹克劇場 Teatro Olimpico

靈感來自於古希臘和羅馬劇院的奧林匹克劇場，位在安德烈帕拉底奧大道盡頭的馬泰奧蒂廣場Piazza Matteotti北側，是帕拉底奧生前設計的最後一座建築代表作。劇場外圍是一個翠綠庭院，可以見到許多尊的優雅雕像點綴期間，劇院內部除了知名的模擬露天古典劇院的圓形舞台，牆上描繪希臘神話大力士赫立克勒斯Heracles故事的精美浮雕，和身著古典服裝佔據壁龕和基座的62尊院士雕像，都是相當精彩的藝術傑作。劇場內還有一個模擬底比斯街道場景的木製舞台，運用精緻的灰泥裝飾，呈現的相當寫實，是1580年帕拉底奧過世後，由其徒弟Vincenzo Scamozzi設計而成，也別錯過了。

🕐 營業時間：休一；09:00-17:00 (7-9月~18:00)
💲 票價：維琴察三天通行證全票10€‖學生8€
🏠 網址：www.olimpicovicenza.it

推薦景點

齊耶里卡蒂美術館
Pinacoteca di Palazzo Chiericati

以帕拉底奧早年設計建造的宮殿改建而成，齊耶里卡蒂美術館收藏了13~18世紀的繪畫、雕塑、素描、版畫等藝術文物，錢幣室展示多達25000枚左右的硬幣和紀念章，館藏相當豐富。美術部分以威尼斯畫派和法蘭德斯畫派的作品最為珍貴。喜歡藝術的朋友，別錯過了。

🕐 營業時間：休一；09:00-17:00
💲 票價：維琴察三天通行證全票10€‖學生8€
🏠 網址：www.museicivicivicenza.it

火車站

Piazza Mazzini

Museo Bottacin

Corso Milano

Parco Cavalleggeri di Padova

Oratorio di San Rocco

Musei Civici Eremitani

Centro Culturale Altinate

Pazzetta Nievo

Parco Fistomba

Corso del Popolo

Via Belzoni

Via Falloppio

Via del Santo

Via Euganea

Piazza Castello

Palazzo Zabarella

Piazzale Pontecorvo

Corso Vittorio Emanuele

Piazzale Santa Croce

帕多瓦旅遊局 Informazioni Turistiche
Riv. dei Mugnai, 8
查詢網頁：www.turismopadova.it
查詢郵件：info@turismopadova.it

① 史格羅維尼禮拜堂 Cappella degli Scrovegni 推薦

② 玻之宮 Palazzo del Bo（帕多瓦大學）推薦

③ 理性宮 Palazzo della Ragione 推薦

④ Chiesa di S.Nicolo 聖尼可拉教堂

⑤ 大教堂 Duomo 推薦

⑥ 聖喬凡尼門 Porta S.Giovanni 推薦

⑦ 聖利奧波德教堂 Chiesa di San Leopoldo

⑧ 聖裘斯汀娜教堂 Parrocchia S. Giustina

⑨ 沼澤綠地 Prato della Valle 推薦

⑩ 帕多瓦植物園 Orto Botanico 推薦

⑪ 彭特克沃門 Porta Pontecorvo

⑫ 聖安東尼奧教堂 Basilica di S.Antonio 推薦

⑬ 聖索菲亞教堂 Parrocchia di Santa Sofia

⑭ 波提洛門 Porta Portello

推薦景點

史格羅維尼禮拜堂
Cappella degli Scrovegni

　　沿著正對車站大門的波波洛大道 Corso del Popolo，一路往南向市中心前進，橫跨美麗的布倫塔運河後，就會見到外觀樸素設立在一青翠草皮上的史格羅維尼禮拜堂。周圍被濃密的樹蔭環繞的這座小禮拜堂，內部因收藏了文藝復興早期的代表性畫家喬托 Giotto 耗費三年在此親自創作的濕壁畫，因而舉世聞名，成為帕多瓦一必看的經典景點。整座禮拜堂內的牆面至天花板，成為了這位文藝復興大師的精彩畫布，填滿了基督和聖母的生平場景和傳奇故事，屬於他成熟時期的代表傑作，不僅充滿視覺震撼，其引領文藝復興時期繪畫在情感、線條等方面的突破性繪畫技巧，在此更可初見端倪。

- 營業時間：(休)1/1,12/25-26；白天09:00-19:00 (需24小時前先預約，20分鐘參觀)；夜間19:00-22:00
- 票價：白天全票(含預約費1€+Musei Eremitani+Palazzo Zukermann)13€‖週一8€ (不含Musei Eremitani)‖27歲以下學生票6€；夜間全票8€‖Double-Turn票12€ (可以看40分鐘)
- 網址：www.cappelladegliscrovegni.it

推薦景點

玻之宮 Palazzo del Bo (帕多瓦大學)

　　稱之為玻之宮的帕多瓦大學，成立於1222年，是義大利境內年代第二久遠的大學，僅次於另一名校波隆納大學。悠久歷史和學術傳統，讓這棟古老建築處處散發濃厚的學術氣息。內部值得參觀的場景非常多，最知名的乃16世紀末天文學家伽利略 Galileo 在這邊授課的麥格納禮堂 Aula Magna、醫學教室 Aula di Medicina、四十大廳 Sala dei Quaranta，還有全世界第一座如同劇場的圓形階梯式解剖學教室，創新的設計令人印象深刻，中間的解剖檯象徵著文藝復興時期後，人們如何藉由學術和科學研究，打破中世紀神學至上的桎梏，轉而探求自身與自然界關係的探索，讓人一窺當時學術科學思想的興盛蓬勃。此外帕多瓦大學出產了世界上第一位獲得大學文憑的女畢業生 Elena，代表女生受教權象徵的突破性成就，也是帕多瓦大學至今引以為豪的光榮事蹟，大學中庭裡可見到她的紀念雕像。

- 營業時間：(休)(日)4/21&25-26,5/1-3,7/13-14,8/15-16,12/8&25-27‖3-10月(一)(三)(五)15:15,16:15,17:15；(二)(六)09:15,10:15,11:15；(四)09:15,10:15,11:15,15:15,16:15,17:15 (冬季11-12月少開09:15,17:15兩場)
- 票價：全票5€‖學生票2€‖國際婦女節3/8女生3.50€
- 網址：www.unipd.it/en/guidedtours

醫學教室　　　　　解剖學教室　　　　　　　　　　四十大廳

推薦景點

理性宮 Palazzo della Ragione

　　帕多瓦除坡之宮外最具代表性的人文地標，是13世紀帕多瓦的法院和議會所在。聳立在人潮眾多市集攤販聚集的香草廣場和水果廣場之間，建築架構龐大，兩側的長形柱廊和拱廊與頂部巨大的圓形弧頂，充滿了奢華秩序之美，象徵著帕多瓦中世紀的繁榮輝煌。理性宮二樓內的Salone，是號稱全世界最大的室內廳，如今作為帕多瓦舉辦藝術文化展覽的展示空間，雖然內部裝潢和家具都已清空，但是頂部和周圍牆面，繪滿了15世紀出自Miretto和Giusto之手的濕壁畫，依稀可見當年的富麗堂皇。

- 🕐 營業時間：夏季9-19 ‖ 冬季9-18
- 💲 票價：全票5€
- 🏠 網址：www.padovatravel.it

- ♥ 貼心小提醒：理性宮內部沒有家具，只是展示一些考古學的東西，我們覺得可以看看外觀就好，不用花錢進去參觀。

推薦景點

大教堂 Duomo

　　大教堂落成於1754年，由文藝復興時期的藝術大師米開朗基羅設計。大教堂沒有一般主教堂的華麗雕飾，紅瓦磚牆外觀，充滿羅馬式的粗拙古樸風格。一幅幅從中古時期保存至今的珍貴壁畫是大教堂的內部亮點。而建於13世紀的洗禮堂Battistero，是在中世紀前期的教堂基礎上改建而成，仍舊保有當年的羅馬式樣，繪於四周牆面的鮮豔濕壁畫，與史格羅維尼禮拜堂一樣，出自Giusto之手，也非常珍貴，值得仔細欣賞。

推薦景點

沼澤綠地 Prato della Valle

　　沼澤綠地是一片周圍被人工運河圍繞的廣大橢圓形草坪公園，由跨越運河的四座石橋連接對外，運河邊聳立圍繞著近80座的名人雕像，造景相當精緻優雅，是帕多瓦市民相當喜歡的休閒散步之地，閒適悠哉的氣氛，讓人很難想像在18世紀以前這裡還是一片蚊蟲滋生的沼澤荒地。聖安東尼奧S.Antonio早年曾在這裡向人民傳道的事跡，更替這座公園憑添一絲傳說色彩。

推薦景點
帕多瓦植物園 Orto Botanico

　　創建於1545年，是世界上第一座以學術研究為目的所設立的植物園，植物園的設立象徵著人類對自然萬物的研究精神和自然界的關係重視，具有相當重要的意義，也因此被列入世界遺產。此世界遺產雖不是世界奇觀級的文史類景點，不過既然來了一趟帕多瓦，我們還是建議撥出時間欣賞這座充滿歷史價值和學術性的植物園區，以免留下遺憾。植物園入內是免費參觀的，面積廣達22000m2，以海洋包圍著栽滿珍奇花卉物種的植物天堂為設計原則，Alicomo運河水道環狀流經西北兩側，園區為英式花園風格，滿佈峰迴路轉的小徑，十座噴泉點綴其中，穿梭其間，相當的賞心悅目。而植物園內通常設有的溫室，建於18世紀末到19世紀初，裡面收集了不同氣候、溫度控管下的各種草木，從沙漠到雨林，豐富的物種，更不容錯過。

推薦景點
聖安東尼奧教堂 Basilica di S.Antonio

　　這是為紀念1231年傳教至帕多瓦逝世，一生充滿傳奇色彩的葡萄牙籍僧侶聖安東尼奧 S. Antonio 所建的教堂，與植物園同位在舊城區南側，屬同一區域，參觀完植物園一定要過來看看。從建築本身或歷史價值來說，都擁有相當值得一看的理由，也因為這座教堂，讓帕多瓦成為義大利相當知名的朝聖之地。首先從建築特色來看，聖安東尼奧教堂結合拜占庭、羅馬、哥德等不同式樣的圓頂和鐘塔，呈現的異國風格，就令人印象相當深刻，歷史價值來看，作為紀念聖安東尼奧的意義，寬敞高挑的內部，收集了中世紀一流的知名宗教畫作，而最不可忽略的，當屬中殿的 Santo 禮拜堂內富麗堂皇的聖安東尼奧墓室，許多虔誠的天主教徒會在這裡撫摸墓上的石牆，虔心祈禱，場面非常莊嚴肅穆，記得降低音量和放輕腳步，我們也在這裡默禱旅途一切能夠平安順利。金碧輝煌的聖器室和禮拜堂內牆上描述聖安東尼奧一生的壁畫，也是不可忽略的傑作。

城市整體評價：★★★★★

　　講起水都威尼斯，相信一般人或多或少都有從報章雜誌、書本、網路還是電影戲劇，聽過或見過它鼎鼎大名絕世無雙的水都美景。這座位在義大利東北角亞德里亞海沿岸，建立在內海岸邊一片廣大潟湖上的歷史名城，擁有約160條錯綜複雜的運河水道，400多座橋樑，交織穿梭在潟湖上的118座小島之間，構成世界上獨一無二完全以水道、小橋為連結道路搖曳海上的浪漫生活，其堪稱無雙絕景的浪漫水都風光，滲透到城市裡任何一個角落。每一座橋樑、每一條巷弄、每一條水道，都充滿了迷人的獨特風情，無論是白天、夕陽或是華燈初上夜色如水的夜晚時分，漫步在水道巷弄間，走不完的小橋和逛不完的小島，與大量來自中世紀輝煌時期的豪華古典建築，交匯成一幅幅讓人心醉的美景，或寧靜或浪漫或古樸，都帶給我們無窮驚喜，迷人的浪漫氛圍，讓來過這裡的人絕對想再來幾次，沒來過的則大嘆相逢恨晚。根據國際觀光協會資料，這座建立在海上的城市，幾乎年年名列世界上五大熱門的旅遊城市之一，是與米蘭、佛羅倫斯、羅馬並列，造訪義大利必去的大城。

　　除了令人憧憬的水上生活，威尼斯中世紀以來強大輝煌的海上王國歷史、蓬勃興盛的藝術文化和自由的宗教思想，更是型塑它無窮魅力的重要內涵。作為維內托大區首府，威尼斯建城時間約莫在西元6世紀左右，由於其所屬的維內托大區地處土地肥沃物產豐饒的波河平原下游，導致這裡在中世紀初期多次被蠻族入侵掠奪，居住在亞里亞海沿岸的居民，便逃到潟湖建立聚落，開啟了威尼斯的立國歷程。8世紀中葉，威尼斯先後脫離拜占庭和倫巴底王國的殖民統治，開始了獨立自治的共和體制，奠定後來的強盛基礎。11~15世紀期間，隨著十字軍東征，威尼斯由於掌握中間東西方的轉口貿易，逐漸累積大量財富，不僅成立強大海軍，也不斷的擴充地中海的貿易網路，建立最早的金融中心並強化共和體制，朝向輝煌強大的海上霸主之路邁進，一方面與熱那亞、比薩等王國開始以地中海為舞台展開了激烈的競爭。這段時期威尼斯藉由外交斡旋、領土和貿易範圍的不斷擴張，成為了名符其實的海上霸主，聲勢、政治和經濟影響力達到巔峰。

　　15~16世紀期間，黑死病的捲土重來，鄂圖曼土耳其帝國興起以及新航線的開拓，葡萄牙成為歐洲與東方貿易的主要媒介等一連串的國際事件和政經情勢轉變，不僅影響威尼斯巨大財富的來源，威尼斯的政經影響力和國際貿易中心的重要性地位，也逐步下降。雖然如此，

威尼斯自由開放的思想，在此時期造就了藝術文化的蓬勃發展，文藝復興的藝術火花在這裡開花結果，成為義大利僅次米蘭、佛羅倫斯的另一文藝復興重鎮。美術方面，出現了包含提香、丁托列多、維內若塞等知名畫家所組成的威尼斯畫派，建築方面留下了包括拜占庭式、巴洛克式、哥德式和文藝復興式在內等多種風格的大批華麗古建築，屬於威尼斯共和國領土的帕多瓦大學則因為城邦的自由體制和沒有箝制思想言論的宗教法庭等緣故，學術思想大為興盛。轉變為藝術與學問之都的威尼斯，在18世紀以前，對歐洲的藝術、文學及建築都擁有巨大的影響力。1797年拿破崙攻克威尼斯，共和國滅亡，威尼斯歷史上最美好的世代告終，但是它所留下的美麗浪漫的水都美景，富麗堂皇的古典建築和眾多的文藝復興精華傑作，讓它成為了世界一流的旅遊大城。

　　近年來每逢大潮必淹水的威尼斯，因為氣候暖化水位升高，加之年年成千上萬造訪的旅客使建立在潟湖上的建築街道過多負荷，逐漸產生沈沒危機，卻依舊澆不息旅客的熱情，反而因此話題讓每年參觀的人數節節升高。這座擁有「亞得里亞海的女王」、「水之都」、「面具之城」、「橋之城」、「漂浮之都」、「運河之城」、及「光之城」等眾多美麗別號的海上城市，絕對是一生要來一次的景點。

交通方便指數：★★

　　如果要直接前往位在潟湖上的本島觀光，請直接坐到聖塔露西亞火車站Stazione di Santa Lucia，從羅馬搭乘火車前往威尼斯，車程約5小時，米蘭與佛羅倫斯約3小時，班

次很多。建立在潟湖118座小島之上的古城區，被一條S形的大運河Grand Canal一分為二，大運河從位在市區西北部的聖塔露西亞總站呈S形蜿蜒連接到聖馬可廣場，長約3km，是威尼斯最熱鬧的大動脈，從火車站一出來，往左側方向就會見到大運河上眾多公共碼頭之一的Ferrovia站，從這裡可搭乘市府經營的水上巴士，水上巴士共分成四條路線，差別只在大運河中途的停靠車站不同，參觀威尼斯方式請酌參下方的獨家心得。由於古城區是由密密麻麻舉世知名的水道交織而成，所以裡面沒有任何大街和車子，是歐洲最大的無汽車地區。在這裡運河取代公路的功能，城內交通模式完全以步行或是坐船的水上交通為主，經過的巷弄，都以小橋聯結起來，構成威尼斯的島嶼約擁有400座橋樑。威尼斯本島西北側的聖塔露西亞火車站，是唯一鐵路和車行道路的入口處，也是本島

目前唯一的鐵路車站。從義大利大陸上的其他城市搭乘巴士或火車在這裡下車後，就要以徒步或坐船去體會水都之美了，前往街道狹窄的中心舊市區。

威尼斯最快的交通工具是搭水上計程車Water Taxi，但費用最貴；建議選擇較為經濟由ACTV經營的水上巴士，12小時18€、24小時20€、36小時25€、48小時30€、72小時35€、7天50€，www.veneziaunica.it；想要悠遊浪漫水都，可以搭乘最慢的「貢多拉Gondola」，是威尼斯最具代表性的傳統小木舟，穿著海軍紅白條紋襯衫的船夫，會划著豪華的小舟帶領遊客穿梭在小水道間，費用也不便宜，公定價白天40分鐘80€，一艘船最多可坐6人，可由6人分攤費用，每超過20分鐘得另加40€，夜晚(19:00-8:00)40分鐘100€，每超過20分鐘得另加50€。www.gondolavenezia.it

獨家心得

我們建議以步行為主的方式遊玩威尼斯，威尼斯的主要景點和美景徒步都可以到達，從火車站步行到聖馬可廣場只需要半小時，兩天內就可以逛完所有主要景點，不過強烈建議準備一份詳細的大地圖，否則很容易迷路，跟其他城市不同，威尼斯旅遊局提供的地圖是需要購買的，價格2€，我們只有回程時搭水上巴士欣賞大運河上的華麗建築。另外，行李箱在威尼斯小巷及橋樑間拖行頗不方便，這點請留意。

自然美景指數：★★★★★

　　威尼斯的水上風光，堪稱是世界上獨一無二的美麗景色，且充滿了多變樣貌，有大運河兩岸氣勢磅礴的旖旎風光，也有從聖馬可廣場邊眺望出去的廣袤大海，而貢多拉穿梭其間的浪漫水道街景，更是令人終身難忘。每一條巷弄水道間的水光倒影，無論是沉浸在白天時碧綠的小水道與色彩鮮艷的房舍共同譜出的浪漫氛圍，或是夜晚穿梭在小街燈點綴的水道間體驗水都的鬼魅魔力，空氣中凝結的浪漫氣氛，既夢幻又陶醉，讓人沉浸其中無法自拔。而最經典並大量用在威尼斯官方宣傳和明信片上的代表性美景，例如里亞托橋Rialto和學院橋Accademia周圍的兩岸美麗風光，最佳拍攝角度也是在橋上，所以若行程有安排兩日以上，千萬別只是在威尼斯坐船晃晃悠悠一下，身為背包客一定得發揮一下探險精神，行腳穿梭在縱橫交錯的小巷弄與小橋樑間，否則就太暴殄威尼斯的美景了。

人文歷史指數：★★★★★

　　威尼斯歷史悠久，大運河兩側密集的集結了大量13到16世紀的宮殿、教堂、豪宅等華麗豪奢的古典建築，藝術形式多元紛呈，從羅馬式、哥德式，到拜占庭式、文藝復興式、巴洛克式，匯聚了各時期文化的建築精隨，展現出威尼斯在自由共和思想下，兼容並蓄的海洋文化精神和富含異國氣息的城市樣貌，相當精采。除了一定要遊覽被譽為威尼斯最美街道的大運河兩岸建築與博物館，其他包括作為威尼斯共和國政經中心的聖馬可廣場和總督府等人文建築，以及收藏義大利文藝復興第三階段的代表畫派「威尼斯畫派」的學院美術館，而迷宮般的市街和水巷之間的靜謐氣息，都是造訪威尼斯不可錯過的人文風情。

世界遺產數量：1 個

　　威尼斯與潟湖區 Venice and its Lagoon

威尼斯慶典介紹

　　擁有上百年歷史的威尼斯雙年展La Biennale di Venezia是歐洲最重要的藝術活動之一，與德國卡塞爾文獻展、巴西聖保羅雙年展並稱為世界三大藝術展。威尼斯雙年展一般分為國家館與主題館兩部分，主要展覽的是當代音樂、舞蹈、戲劇、建築、繪畫等等藝術，威尼斯電影節也是威尼斯雙年展的一部份。
🏠 www.labiennale.org
　　而風靡全球的威尼斯嘉年華會Carnevale Di Venezia是威尼斯最重要的慶典，每年耶穌復活齋戒月前40天，也就是2-3月間，每天的節目滿檔，整個水都陷入瘋狂，大家趁著齋戒之前盡情狂歡，在當時中世紀階級分明的社會，只要戴上面具，就分不清貴族或平民，可說是最夢幻的節日。🏠 www.carnevale.venezia.it

---

威尼斯卡片介紹

　　威尼斯有提供三種服務卡「博物館和教堂7天通行證、WiFi網路、公用廁所」，我們建議都不需要購買，除非待在威尼斯7天以上才需要考慮買博物館和教堂卡，廁所可以找店家借廁所，或是參觀景點時順便上廁所，基本上住宿飯店都會提供免費網路，所以也不需要買網路。🏠 www.veneziaunica.it
❂博物館和教堂7天通行證Musei&Chiese:全票(11間博物館+15間教堂)39.90€，6-29歲29.90€，聖馬可區24.90€(4間博物館+3間教堂)
❂WiFi網路:24小時5€，72小時15€，7天20€
❂公用廁所:1天3€，7天9€

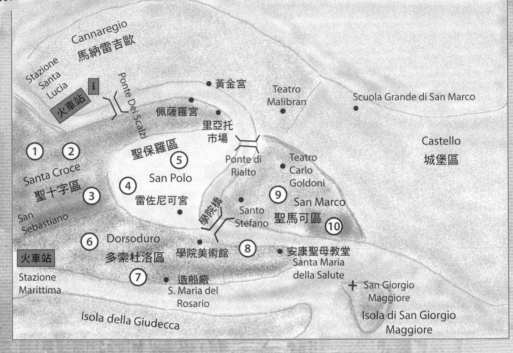

羅馬廣場 Piazzale Roma

帕帕都普利花園 Giardini Papadopoli

聖洛可大會堂 Scuola Grande di San Rocco 推薦

聖方濟會榮耀聖母教堂 Basilica di Santa Maria Gloriosa dei Frari 推薦

聖保羅廣場 Campo San Polo&聖保羅教堂 Chiea di San Polo

卡爾米聖母教堂 Santa Maria del Carmine&卡爾米大會堂 Scuola Grande del Carmine

聖特洛瓦索造船廠 Squero di S.Trovaso

韋尼耶萊奧尼宮 Palazzo Venier dei Leoni (佩姬・古根漢美術館 Collezione Peggy Guggenheim)

鳳凰劇院 Teatro la Fenice

聖馬可廣場 Piazza di San Marco (聖馬可大教堂&總督宮&鐘樓與鐘塔) 推薦

威尼斯旅遊局 Office de Tourisme
Stazione di Santa Lucia
查詢網頁：www.turismovenezia.it
查詢郵件：info@turismovenezia.it

推薦景點
聖洛可大會堂 Scuola Grande di San Rocco

　　這棟外觀華麗的文藝復興風格建築，建於16世紀，由教會設立，作為援助當地貧苦人們的慈善組織使用，就位在與其同名的聖洛可教堂旁邊，供奉著治癒黑死病的守護聖人聖洛可。威尼斯畫派三傑之一的丁托列多Tintoretto從激烈的繪畫大賽中脫穎而出，被選為美化大會堂的藝術家，他花了23年光陰在會堂兩層樓的建築裡留下67幅油畫傑作，畫作內容包括聖洛可生平事蹟、耶穌神蹟、天使報喜等，其中最壯觀的油畫描繪著耶穌被釘死在十字架上，明暗分明的悲壯場景令人動容。

- 營業時間：09:30-17:30
- $ 票價：全票10€｜26歲以下8€
- 網址：www.scuolagrandesanrocco.it

推薦景點
聖方濟會榮耀聖母教堂
Basilica di Santa Maria Gloriosa dei Frari

　　位在聖保羅廣場Campo San Polo附近，龐大的規模和次級聖殿的地位，讓這座教堂又有威尼斯的萬神殿之稱，是威尼斯著名的三座哥德式教堂之一，也是聖保羅區San Polo當地居民的信仰活動中心，外面的廣場在入夜後，常會搭建場地舉辦活動。教堂由聖方濟會於1250年開始建造，直到14世紀初才完工，為一磚砌建築，結構採哥德式樣風格，外觀簡樸，古色古香，教堂旁的鐘樓則是威尼斯第二高，僅次於聖馬可教堂。內部也非常有看頭，富麗堂皇的裝潢，相當氣派，中殿有威尼斯現存唯一的祭壇屏風，而最著名和最珍貴的藝術品莫過於威尼斯畫派代表人物提香的《聖母升天圖Assunta》，是他的生涯代表作之一，就供奉在主祭壇上，這也是威尼斯最大的祭壇畫。畫作中提香運用光影技巧建構出生動線條，在當時可是很大的創新突破，值得細細欣賞。

- 營業時間：休1/1,8/15,12/25；09:00-18:00 假日13:00-18:00
- $ 票價：3€
- 網址：www.basilicadeifrari.it

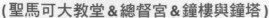

聖馬可廣場 Piazza di San Marco
(聖馬可大教堂 & 總督宮 & 鐘樓與鐘塔)

聖馬可大教堂

鐘塔

　　聚集遊客最多，被一棟棟深具歷史意義的古典建築環繞的聖馬可廣場，是由總督宮、聖馬可教堂、鐘塔、新舊法官官邸大樓以及聖馬可教堂旁的鐘樓等建築和威尼斯大運河所圍成的長方形廣場，位在威尼斯市中心，空間遼闊，是威尼斯數百年來的政經中心，舉凡遊行、典禮、節慶、表演、執行刑罰等都是在此舉行，它見證了這個海上王國最輝煌強大的光輝歲月，也是威尼斯唯一被稱為「Piazza」的廣場，其他的廣場無論大小皆被稱為「Campo」，說明了聖馬可廣場不可取代的重要地位。由於廣場四周被文藝復興時期的精美建築環繞，加上兩側新舊行政官邸的一樓迴廊內，開設了許多咖啡店、珠寶店和露天餐廳，因此這裡總是熱鬧非凡，並不時洋溢著悠揚樂音，是許多文人騷客非常喜歡的地方，和平浪漫的光景，讓拿破崙也不禁曾稱讚其為「歐洲最美的客廳」。雖然廣場周圍圍繞著鐘樓、聖馬可教堂、總督宮等熱門景點，廣場上多到數不清的鴿子還是更為搶鏡，是外國遊客在廣場上最喜歡的合照背景，與鴿子共處餵食的畫面，成為了許多遊客和攝影愛好者必拍的動人畫面。

　　位在廣場右前方，高近 100 公尺，以紅色磚砌打造的鐘樓 Campanile，是廣場最顯眼的地標，高聳入雲的簡樸設計，與一旁裝飾華麗精雕細琢的聖馬可大教堂，形成強烈對比。鐘樓頂部的觀景台是眺望威尼斯城景的最佳位置，從這裡眺望，縱橫交織的水道、海景、大教堂圓頂和廣場街道上的古典建築，一覽無遺，非常美麗。與鐘樓相對的鐘塔 Torre dell'Orologio，正面聖馬可獅子雕像下有一座為出海航行而設計的大時鐘，不只標示時刻，還指示月份及黃道星座，此外鐘塔頂端還有兩尊機械摩爾人敲打報時，非常特別，一樣有開放上塔觀光，如果你是想看威尼斯美景，還是以鐘樓為主，這裡高度較矮，展望視野較差。

　　介於鐘塔與鐘樓之間的龐大建築，就是結合東西方風格的華麗聖殿，聖馬可大教堂 Basilica di San Marco，是威尼斯地位最高的大教堂。西元 828 年兩位威尼斯商人從埃及將聖馬可的遺骸運回威尼斯後，當地居民便興建了這座大教堂來守護其遺骸。教堂融合了哥德式、羅馬式、拜占庭式樣等多元風格，五個巨大的圓頂和錯落有緻的尖塔並列，與聖人雕像裝飾和正立面的馬賽克鑲嵌畫互相輝映，從外觀上望去相當具有異國情調，教堂入口處擁有五個圓形拱門，兩旁為華麗的大理石柱，旅客可以通過青銅大門進入前廳。中央大門裝飾著三層羅馬式美術浮雕，側門弦月窗上是講述聖馬可教堂遺跡故事的鑲嵌畫，入口

正門上方所見到的四匹青銅馬雕像，是13世紀第四次十字軍東征期間從君士坦丁堡運來，現在放置的是複製品，與大教堂西南角的羅馬四帝共治雕像，都是相當珍貴的藝術品。

內部更是富麗堂皇，俯視地板猶如一張馬賽克式的東方大地毯鋪滿了整個教堂，抬頭仰望更是總面積廣達八千多平方公尺的拜占庭式金色鑲嵌畫，以舊約聖經為主題的故事內容，佈滿在牆上到天花板之間，在光線照射下，金光閃爍，華麗燦爛，讓人眼花繚亂，由於參觀人數眾多，參觀時得依照排隊路線慢慢欣賞。往聖殿裡面走，會看到將主祭壇隔開的哥德式聖像壁，上方排列著14尊聖像，中央還立了一尊十字苦像，十分壯觀。穿過聖像壁便是聖殿核心，主祭台下方葬有聖馬可遺骸的骨灰棺，而主祭台後方的黃金裝飾屏風 Pala d'Oro 則是裡面最值得一看的珍寶，金光耀眼，上頭裝飾了3000顆寶石和80件搪瓷製品，種類繁多的各式珠寶，將首席聖殿的尊榮地位展露無遺。

大教堂旁的總督宮 Palazzo Ducale，則是建於9世紀的哥德式古老建築，經歷過多次火災後在15世紀重建而成，外觀典雅精緻，顛覆傳統建築手法，下層是尖拱柱廊，中間是哥德式曲拱涼廊，上層是光滑的粉紅色菱形花紋大理石外牆，頂端有拜占庭風格的白色城垛邊飾，在陽光照射下顯得粉嫩無比。這裡除了是歷屆威尼斯總督的住處和最高的行政、司法、權力中心，兵器庫和監獄也集中在這裡，如今則改為博物館對外開放。內部共分三層樓，開放參觀的多座廳堂，不是收藏了珍貴的知名文藝復興畫家作品，就是繪有鮮豔的濕壁畫，相當輝煌氣派。其中最出眾的就是位在三樓的最高會議大廳，在這個可容納兩千人，掛有歷屆總督畫像的室內空間，總督座椅的後方，收藏了威尼斯畫派代表人物丁托列多在1590年繪製的巨幅油畫代表作《天國》，占滿整個牆面的龐大畫面，充滿了視覺震撼，在當時是世界上最大的油畫作品，非常值得一看。除了許多裝飾富麗功能不同的大廳，遊客還可以參觀兵器庫，這裡收藏了戰利品武器以及各種共和國用的防衛兵器，一旁的窗戶還可以眺望威尼斯海景，美不勝收。參觀完燦爛的宮殿尾聲，會經過一座連接運河對岸監獄的天橋，俗稱「嘆息橋 Ponte dei Sospiri」，由於古時通過這道橋前往地牢的多半是重罪犯，要再重見天日是難上加難，經過天橋時總是嘆息連連，因而得名。過橋後就是一間間狹窄的井狀囚室，可以想像當初犯人就在這種悶熱、潮濕、狹小、不衛生的環境中服刑，簡直如在地獄裡生活，與總督宮殿裡權貴興高彩烈的生活形成強烈的對比。

🕐 營業時間：總督宮㊡1/1&12/25‖4-10月08:30-19:00‖11-3月08:30-17:30；大教堂09:45-17:00‖假日14:00-16:00 (3-11月~17:00)‖聖馬可博物館09:45-16:45‖黃金祭壇&寶物室09:45-16:00‖假日14:00-16:00 (3-11月~17)；鐘樓10月&4-6月09:00-19:00‖11-3月09:30-15:45‖7-9月09:00-21:00

💲 票價：大教堂免費‖聖馬可博物館5€‖祭壇黃金飾屏2€‖寶物室3€‖鐘樓8€‖鐘塔12€(須預約才能參觀)‖聖馬可廣場套票(總督宮,科萊爾博物館Museo Correr, 考古學博物館Museo Archeologico Nazionale,馬爾恰納圖書館Biblioteca Nazionale Marciana)16€, 15-25學生10€

🏠 網址：www.basilicasanmarco.it；palazzoducale.visitmuve.it

嘆息橋
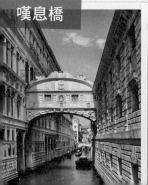

鐘樓

總督宮

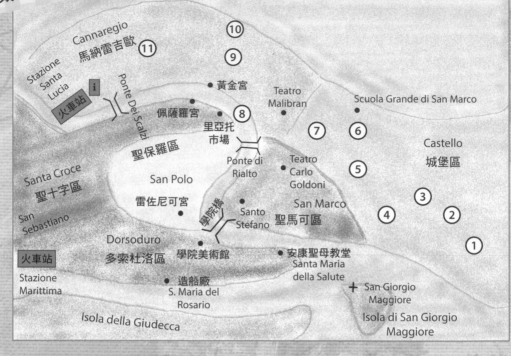

Cannaregio
馬納雷吉歐

⑩ ⑪ ⑨

Stazione
Santa
Lucia
火車站 ℹ

Ponte Dei Scalzi

● 黃金宮

Teatro
Malibran

Scuola Grande di San Marco

佩薩羅宮 ●

⑧

里亞托
市場

Ponte di
Rialto

⑦ ⑥

Castello
城堡區

聖保羅區

Santa Croce
聖十字區

San Polo

Teatro
Carlo
Goldoni

⑤

③

雷佐尼可宮 ●

San
Sebastiano

學院橋

Santo
Stefano

San Marco
聖馬可區

④ ②

①

火車站

Dorsoduro
多索杜洛區

學院美術館 ●

● 安康聖母教堂
Santa Maria
della Salute

Stazione
Marittima

● 造船廠
S. Maria del
Rosario

✛ San Giorgio
Maggiore

Isola della Giudecca

Isola di San Giorgio
Maggiore

① 海洋歷史博物館 Museo Storico Navale

② 造船所 Arsenale

③ 斯拉夫人的聖喬治會堂 Scuola Dalmata S.Giorgio degli
Schiavoni

④ 聖札卡里亞教堂 Chiesa di San Zaccaria

⑤ 至美聖母教堂 Santa Maria Formosa

⑥ 聖喬凡尼及聖保羅大教堂 Basilica di San Giovanni e
Paolo 推薦

⑦ 奇蹟聖母教堂 Santa Maria dei Miracoli

⑧ 大運河區 (土耳其商館＆佩薩羅宮＆黃金宮＆里亞托橋
＆雷佐尼可宮＆學院美術館＆安康聖母教堂) 推薦

⑨ 摩爾人小廣場 Campo dei Mori

⑩ 菜園聖母院 Chiesa della Madonna dell'Orto

⑪ 猶太區 Ghetto

威尼斯旅遊局 Office de Tourisme
Stazione di Santa Lucia
查詢網頁：www.turismovenezia.it
查詢郵件：info@turismovenezia.it

推薦景點

聖喬凡尼及聖保羅大教堂
Basilica di San Giovanni e Paolo

　　位在Castello區北側，廣場上教堂旁的柯萊奧尼騎馬銅像是15世紀威尼斯軍隊的最高領袖。教堂建於13~15世紀，是威尼斯三座哥德式樣教堂之一，外觀簡樸，裡面卻安放了近三分之一的威尼斯總督墓和紀念碑在裡面，頗具地位與意義，中央主祭壇旁的彩繪玻璃，在自然光映照下，五顏六色繽紛燦爛，藝術價值極高。教堂內的壁畫也都非常精采，許多都是出自大師之手，例如貝里尼Bellini、羅多Lotto等等，其中羅薩里歐禮拜堂Cappella del Rosario頂棚的《牧者的禮拜Adorazione dei Pastori》最令人印象深刻，而兩位藝術家也安葬於此教堂

🕐 營業時間：09:00-18:00│假日12:00-18:00
💲 票價：全票2.50€│學生1.50€
🏠 網址：www.basilicasantigiovanniepaolo.it

大運河區（黃金宮＆雷佐尼可宮＆佩薩羅宮＆里亞托橋＆安康聖母教堂＆學院美術館＆土耳其商館）

免費 HOT SPOTS　優惠 HOT SPOTS　世界遺產 RECOMMEND HOT SPOTS

　　流貫威尼斯市區的大運河，是威尼斯最美最繁華熱鬧的大動脈，也是散佈在街道巷弄內那些小水道的母河。如同香榭大道之於巴黎、第五大道之於紐約，大運河是威尼斯最繁華輝煌的交通要道，坐落在大運河兩側的一棟棟華麗豪宅、宮殿、教堂等古典建築，不是當代一時翹楚，就是擁有輝煌歷史，見證了威尼斯最強大光榮的過去。要欣賞最原汁原味威尼斯鼎盛時期的城市面貌，遊歷大運河絕對是參訪威尼斯最重要的行程之一。我們建議搭乘水上巴士一號線順著大運河遊歷一趟，雖然每站都停，卻可以最鉅細靡遺的欣賞古建築和波光粼粼河面交相倒映的美麗風景，感受最道地正統的威尼斯風情，就像是進行一場充滿感官美學、文化內涵和浪漫風情的水都饗宴，讓人回味無窮。

　　從火車站搭水上巴士首先會經過位於右岸建於13世紀的土耳其商館 Fontego dei Turchi，是典型的威尼斯拜占庭風格，17世紀時被土耳其商人當成倉庫和交易的重要場所，隨著貿易衰退，土耳其商館也逐漸荒廢，19世紀時增修了左右兩側的塔樓，如今是自然歷史博物館 Museo di Storia Naturale，展出動植物群、化石和水族館的收藏；土耳其商館斜對面是文德拉明加萊吉宮 Palazzo Vendramin Calergi，為一棟拱型窗戶的三層樓建築，文藝復興的古典風格，非常典雅，讓人難以想像裡面現在是賭場；再往前會見到呈現巴洛克式華麗風格的佩薩羅宮 Ca' Pesaro 雄姿顧盼的立在大運河邊，這是威尼斯當地貴族佩薩羅家族宅邸，最上面兩層外牆上彷彿懸空般倆倆並列的白色立柱，讓這棟雄偉建築氣派豪華之餘充滿了躍動感，內部目前規劃為兩間博物館，一間展示現代繪畫作品，一間則展示東方文明的畫作、陶器、服裝等文物；佩薩羅宮往前的斜對面就是鼎鼎大名的黃金宮 Ca' d'Oro，由貴族鞏塔里尼 Contarini 建於1421年，典型威尼斯哥德式建築，由於建築外牆曾貼滿金箔並用鍍金裝飾，因而擁有如此貴氣的名字，當年在陽光映照下，耀眼奪目，在當時堪稱是大運河上最瑰麗的珍珠，隨著歲月侵蝕，當年的耀眼金色已褪色不少，不復見當年奪目光彩，不過擁有精緻雕飾的陽台柱廊，典雅貴氣依舊。底層凹進的柱廊，可讓人直接從運河進入門廳，陽台上雕飾花俏的科林斯柱支撐一排精緻的窗戶，柱廊上方則是貴族主人房間的封閉陽台，黃金宮的建築設計，充分呈現威尼斯哥德式樣的高調奢華風格，值得細細欣賞。內部現在作為喬治法蘭加蒂美術館 Galleria Giorgio Franchetti，收藏文藝復興時期的雕塑和繪畫。

　　欣賞完了黃金宮，再來就會見到威尼斯水都最具代表性的經典景點里亞托橋 Ponte di Rialto。這座橋是在原有木橋坍塌後，於16世紀末改建而成的文藝復興式白色石造橋梁，氣質高雅出眾。除橋上本身兩旁設有許多小店鋪，橋梁兩側更是大運河最熱鬧的區域之一，彷彿市集樣，聚集了大量的餐廳、商店、水果甜點攤位和紀念品店等等，人來人往，川流不息，呈現了水都威尼斯日常生活最繁忙的一面，而橋上眺望大運河出去的美景，更是美麗浪漫，成為威尼斯的代表性景致之一，這裡也是少數欣賞水都夜景的最佳地點，華燈初上時分，兩岸徹夜營運的景觀餐飲和咖啡店，依舊人聲鼎沸燈火通明，微風吹來，朦朧夜燈倒映如水月色，相當浪漫；沿著大運河再往南走，S.Samuele 站對面會見到一棟三層拱

安康聖母教堂

黃金宮

土耳其商館

里亞托橋

115

雷佐尼可宮

學院橋

窗的華麗巴洛克式建築雷佐尼可宮 Ca'Rezzonico，由於與佩薩羅宮出自同一位設計師之手，因而外觀與佩薩羅宮非常相似，裡面目前作為十八世紀威尼斯博物館，收藏威尼斯藝術品，從宮內舞廳、宴會廳、掛毯大廳等的家具擺飾、名畫、雕塑與玻璃吊燈，不難想像當時奢華上流貴族生活。

此時大運河逐漸進入尾端，一座古色古香的木製長橋出現在眼前，這是大運河上知名度不遜於里亞托橋的另一珍貴古橋學院橋 Ponte Accademia，目前有添加鋼筋以強化架構，橋上可一覽兩岸河濱一系列知名景點，如北岸的芭芭羅宮 Palazzi Barbaro、南岸的學院美術館 Gallerie dell' Accademia、佩姬古根漢美術館 Collezione Peggy Guggenheim 和安康聖母教堂 Santa Maria della Salute，如果有時間建議兩岸的知名景點都不要錯過。這裡極力推薦學院美術館，這是威尼斯最重要和最珍貴的美術館，更是除聖馬可教堂外必訪的人文景點，內部收藏了文藝復興時期具有濃厚水都文化特色的威尼斯畫派傑作。在義大利中北部的文藝復興推動下，受到威尼斯共和國強盛富有和自由奔放的文化影響，所發展出來的威尼斯畫派，吸收了文藝復興鼎盛時期的成就，大膽在色彩和光影技巧上創新，強調顏色鮮艷濃重墨彩，內容大多以刻劃和平盛世及財富的思想為主題，也反映了當時威尼斯的強盛，華麗生動的畫風，獨樹一幟，是

芭芭羅宮

義大利美術史上扮演著承先啟後的重要派別。代表性大師從貝里尼一家族開始，到最具代表性的喬久內Giorgione、提香Tiziano、維內若塞Veronese再到後期的卡拉瓦喬Caravaggio等等，裡面收藏的精彩傑作，族繁不及備載，絕對不要錯過；位在學院美術館旁的佩姬古根漢美術館，是以展覽現代美術作品而知名於世的古根漢美術館分院，充滿綠地的庭院，布置精雅，裡面展示畢卡索在內多位現代藝術的繪畫和雕刻，不過票價還蠻高的，若有多餘預算再前往參觀，不一定要在威尼斯欣賞；古根漢美術館再往東沿著河濱走，就是與聖馬可廣場隔著大運河遙遙相望的安康聖母教堂，這座擁有巨大圓頂的美麗八角形教堂，是威尼斯巴洛克式建築的代表作，白色大理石建材的華麗外觀，在陽光映照下與閃耀波光的粼粼河面，相映成趣，優雅姿態，就像氣度雍容的貴婦，替大運河更添美艷，它也是威尼斯最上相的教堂之一，教堂內牆壁和天花板由丁托列多和堤香所繪的裝飾壁畫，相當珍貴，值得細細欣賞。

◉ 營業時間：雷佐尼可宮4-10月10-18‖11-3月10:00-17:00；黃金宮美術館&學院美術館▤08:15-14:00‖▤~▥08:15-19:15；佩薩羅宮4-10月10-18‖11-3月10:00-17:00；自然歷史博物館6-10月10:00-18:00‖11-5月▤~▥09:00-17:00‖週末10:00-18:00

⑤ 票價：雷佐尼可宮&自然歷史博物館全票8€，15-25歲學生票5.50€‖黃金宮美術館6€‖佩薩羅宮全票10€，15-25歲學生票7.50€‖里奧多橋&安康聖母教堂免費‖教堂聖物室2€‖學院美術館永久展(Gallerie dell' Accademia+ Palazzo Griman) 9€，永久展+臨時展15€自然歷史博物館

⌂ 網址：www.visitmuve.it；www.cadoro.org；www.gallerieaccademia.org

獨家心得

　　我們建議回程時再搭水上巴士，這次我們安排遊威尼斯兩天，第一天先徒步逛重要的博物館與教堂等景點，第二天逛完景點要回火車站時，再從大運河的底端「安康聖母教堂」搭乘水上巴士，一路遊運河回火車站，這樣可以不用背著大包包辛苦地爬上爬下走回火車站，又可以按照既定行程，完成欣賞大運河風光的目的，一舉兩得。

第七站
波隆那
一日罕

城市整體評價：★★★★

　　位在義大利中北部，緊鄰波河平原的艾米莉亞羅馬涅大區 Emilia-Romagna，從古代開始，便以貫穿全區溝通義大利北部和中部羅馬大城的交痛要道艾米利亞大道為中心，沿線發展出多座歷史悠久農產興盛的古老城市，像是以生火腿與起司聞名的帕馬 Parma、以北義文藝復興成就著稱的文化名城費拉拉 Ferrara 等，都是義大利相當熱門的旅遊文化名城。而位居大道中心位置的波隆那，因居於重要的交通要衝，自古以來便蓬勃發展，從最古老的伊斯特魯坎文明遺跡到羅馬帝國的領土，5~8世紀北部哥德文化和東方拜占庭文化影響，再到中世紀時成為天主教會的勢力範圍，波隆那的交通和產業中心地位，讓不同時代的文化特色在這座歷史古都留下深刻痕跡。

　　1088年義大利乃至全歐洲最古老大學波隆納大學的創立，讓波隆那一躍為中世紀歐洲文化學問之都，成為舉世聞名的大學城，不僅執當時歐洲學術文化之牛耳，就連義大利第二古老大學帕多瓦大學也是由波隆那大學的師生另行創立，舉足輕重的母校地位，讓依舊保有中世紀古城面貌的波隆那舊城區，瀰漫著濃厚學術氣息。時序進入現代，如今的波隆那已轉變為以手工業、精密工業等中小企業為主的現代工商城市，老城牆改為現代外環大道，圍繞著市中心的外圍現代化市區，一條條車水馬龍的柏油道路，建構出波隆那現代化的城市面貌，每年這裡舉辦的食品、家具、鞋業、機械、金屬等國際工商展覽多不勝數，顯示出其在義大利重要的經濟大城地位。

　　舊城區則維持其古城風貌，歷經中世紀、文藝復興時期和巴洛克時代保存良好的一棟棟古老紅瓦磚屋，在石板街道上櫛比鱗次，與城中一道又一道連綿不絕的古老柱廊，共同奠定了市區充滿懷舊古早氛圍的獨特城景，逛起來令人回味無窮。波隆那的中古城市之美和悠久的學術氣息，一定要來體會。

交通方便指數：4 顆星

波隆那位在米蘭前往羅馬的主要幹道上，是多條鐵路線交匯
的交通要衝，因此停靠波隆那的火車班次相當頻繁，從這裡
前往佛羅倫斯最快車種約45分鐘，最慢如ES City約100分鐘
左右，米蘭則約一到兩小時。波隆那中央火車站位在古城區
北側，步行前往至古城區20分鐘，剛好可以讓遊客親眼見見
波隆那現代和古典面貌並存的城市景觀。所有人文景點都集
中在古城區裡，一天內就可以逛完。

自然美景指數：1 顆星

波隆那市區參觀以人文市景和古蹟建築為主，古城區附近
的綠地主要有兩處，一個是位於火車站附近的 Parco della
Montagnola 環形公園，公園入口可見到古典對稱壯觀的階
梯，階梯中央有座栩栩如生的飛馬噴泉，漫步在公園裡 還可
以欣賞水池旁活靈活現的雕塑作品；另一個則是位於古城區
的南側的 Giardini Margherita 花園，佔地面積不小的花園有優
美的湖景，是散步野餐的好去處。

人文歷史指數：5 顆星

波隆那古城區保存完善的中世紀市景，瀰漫濃厚古都氣息和
學術氛圍的傳統人文風貌，是最令人印象深刻的。尤其是街
道上環環相接的圓拱長廊，更蘊含了歷久彌新的古城脈動。
長廊上的購物店、餐廳和紀念品店，林立的傳統市集和手工
商店，建構出波隆那市民在繁忙熱鬧的日常生活中，既樸實
又充滿活力創意的生活面貌及城市文化。林立在廣場、迴廊
周圍的古蹟宮殿和哥德式建築群，以及設立於1088年全歐洲
最古老的波隆那大學，更都是不可錯過的景點。

世界遺產數量：0 個

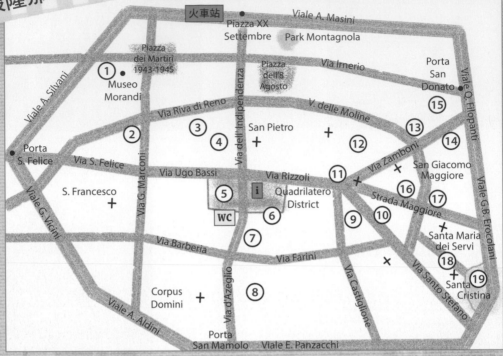

火車站

Piazza XX Settembre

Viale A. Masini

Park Montagnola

Piazza dei Martiri 1943-1945

① Museo Morandi

Piazza dell'8 Agosto

Via Irnerio

Porta San Donato

Via Riva di Reno

Via dell'Indipendenza

V. delle Moline

② ③ ④

San Pietro

⑫ ⑬ ⑭ ⑮

Porta S. Felice

Via S. Felice

Via G. Marconi

Via Ugo Bassi

Via Rizzoli

⑪ San Giacomo Maggiore

Via Zamboni

S. Francesco

⑤

i Quadrilatero District

⑯ ⑰

Strada Maggiore

WC ⑥

⑨ ⑩

Viale Q. Filopanti

Viale G.B. Ercolani

⑦

Via Barberia

Via Farini

Santa Maria dei Servi

⑱

Corpus Domini

Via d'Azeglio

⑧

Via Castiglione

Via Santo Stefano

⑲ Santa Cristina

Viale A. Aldini

Porta San Mamolo

Viale E. Panzacchi

波隆那旅遊局 Bologna Welcome
Piazza Maggiore, 1/e
查詢網頁：www.bolognawelcome.com
查詢郵件：TouristOffice@comune.bologna.it

① 現代藝術美術館 MAMbo - Museo d'Arte Moderna di Bologna

② 現代藝術畫廊 Raccolta Lercaro 推薦

③ 塔利亞維尼古代樂器博物館 Collezione Tagliavini

④ 中世紀博物館 Museo Civico Medievale

⑤ 馬喬雷廣場 Piazza Maggiore (聖佩托尼奧大教堂 & 市政廳 & 雷安佐宮 & 波德斯塔宮 & 諾台宮 & 白齊宮) 推薦

⑥ 考古博物館 Museo Civico Archeologico

⑦ 舊波隆納大學 Palazzo della Archiginnasio 推薦

⑧ 聖多明尼哥教堂 Basilica San Domenico 推薦

⑨ 佩波利宮 Palazzo Pepoli (波隆那歷史博物館 Museo della Storia di Bologna)

⑩ 聖史提芬廣場和教堂 Piazza Santo Stefano 推薦

⑪ 雙塔 Le due Torri (阿西內里塔 & 佳麗森達塔) 推薦

⑫ 猶太博物館 Museo Ebraico

⑬ 市立歌劇院 Teatro Comunale

⑭ 波吉宮(大學美術館) Musei di Palazzo Poggi

⑮ 國家美術館 Pinacoteca Nazionale 推薦

⑯ 國際音樂圖書博物館 Museo Internazionale e Biblioteca della Musica

⑰ 工業藝術博物館與巴爾杰利尼畫廊 Museo Civico d'Arte Industriale e Quadreria Davia Bargellini 推薦

⑱ 莫蘭迪之家 Casa Morandi 推薦

⑲ 復興運動與卡杜奇之家博物館 Museo Civico del Risorgimento e Museo di Casa Carducci

推薦景點
現代藝術畫廊 Raccolta Lercaro

　　從火車站在往古城區的路上，可以先順道來參觀這間成立於1971年的現代藝術畫廊，展出 Giacomo Manzù, Francesco Messina, Augusto Murer, Eugenio Pellini, Arnaldo Pomodoro, Vittorio Tavernari, AdolfoWildt,Giacomo Balla, Giorgio Morandi, Filippo de Pisis, Guttuso and Emilio Ambron 等藝術家的現代畫作，免費參觀的優惠，相當划算。

⚙ 營業時間：休(一) 11-18:30
Ⓢ 票價：免費參觀
⌂ 網址：www.raccoltalercaro.it

推薦景點

馬喬雷廣場 Piazza Maggiore
(聖佩托尼奧大教堂&市政廳&雷安佐宮&波德斯塔宮&白齊宮)

聖佩托尼奧大教堂

聖佩托尼奧大教堂内

　　位在舊城區市中心的馬喬雷廣場與周圍的古蹟建築群是波隆那歷史上的政經中心，川流不息的學子和遊客，呈現出波隆那充滿活力的一面，洋溢著積極自由的學術氣息，是波隆那最道地風情的區域，大多的古蹟景點都集中在這附近，逛起來非常方便。

　　與波德斯塔宮隔著廣場相望的聖佩托尼奧大教堂 Basilica di San Petronio 是廣場最顯眼的建築。大教堂建於1390年，為了祭祀波隆那的守護聖人聖佩托尼奧主教而建，長132m、寬66m、高47m，規模相當宏大，為一哥德式樣建築。教堂內的建築裝飾頗有看頭，一入門就會見到中央入口處的精美雕刻，中間的浮雕是聖母與基督，左右兩邊分別為聖佩托尼奧 San Petronio 和聖安部吉羅 Sant'Ambrogio 兩位守護聖人，這是1425年知名雕刻大師 Jacopo della Quercia 的作品，左右側門則是分別以復活和沈積為主題的浮雕，精美細緻，這是 Alfonso Lombardi 的傑作。明亮挑高的中殿內部和總計22座禮拜堂內的壁畫、藝術品等收藏，若仔細欣賞，可能得花上好一段時間，是座內涵豐富的教堂。

海神噴泉

　　廣場側邊介於市政廳和雷安佐宮之間有一座裝飾華麗的海神噴泉 Fontana del Nettuno，這是廣場最具代表性的地標，也是波隆那的象徵，海神腳底噴流而出的四位女神代表著四大洲的河流，站立的海神平舉著手，意圖平復波濤洶湧的浪濤，象徵教皇統治陸地猶如海神統治著大海，深遠寓意讓人神往。泉水淙淙噴瀉的噴泉邊吸引許多大學生在此聚會、休憩或閱讀，想體驗波隆那略顯慵懶的午後時光，這裡是絕佳選擇，另外這裡的泉水可以飲用，可以將身邊的水壺拿出來裝水。

　　海神噴泉左側的市政廳 Palazzo Comunale，淡黃色磚牆外觀，古意盎然，由三座建於13~16世紀的宮殿組成，其中阿庫席歐宮 Palazzo d'Accursio 原本是波隆那法學教授居所，13世紀成為最高司法機構和市政府所在地，內部目前作為市政機關、圖書館、市立古代藝術美術館 Collezioni Comunali d'Arte 和收藏波隆那現代畫家莫蘭蒂 Morandi 作品的莫蘭蒂畫廊等多個區塊使用，由中庭一座設計精美的大階梯連接，有的需付費有的免費參觀，推薦三樓一間可免費參觀的法爾內塞廳 Sala Farnese，裡面牆上和天花板上略顯斑駁的珍貴濕壁畫，描述波隆那在歷史上發生的大事件，相當珍貴。另外像是放著古老木椅的古議會廳 Sala del Consiglio Comunale、常舉辦攝影藝術展的艾可雷廳 Sala d'Ercole 等都是免費參觀，非常划算。紅廳 Sala Rossa

市政廳

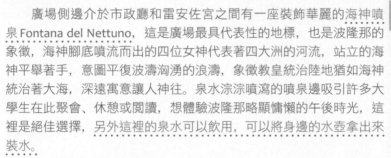

市政廳內部

雷安佐宮

白齊宮

則是市民舉辦婚禮的廳堂，我們正好遇到一個豪華婚禮，雖然不能進去，從打扮隆重的賓客的臉上笑意，也感受到裡面的濃濃喜氣。

　　與市政廳隔著海神廣場相望的兩座宏偉建築，都是建於12~13世紀的古老宮殿，年代相當悠久，一同見證了波隆那擺脫神聖羅馬帝國控制進入自由城市時期的最輝煌時期。雷安佐宮 Palazzo Re Enzo 完工於1244年，當時波隆那為了爭取獨立自治，將神聖羅馬帝國皇帝腓特烈二世之子就是薩丁尼亞王國國王雷安佐囚禁於此，因而得名，又有「雷安佐的黃金監獄」之稱。宮內有一座由 Antonio di Vincenzo 設計的三百大廳 Salone dei Trecento，是宮內主要的會議廳，可由隔壁的波德斯塔宮直通至此。波德斯塔宮 Palazzo del Podestà 是波隆那12世紀進入自治時期的行政首長辦公處所，中間的阿連戈鐘塔 Torre dell'Argeno 建於1221年，共有49座重達百斤的大鐘，正立面的拱門柱廊又稱之為耳語長廊 Voltone del Podestà，起因於在建築師巧妙的設計下，只要在對角線的牆角小小聲說話，聲音就會清楚傳到另一角落，相當典雅精緻，是文藝復興時期重建，充滿古典氣息，迴廊內設有餐廳和購物店。最後介紹位在廣場東側建於16世紀末的長形建築白齊宮 Palazzo dei Banchi，正面共有15座拱門，是廣場上最後興建的建築，也可稱之為銀行大樓，因中世紀時底下全都是匯兌商店，如今則都是一些現代商店，相當熱鬧。白齊宮後面的小巷就是古老的 Quadrilatero 傳統市場，參觀完多棟充滿歷史意義的建築後，可以來傳統市場探索味覺的刺激，品嘗道地的鮮美食物、水果與海產。

🕐 營業時間：市政廳 (紅廳、艾可雷廳、法爾內塞廳、帕拉丁禮拜堂，需預約參觀；古議會廳🗓~🗓10:00-13:00；寇貝塔廣場Piazza Coperta下的考古挖掘10:00-13:30,15:00-18:30🗓~🗓免費參觀；交易所Sala Borsa (現為圖書館)：🗓~🗓10:00-20:00‖🗓10:00-19:00；嬰兒房🗓~🗓10:00-19:00；兒童房、男孩房、青少年房🗓~🗓13:00-19:00‖🗓10:00-19:00)；市立古代藝術美術館 🗓~🗓09:00-18:30‖週末10:00-18:30；聖佩托尼奧大教堂07:45-14:00,15:00-18:30

💲 票價：市政廳&聖佩托尼奧大教堂免費參觀‖市立古代藝術美術館全票5€，大學生3€

🏠 網址：www.comune.bologna.it

波德斯塔宮

推薦景點

舊波隆納大學 Palazzo della Archiginnasio

免費
HOT SPOTS

　　從聖佩托尼奧教堂外沿著 Via dell'Archiginnasio 再往南走，就會見到舊波隆納大學。這是波隆那自11世紀創校以來最古老的校區，也是全歐洲最古老的大學之一，直到1803年為止校區才遷往現今波隆那大學所在的贊波尼大道 Via Zamboni 兩側。中世紀時期這裡可謂匯聚了全歐洲一流的學者，他們在此進行法律和藝術等研究，還有解剖等對比傳統教會而言相當前衛大膽的生物科學研究，是開啟人類科學研究的啟蒙之地，讓這裡在傳統的濃厚學術氣息之外還充滿了自由的研究氛圍。精美的中庭四周環繞著歷史悠久的研究室和講堂教室，所有走廊牆壁、天花板、樓梯間以及每間講堂的入口處，都飾以琳琅滿目的表揚勳章、精雕細琢的雕塑藝術、傑出學者的紀念碑文、五彩繽紛的立體透視壁畫，繁複精細的裝飾令人嘆為觀止，值得細細欣賞。其中最知名的就是進行全世界第一個人體解剖實驗的解剖劇場 Teatro Anatomico，宛如一小型劇場的講堂內，牆壁、地板和桌椅都以木頭為材質，古色古香，走在地板上還能聽見吱吱的擠壓聲，中間的解剖台讓人遐想不知有多少標本在這裡研究過，講台旁兩座剝皮的人物雕像，象徵著科學對真理的探尋。

🕐 營業時間：一~五09:00-18:45‖六09:00-13:45；解剖劇場一~五10:00-18:00‖六10:00-15:00；假日15:00-19:00

💲 票價：免費參觀‖解剖劇場3€

🏠 網址：www.archiginnasio.it

解剖劇場

推薦景點
聖多明尼哥教堂 Basilica San Domenico

免費 HOT SPOTS

獨家 HOT SPOTS

　　古意盎然的聖多明尼哥教堂，外觀有著羅馬式的古樸莊嚴，教堂旁還分別立著聖母與聖多明尼哥雕像的兩根圓柱與陵墓，別具特色，是我們非常推薦的一個古老教堂，光是裡面收藏的珍貴雕塑與畫作相當值回票價。這座教堂是13世紀時為了安葬聖多明尼哥遺體而建，他的遺骸就位在右耳廊的聖多明尼哥禮拜堂內，保存遺骸的大理石石棺是義大利最精采的雕刻傑作之一，而禮拜堂內由隆巴迪Lombardi、皮薩諾Pisano製作以聖人生平為主題的雕刻也相當精彩，石棺右後方拿著燭台的小天使以及聖保羅和聖佩托尼奧兩位聖人雕像，更是文藝復興大師米開朗基羅早年傑作。這座擁有珍貴雕刻的教堂，內容之豐富有趣，超過許多遊客想像，一定要去欣賞一下。

🕐 營業時間：一~五09:00-12:00,15:30-18:00║六~17:00║日15:30-17:00；免費導覽2/1-8,3/1-8,4/5-12,5/3-10,6/7-14 10:30&15:30

💲 票價：免費參觀

🏠 網址：www.conventosandomenico.org

💜 貼心小提醒：參加免費導覽行程包括寶藏室、唱詩班、宗教裁判所、牢房、和其他不向公眾開放的地方，獨家推薦。

推薦景點

聖史提芬廣場和教堂 Piazza Santo Stefano

免費
HOT SPOTS

　　位在贊波尼大道南側的聖史提芬廣場是由鵝卵石與排成幾何線條的石板所鋪成的三角型廣場，廣場兩側是熱鬧的商店與餐廳，而廣場盡頭就是融合不同風格的聖史提芬教堂建築群，特殊的廣場設計成為攝影師鍾愛的取景地點之一。聖史提芬教堂建築群因為歷史緣由，在不同時代不同民族的統治下，數度被建置又被拋棄又在建置，因而形成如今混合不同民族風格包括羅馬式、拜占庭式和倫巴底式等不同式樣小教堂聚集於此，可以説非常有趣，混合了不同風格的內部也相當值得一看，可在這裡體會不同建築式樣的特色，像是羅馬式教堂內的六世紀馬賽克地板、倫巴底國王在中庭所設的大理石水池等等裝飾，千萬都別錯過。

🕐 營業時間：08:00-19:00
💲 票價：免費參觀
🏠 網址：www.chiesadibologna.it

聖史提芬教堂

推薦景點

雙塔 Le due Torri (阿西內里塔 & 佳麗森達塔)

　　位在 Porta Ravegnana 廣場上的雙塔是波隆那的傳統象徵，是 12 世紀皇帝黨的貴族為表現他們的社會聲望而建，在教宗黨和皇帝黨兩派勢力比拼的 12 世紀後期，在波隆那的天際線上至少能見到百餘座以上的高塔，後來多因火災、戰爭或雷電的破壞而倒塌，如今僅存 20 座，舊市區則以這兩座一高一低的雙塔最為顯眼。雙塔處於舊城區內多條大道的交匯點上，自完工以來就被賦予通信和防禦等重要的軍事功能，雙塔為磚砌建築，內部為木架構，良好的戰略位置讓塔頂成為眺望波隆那街道美景的最佳地點，尤其是高 97 公尺的阿西內里塔 Torre degli Asinelli，塔頂視野超棒，波隆那中世紀古城特色的紅磚瓦房與教堂，從中心向四方綿延不絕的鋪展到遠方天際與山景，景象非常壯觀，登塔時需走完 1648 年完工共 498 階的登塔木梯，頗費腳力。47 公尺的佳麗森達塔 Torre della Garisenda，高度僅為阿西內里塔一半，中世紀時因土壤下陷而稍微傾斜，曾出現在但丁名著地獄的第 31 篇章。雙塔的中央立著 1670 年完成的聖佩托尼奧 San Petronio 雕像，站在雕像下方往上拍，是取景的好角度，可以順便將左右兩側的雙塔入境。

🕐 營業時間：夏季 09:00-19:00‖冬季 09:00-17:00
💲 票價：阿西內里塔 3€

推薦景點

國家美術館 Pinacoteca Nazionale

　　國家美術館 Pinacoteca Nazionale 位在舊城區東北側，最早的一批收藏來自1796年被拿破崙政權廢止的教堂和修道院，1815年畫廊得到了大量來自義大利其他城市的重要作品，成為了義大利境內重要的國家博物館，由於票價和其他城市動輒7歐元以上的高昂票價相對便宜，喜歡藝術的讀者不妨進來參觀。館藏展示艾米利亞區13~18世紀和義大利其他地區的繪畫作品為主軸，種類流派相當豐富，從早期的宗教畫、文藝復興時期到托斯卡尼地區的矯飾主義風格，都有收藏，像是13~14世紀來自教堂由 Vitale da Bologna 創作的《聖喬治與龍》、《聖安東尼奧一生》等壁畫，喬托 Gitto 在波隆那所繪的唯一傑作《聖母與聖徒》，都是相當珍貴的作品。文藝復興時期的重要畫作分成當地和其他地區，當地以早期波隆那畫派裡提倡人文精神的科薩 Francesco del Cossa、羅倫佐科斯塔 Lorenzo Costa 和弗朗西斯科法蘭西亞 Francesco Francia 等藝術家的名作為主，其他地區則以拉斐爾 Raphael 的《Ecstasy of St. Cecilia》、佩魯吉諾 Pietro Perugino 的《Madonna col Bambino in Gloria》為必看之作。

- 🕐 營業時間：休㊀‖㊁㊂09:00-13:00‖㊃~㊐14:00-19:00
- 💲 票價：全票4€
- 🏠 網址：www.pinacotecabologna.beniculturali.it

推薦景點

工業藝術博物館與巴爾杰利尼畫廊

Museo Civico d'Arte Industriale e Quadreria Davia Bargellini

　　由歷任波隆那參議員的 Davia Bargellini 家族居住宅邸改建而成，1924年對外免費開放，分成工業藝術和畫廊兩個展區。畫廊內除了展出 18 世紀初委託 Bartolomeo Passerotti、Prospero 和 Lavinia Fontana 三人替家族成員繪製的肖像畫外，也展出了從舊參議院裡收購而得的華麗畫作，其中 Bartolomeo Cesi、Alessandro Tiarini、Giuseppe Maria Crespi 等人的作品特別值得一提。工業藝術博物館則相當有趣，這裡工業的意思更多是指應用藝術，展出的東西五花八門，多半是從古董市集、慈善機構和跳蚤市場收購而來介於 16~19 世紀之間的古玩、陶瓷、雕塑、手工藝品、傢俱模型等等生活文物，種類繁多，呈現當時義大利人的日常生活面貌，一定要來一趟。

🕐 營業時間：㊡日1/1,5/1,12/25｜㊀~㊅09:00-14:00｜㊐09:00-13:00
💲 票價：免費參觀
🏠 網址：www.comune.bologna.it/iperbole/MuseiCivici/

推薦景點
莫蘭迪之家 Casa Morandi

莫蘭迪是出身於波隆那的現代畫家，莫蘭迪之家就是他日常生活與工作的地方，1933年他帶著他的家人搬到此處後，幾乎一生都待在這裡進行創作。莫蘭迪之家的宅邸佈置、傢俱和一些物事，都蘊含了這位大師對藝術對人生對生活原則的感受和想法，自成一方天地。最令人印象深刻的是莫蘭迪用來冥想、工作與休息的私人房間，這位大師當年就是在這裡進行現實與圖像間的對話和創作，地處僻靜，陳設簡單，面對庭園花壇的寧靜景觀，自有一種藝術家大隱隱於市的獨特氣息，相當值得一看。

🌐 營業時間：需預約參觀(預約時間⚁~⚃09:00-11:00am)‖
💲 票價：免費參觀
🏠 網址：casamorandi@comune.bologna.it

STATION 2 佛羅倫斯中世紀高塔

Day 1　Firenze（住宿）　日出 06:27 日落 19:52

Day 2　Firenze（住宿）　14°C~27°C

日出 06:30 日落 19:56

Day 3　Firenze S.M. Novella　$\xrightarrow[\text{08:28-09:28}]{\text{€7.90}}$　Pisa Centrale（住宿）
14°C-24°C

Day 4　Pisa Centrale　$\xrightarrow[\substack{\text{07:01-07:43} \\ \downarrow \\ \text{08:06-08:47}}]{\substack{\text{€7.90} \\ \text{1 轉 Empoli}}}$　Poggibonsi S. Gimignano　$\xrightarrow[\substack{\text{15:40-16:02} \\ \text{來回 €5}}]{\substack{\text{09:15-09:35} \\ \text{搭 BUS 130}}}$　San Gimignano

€3.30　16:15-16:38

Siena（住宿）

Day 5　Siena

佛羅倫斯中世紀高塔

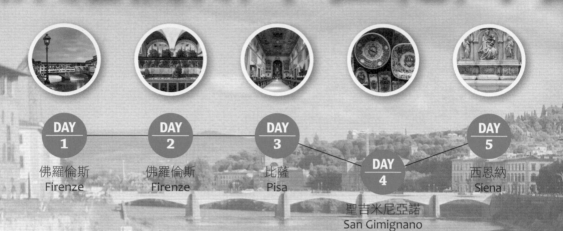

	DAY 1	DAY 2	DAY 3	DAY 4	DAY 5
	佛羅倫斯 Firenze	佛羅倫斯 Firenze	比薩 Pisa	聖吉米尼亞諾 San Gimignano	西恩納 Siena

佛羅倫斯中世紀高塔5日遊玩超經濟消費總覽

	飲食消費	住宿消費	交通費用
佛羅倫斯 Firenze	11 € *2 天 =22 €	雙人房 *2 天 90 € (1 人 45 €)	火車從 Firenze → Pisa 7.90 €
比薩 Pisa	9 € *1 天	雙人房 36 € (1 人 18 €)	火車從 Pisa → Poggibonsi S.Gimignano 7.90 €
聖吉米尼亞諾 San Gimignano	8 € *1 天	住下一個城市	公車來回從 Poggibonsi S.Gimignano → S.Gimignano 5 €
西恩納 Siena	10 € *1 天	雙人房 40 € (1 人 20 €)	火車從 Poggibonsi S.Gimignano → Siena 3.30 €
每人總計	49 €	83 €	24.10 €

義大利中部位置圖

米蘭 Milano　維琴察 Vicenza
維洛那 Verona　威尼斯 Venezia
都靈 Torino　　　　　帕多瓦 Padova
熱那亞 Genova　曼托瓦　波隆那 Bologna
　　　　　　　Mantova
法國　　　比薩 Pisa　　佛羅倫斯 Firenze
　　　　　　　　　　　西恩納 Siena
聖吉米尼亞諾　　　　義大利
San Gimignano　　　Italy　　亞得里亞海
科西嘉島　　羅馬　　維蘇威火山　巴里
Corsica　　ROME　　Vesuvio　　Bari
　　　　拿坡里 Napoli
撒丁尼亞島　　　　　龐貝 Pompei
Sardinia　　卡布里島 Capri
　　　　　　　　　阿爾貝羅貝洛
地中海　　　　　　　Alberobello
　　　　　　　　　　　萊切
0 ━━ 200 km　　　　　Lecce
0 ━━ 120 miles

遊樂費用	遊樂費用 (免費)
麥第奇宮 4 € 聖母百花大教堂附屬美術館 + 鐘樓 + 洗禮堂 + 地下遺跡 + 圓頂套票 10 € 舊宮 10 €	聖薩瓦多教堂 (最後晚餐壁畫)；聖母百花大教堂；麥第奇宮；中央市場；佛利紐的最後晚餐壁畫；聖天使報喜廣場；聖馬可廣場；聖阿波羅尼亞修道院的最後晚餐壁畫；史卡受迴廊；聖彌格爾教堂與博物館；領主廣場；卡爾米內聖母大殿；古橋；米開朗基羅廣場；聖米尼亞托教堂
0 €	阿宏博物館；市政廳；抵抗和驅逐博物館；聖克萊爾市場；聖母院大教堂；舊主教博物館；格勒諾布爾博物館；舊市政廳；山地部隊博物館；考古博物館 & 聖洛朗教堂；CCSTI 碉堡；多菲內博物館；法國之門；卡薩莫禾
0 €	聖喬凡尼門；聖非納之家；水井廣場；大教堂廣場；羅卡城塞；聖巴托洛教堂；聖馬太門；聖奧古斯丁廣場與教堂；前聖克萊爾修道院；聖吉羅拉莫教堂與修道院；聖雅格布教堂；中世紀浴場；城牆步道
0 €	自由廣場 (梅迪奇城堡 & 國立紅酒收藏館)；聖凱瑟琳之家；薩林貝尼宮；聖方濟各廣場；貝殼廣場；大教堂；植物園 & 自然歷史博物館 (費席歐貴第奇學院)
24 €	7 日總計 180.10 €

城市整體評價：★★★★★

　　擁有豐富而珍貴的藝術氣質，流露出屬於人文知性之美的佛羅倫斯，是義大利在1860年成為具有現代意義的統一國家前，中部地區托斯卡尼大公國的首府，也是義大利最迷人的文化大城。如果説羅馬是義大利在宗教政治歷史上最重要的首要之都，那麼14世紀催生人文主義精神，開創文藝復興時代，在建築、藝術、繪畫等各領域大放光彩並成為歐洲藝術文化中心的佛羅倫斯，就是義大利的文化首都。其文化上的輝煌成就，不僅開枝散葉影響了義大利其他地區對世界的重新追尋，更影響了歐洲中世紀後，一連串從政治到宗教從神學到人文等思想、價值觀和科學等層面的重大變革，稱佛羅倫斯為黑暗中帶領人類迎向今日新世界的文明曙光，一點都不為過。佛羅倫斯以其英文名Florence，又有「花之都」的浪漫別稱，不過我們最喜歡的仍然是詩人徐志摩筆下以義大利文Firenze翻譯的翡冷翠之名，既浪漫又予人如同珍珠般美麗和高雅之感，將佛羅倫斯人文瑰寶的形象和尊貴浪漫氣息，深刻通透的表達出來。

　　佛羅倫斯最早是公元前59年稱之為Florentia的羅馬殖民地，1125年發表自由宣言後成為了自治城市，這段時間手工羊毛織業的蓬勃發展，帶動經濟高速成長，羊毛之物積累下來的優秀傳統，形成了佛羅倫斯現今產業的一大特色，像是Via de' Turnabuoni上林立的精品店仍舊是佛羅倫斯經濟上的一大支柱。當時繁榮的經濟和財富，讓當地發行的Florin金幣成為強勢通貨，間接促進銀行業的興盛，進入13世紀時，就像紐約華爾街現今在世界上的金融地位一樣，這裡成為了歐洲金融首府，肩負經濟發展重任的工商業者掌握了市政大權，替後來梅蒂奇家族對藝術創作的投資和文藝復興時代的形成扎下深厚根基。

　　14到15世紀因銀行業奠定雄厚財富的梅蒂奇家族，掌握了佛羅倫斯的統治權，佛羅倫斯進入最輝煌的黃金年代，從老科西莫Cosimo到羅倫佐Lorenzo再到16世紀的科西莫一世，梅蒂奇家族掌控佛羅倫斯長達三百年的期間，經濟繁榮完全反映到藝術成就上，從1434年老科西莫實質掌權開始，對各項學問、建築、繪畫、雕刻等學藝領域的獎勵贊助，讓以古希臘羅馬精神為體的人文精神在此復興，文藝復興文化蔚為潮流，並在這裡結出最甜美豐碩的果實，佛羅倫斯也昇華為藝術之都。也因為梅蒂奇家族三世紀以來對藝術創作不遺餘力的大力支持和保護，讓大量知名的藝術家、建築師和雕刻家聚集於此，文藝復興的時代風潮在這裡正式成形，包括建築師布魯內斯基Filippo Brunelleschi和阿爾貝蒂Alberti，畫家馬薩喬Masaccio、烏切洛Uccello和波提切利Botticelli，雕刻家Donatello、吉貝爾蒂Ghiberti以及確立文藝復興古典風格代表的米開朗基羅、達文西和拉斐爾三位大師在內，都在這裏留下了珍貴豐厚的藝術資產。

　　如今文藝復興時期的人文精神和昔日榮光，徹底表現在佛羅倫斯百花盛開般的人文建築，以及陳設在博物館、教堂內的繪畫和雕刻作品上，型塑出今日花之都最燦爛的人文成果。走訪佛羅倫斯，並從一棟棟閃耀著文藝復興精神的人文建築和一幅幅珍貴不朽的藝術創作，體驗佛羅倫斯這座可以説是文藝復興時代留下來的最完美作品的城市之美，絕對是愛好歐洲文化的知性旅行者最不可錯過的旅遊行程之一，就快點按照我們的行程建議，來趟翡冷翠之旅吧，

交通方便指數：★★★★★

佛羅倫斯作為義大利中部托斯卡尼區首府，交通發達，空中交通以位在市中心西北方的 Peretola 機場為主，可在此再搭乘機場巴士 Shuttle Bus 前往市中心。火車班次也相當頻繁，從羅馬和義大利其他主要城市前往佛羅倫斯的火車大多停靠在市區北側距離市中心不遠的新聖母瑪麗亞火車站，這也是佛羅倫斯最主要的中央車站，古城區內的觀光路線以此車站為主要起點，而少部分的 InterCity 和 R 列車停靠在 Riffredi 和 Campo di Marte 車站，搭車時要特別注意下車地點，別買錯車票。景點大多集中在位於火車站東南側的古城區，徒步就能將富含人文氣息的古城區的優雅古蹟逛完。縱然古城區範圍不大，但由於每個景點的內涵皆相當豐富，所以至少得安排兩到三天的行程，才能將佛羅倫斯豐富的景點逛完。

自然美景指數：★★★★

佛羅倫斯的自然美景蘊含了古城風光，獨具特色，不愧當時歐洲第一大城的地位。像是橫跨阿諾河的老橋 Ponte Vecchio 週邊的河岸美景以及碧提宮 Palazzo Pitti 後方波波利花園保有天然原始林風貌的廣闊綠地，都相當的令人賞心悅目，其中從老橋眺望聖三一橋的夕陽美景，更是佛羅倫斯首屈一指的自然風光。波波利花園山丘上的眺望臺要塞以及城市東南側山丘上的米開朗基羅廣場和聖母百花大教堂圓頂上視野超棒的展望台，則讓遊客可以從市中心和城市外側的角度，欣賞在大太陽下閃耀著玫瑰紅色的古老城景，尤其是米開朗基羅廣場上眺望出去的景致，佛羅倫斯被阿諾河一分為二的瑰麗街景與聖母百花大教堂的紅色大圓頂，完全盡收眼底，可以說是佛羅倫斯最經典的城市風光。整體來說，佛羅倫斯雖然沒有像威尼斯一樣佔盡地利的運河風光，充滿古城韻味的人文景觀，仍然令人印象深刻。

人文歷史指數：★★★★★

貴為歐洲文藝復興文化搖籃的佛羅倫斯，從構築城市景觀的歷史建築和教堂，到陳列在烏非茲美術館內的不朽藝術傑作，每一件都堪稱是珍貴的無價藝術瑰寶，讓踏入城中的我們自第一秒開始，眼睛就捨不得離開。儘管時光荏苒，文藝復興的精神和文化風格依舊在這座美麗的文化古城裡留下深刻的痕跡。以大教堂廣場為中心，加起來約 3KM 的古城區，最適合以徒步方式去細細咀嚼佛羅倫斯深刻雋永的人文氣息，其豐富的人文景點和宮殿建築，讓妳一趟下來從完全不懂文藝復興文化內涵的門外漢，變成至少叫得出名字和作品的知識家，讀萬卷書不如行萬里路，佛羅倫斯的人文之旅會讓你對這句名言有深刻體會。而漫步在翡冷翠的舊城區裡，會發現最能代表佛羅倫斯城市景觀的藝術家，不是在佛羅倫斯雕刻出大衛雕像的米開朗基羅也不是文藝復興時期最全能的天才達文西，而是建構出城市人文古典風貌的天才建築師布魯內斯基，在古蹟建築林立的古城區裡，到處都能欣賞到他的建築傑作，包括聖母百花大教堂的紅色圓頂、聖羅倫佐教堂、聖靈教堂和最美麗的天使報喜廣場以及宏偉華麗的彼提宮等，不是他的作品就是基於他的設計，尤其是從城市內的任何角度仰頭就能看到的聖母百花教堂大圓頂，更是佛羅倫斯文藝復興文化鼎盛繁榮的象徵。

世界遺產數量：1 個

佛羅倫斯歷史中心 Historic Centre of Florence

佛羅倫斯通行證

72小時內可以免費參觀60間博物館、別墅、花園，也可以免費搭乘大眾運輸工具，72€。

www.firenzecard.it .

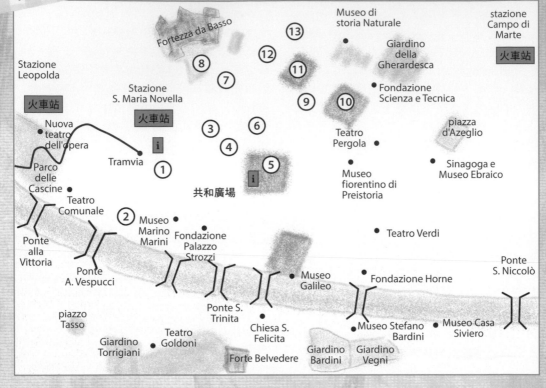

① 新聖母瑪利亞教堂與博物館 Basillica e Museo di Santa Maria Novella 推薦

② 聖薩瓦多教堂 Chiesa S.Salvatore in Ognissanti (基爾蘭達約的最後晚餐壁畫 Cenacolo del Ghirlandaio) 推薦

③ 麥第奇禮拜堂 Cappelle Medicee 推薦

④ 聖羅倫佐教堂 Basilica di San Lorenzo& 羅倫佐圖書館 Biblioteca Medicea-Laurenziana

⑤ 聖母百花大教堂 Santa Maria del Fiore (附屬美術館 & 洗禮堂 & 喬托鐘樓 & 地下遺跡 & 圓頂) 推薦

⑥ 麥第奇宮 Palazzo Medici Ricardi 推薦

⑦ 中央市場 Mercato Centrale

⑧ 佛利紐的最後晚餐壁畫 Cenacolo del Fuligno

佛羅倫斯旅遊局 Office de Tourisme
Piazza Stazione 4
查詢網頁 : www.firenzeturismo.it
查詢郵件 : turismo3@comune.fi.it

⑨ 學院美術館 Galleria dell'Accademia 推薦

⑩ 聖天使報喜廣場 Piazza della Santissima Annunziata(孤兒之家美術館 Galleria dello Spedale degli Innocenti& 考古博物館 Museo Archeologico& 聖天使報喜教堂 Santissima Annunziata)

⑪ 聖馬可廣場與美術館 Piazza e Museo di San Marco

⑫ 聖阿波羅尼亞修道院的最後晚餐壁畫 Cenacolo di Sant'Apollonia

⑬ 史卡受迴廊 Chiostro dello Scalzo

新聖母瑪利亞教堂與博物館
Basillica e Museo di Santa Maria Novella

距離新聖母瑪利亞車站僅200公尺，新聖母瑪利亞教堂和其附屬博物館以及毗鄰一側的巨大迴廊，加起來規模相當龐大，是座佛羅倫斯哥德式風格的教堂，也是我們參觀佛羅倫斯的起點，距離車站相當近，無論你是安排去程或回程參觀，都別錯過。教堂建於14世紀，自完工以來就是多明尼加教派的根據地，白色的外觀和正立面的幾何圖案，充滿了佛羅倫斯道地的文化風情，讓我們印象相當深刻。內部的裝飾和藝術收藏許多都是文藝復興時期留下來的瑰寶，像是馬薩喬設計的聖三位一體 Trinity、布魯內斯基 Brunelleschi 和喬托 Giotto 設計的十字架、Tornabuoni Chapel 禮拜堂內由吉爾蘭達 Domenico Ghirlandaio 繪製的壁畫以及斯特羅其禮拜堂 Strozzi Chapel 等等，都很值得一看。位在教堂左手邊的附屬博物館 Museo di Santa Maria Novella 也相當豐富，綠色迴廊 Green Cloister 內裝飾著出自波切洛和其他大師之手的創世紀歷史繪畫，西班牙禮拜堂 Spanish Chapel 則有安德烈波納多 Andrea di Bonaiuto 的壁畫，在烏拜其禮拜堂 The Chapel of the Ubriachi 和古食堂內則展示著教會收藏的中世紀珠寶、宗教飾品和法衣等珍貴文物，豐富收藏讓人大開眼界。

- 🌐 營業時間：□~四 09:00-17:30 ‖ 五 11:00-17:30 ‖ 六 09:00-17:00 ‖ 日 13:00-17:00
- 💲 票價：5€ ‖ 適用通行證
- 🏠 網址：www.chiesasantamarianovella.it

聖薩瓦多教堂
Chiesa S.Salvatore in Ognissanti (最後晚餐壁畫 Cenacolo del Ghirlandaio)

免費 HOT SPOTS　獨家 HOT SPOTS　世界遺產 RECOMMEND HOT SPOTS

聖薩爾瓦多教堂內的食堂因收藏著吉爾蘭達於1488年繪製的壁畫最後的晚餐 Cenacolo del Ghirlandaio，這裡特別推薦。最後的晚餐是文藝復興時期藝術家們很常採用的一個繪畫主題，又以達文西所繪的最為出名，在這座免費參觀的教堂內，可以欣賞另一位知名畫家吉爾蘭達的作品。除此之外，進入食堂內的迴廊牆上描繪聖弗朗西斯科生活的壁畫，也相當值得一看。

- 🌐 營業時間：休 1/1,5/1,12/25 □~四 六 09:00-12:00
- 💲 票價：免費參觀
- 🏠 網址：www.polomuseale.firenze.it

推薦景點
麥第奇禮拜堂 Cappelle Medicee

麥第奇禮拜堂 Cappelle Medicee、聖羅倫佐教堂 San Lorenzo 和其斜對面的麥第奇里卡迪宮 Palazzo Medici Ricardi，是這個曾雄霸歐洲並堪稱歐洲最有錢的麥第奇家族統治佛羅倫斯的權利核心。從15世紀中葉起，麥第奇家族成員便被安葬於此，成為了祭祀麥第奇家族成員的家族禮拜堂。禮拜堂入口位在聖羅倫佐教堂後方，分成新聖物室和君主禮拜堂兩個空間。由米開朗基羅設計的新聖物室 New Sacristy，空間明亮，沒有一般墓室的陰暗，雕像裝飾全出自米開朗基羅之手，入口右手邊的兩座墓，分別是羅倫佐和茱莉雅諾麥第奇之墓，其上代表墓室主人的人物雕像以及位在人物兩側分別代表白晝、黑夜、曙光和黃昏的四座雕像，都是文藝復興時期的傑作。君主禮拜堂 La Cappella dei Principi 建於17世紀初，是當時失去政治權利的麥第奇家族為炫耀財富所建，也是安葬麥第奇家族歷任公爵的陵墓，擁有巨大的圓頂和宏偉的八角形構造，而以大量多彩的大理石和珠寶裝飾，並雕刻著托斯卡尼地區的16座城市徽章的內牆，更是極致奢華之能事，其豪華讓人見識到麥第奇家族令人咋舌的財富。

🚶 營業時間：⑭1/1,5/1,12/25,2nd 4th 🎫｜1st 3rd 5th 🈔｜08:15-13:50
💲 票價：全票6€｜預約3€｜適用通行證
🏠 網址：www.polomuseale.firenze.it

推薦景點

聖母百花大教堂
Santa Maria del Fiore (附屬美術館＆洗禮堂＆喬托鐘樓＆地下遺跡＆圓頂)

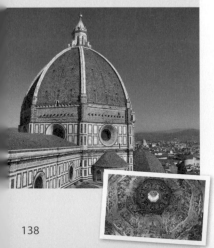

聖母百花大教堂是佛羅倫斯的宗教聖地，鮮豔多彩充滿創意的彩色外觀，以粉紅色、白色、綠色交錯有致的彩色大理石幾何圖案裝飾而成，宛如百花盛開樣充滿奇特瑰麗之美，讓已經看膩一般大教堂的我們充滿了新鮮感，也象徵著佛羅倫斯的驚人藝術魅力，可以說是佛羅倫斯最具代表性的地標，如同文藝復興之花朵，在這充滿人文氣息的文藝復興殿堂盛開著。除了外觀上的美麗花紋讓人印象深刻，頂部由布魯內斯基以山丘為形象設計完工於1436年的布魯內斯基圓頂 Cupola del Brunelleschi，更是佛羅倫斯的繁榮象徵，儘管需爬完463階梯才能到達頂部，不過從圓頂上的展望台眺望一片被古老紅色覆

蓋的中世紀城景，壯觀的場面，會讓你覺得一切辛苦是值得的。教堂內部擁有與外觀相稱的華麗裝飾，彩色的大理石地磚相當華麗，圓頂內側是由瓦薩里 Vasari 與其弟子朱卡利 Zuccari 繪製的巨幅壁畫最後的審判，耶穌周圍圍繞著眾多天使，布局廣大氣勢恢宏，藝術價值極高，值得細細欣賞。從1296年動工興建的大教堂，是在四世紀的聖里帕拉教堂之上修建的，沿著地下樓梯可前往地底的聖里帕拉教堂遺跡 Cripta di Santa Reparata，裡面可欣賞到四世紀殘留下來的壁畫和部分雕刻，與建圓頂的布魯內斯基之墓也在這裡。參觀完大教堂後，別忘了到附屬美術館內看看，鎮館之寶為米開朗基羅生前未完成雕刻聖殤 Pieta，內部還有包括唐奈泰羅等人的藝術名作。

接著可到大教堂旁邊的喬托鐘樓 Campanile di Giotto 參觀，這棟鐘樓高度僅次於大教堂圓頂，由喬托設計於1334年，高85公尺，與大教堂本體一樣，採用紅、白、綠三色大理石的裝飾花紋，繽紛多彩，在陽光下特別耀眼。外牆上刻有許多細緻浮雕，與聖母百花大教堂在視覺上形成一整體性的融合風格，就像一座大型的精緻工藝品，聳立在廣場上，讓人讚嘆。爬總數為414階的階梯就可以抵達鐘樓頂樓的觀景台，雖然高度略低於布魯內斯基圓頂，眺望出去的風景可謂有過之而無不及，甚至更有優勢，因為鐘樓可以見到在夏日光芒下，散發金黃色光芒的聖母百花大教堂，若時間充足，腳力夠，建議兩個圓頂都別錯過。

最後介紹位在大教堂正門前面充滿古典氣息的八角型建築洗禮堂 Battistero San Giovanni。與大教堂和鐘樓一樣，採用彩色的大理石打造而成，在大教堂完工前便替代大教堂的角色，是佛羅倫斯最古老的建築物之一，據說但丁也曾在此受洗過。洗禮堂東、北、南作為出入口的三道銅門，上面有非常精彩的雕刻創作，南門出自畢沙諾 Pisano 之手，北門和東門則為吉爾貝蒂 Ghiberti 的作品，尤以東門的最為出色，在米開朗基羅的讚嘆背書下，又稱之為天堂之門，門上浮雕分成十格框架，描述舊約聖經從亞當與夏娃開始到所羅門接見女王的故事，雕工之精細，令人讚嘆，是來佛羅倫斯一定得欣賞的藝術傑作，每年吸引大批遊客駐足於前欣賞，建議可以早點過來欣賞，以免與各旅行團和遊客人擠人。由於浮雕過於珍貴，真品已在數十年前以一格格方式拆卸下來保存在附屬美術館內，門上的是複製品。進去洗禮堂內部後，更令人驚歎，彷彿金箔般的金色馬賽克鑲嵌壁畫，佈滿洗禮堂的圓頂，金光耀眼，充滿華麗氣息，這些呈現濃厚拜占庭風格的馬賽克鑲嵌畫，主題為最後的審判和創世紀，偉大的藝術創作，令人一生難忘。呈現八角形設計的洗禮堂由內到外彷彿一盒珍貴的百寶箱般，開啟關閉間讓人意猶未盡，用藝術無價的角度來說，聖母百花大教堂的聯票超值划算。

🏛 營業時間：大教堂 [一]~[三]&[五]10:00-17:00 [四]~16:30 [六]~16:45 [日]13:30-16:45；洗禮堂11:15-19:00 [日][田]08:30-14:00 1st[六]08:30-14:00；鐘樓08:30-19:30；地下遺跡[休][田],10:00-17:00 [四]~16:30 [六]~16:45；圓頂[休][田],08:30-19:00 [六]08:30-17:40
💲 票價：大教堂免費參觀｜美術館+鐘樓+洗禮堂+地下遺跡+圓頂套票10€｜適用通行證
🏠 網址：www.operaduomo.firenze.it

鐘樓風景　　聖母百花大教堂內部　　洗禮堂內部　　洗禮堂

麥第奇宮 Palazzo Medici Ricardi

這座底部以鑽石切割的方型磚稍微裝飾的粗石建築而成的樸素宮殿，第一眼絕對讓人很難想像這是曾雄霸四方的麥第奇家族，在佛羅倫斯最輝煌的黃金年代，也就是1460年以來，居住長達100年的宅邸。這是由於當時領主科西莫•德•美第奇為了避免落人口實，特意採用簡樸外觀。雖然如此，這座宅邸在構造上依舊被賦予理性、秩序的文藝復興精神，建築師米開羅佐狄巴多羅米歐 Michelozzo di Bartolomeo 以粗面的光邊石工和琢石石工和古典主義的人類尺度，以三段劃分法，強化了宮殿的水平方向，將建築高度逐層遞減，讓宮殿的厚重樸實感帶點輕盈，成為當時文藝復興風格的經典傑作，這種堅固的立方體形式住宅，也在當時佛羅倫斯的貴族和商賈間形成潮流，形成佛羅倫斯政治和文化強盛的象徵，並成為巴洛克式建築的原型。宮殿內現已改為博物館，有些空間則時常舉辦臨時展，會另外收費。博物館內收藏了佛羅倫斯過去四個多世紀的藝術收藏、建築和歷史文物，參觀起點從米開羅佐15世紀設計的典型文藝復興式中庭開始，這個中庭是文藝復興時期的經典範例，格局方正富含理性的人文精神，輔以精美的四周雕飾，相當華美氣派。從右手邊可回朔到17世紀的階梯往上，就會見到宮殿內最值得參觀的三王禮拜堂 Chapel of the Magi，裡面充滿15世紀的華麗裝飾，戈佐利 Benozzo Gozzoli 繪有麥第奇家族當時領主羅倫佐的壁畫，是不可錯過的傑作。此外位在一樓創建於17世紀末的宏偉廣場，是許多遊客喜愛的地方，隸屬巴洛克後期的宏大天花板壁畫，也相當有名。

🕐 營業時間：㊡三 ▍09:00-19:00
💲 票價：全票7€▍優待票4€
🏠 網址：www.palazzo-medici.it

推薦景點

學院美術館 Galleria dell' Accademia

　　這座美術館展出文藝復興巨匠米開朗基羅的雕刻作品以及佛羅倫斯當地繪畫，其中最知名的就是在米開朗基羅廣場和領主廣場 Piazza della Signoria 都能看到的大衛雕像原創品，這尊雕像不僅蘊含了人文主義的精神，強調人體的力與美，也被視為文藝復興時期佛羅倫斯的自由象徵，代表了這座城市此時期對藝術對政治的自由理想。此外米開朗基羅另一座雕刻成品聖殤 Pieta di Palestrina、囚犯 Prisoners、聖馬太 St.Matthew 也是這裡必看的傑作。整體而言，這座美術館以米開朗基羅的雕刻作為主，包含部分的中世紀祭壇畫等宗教畫。要參觀文藝復興時期百家爭鳴的大師繪畫名作，還是要到佛羅倫斯最重要，幾乎收藏義大利文藝復興時期所有知名美術作品的烏菲斯美術館。

◷ 營業時間:㊡1/1,5/1,12/25║▢~║08:15-18:50
💲 票價:全票6.5€║含特展11€║預約4€║適用通行證
⌂ 網址:www.polomuseale.firenze.it

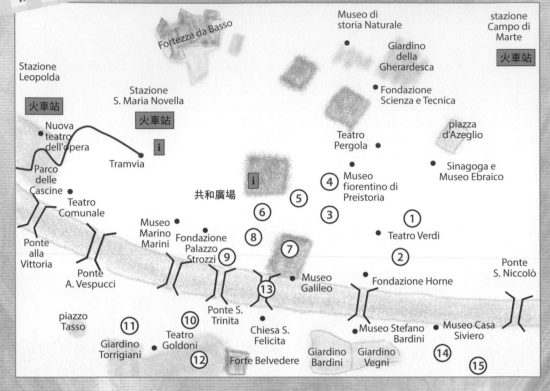

佛羅倫斯旅遊局 Office de Tourisme
Piazza Stazione 4
查詢網頁：www.firenzeturismo.it
查詢郵件：turismo3@comune.fi.it

① 布納洛提之家博物館 Museo di Casa Buonarroti

② 聖十字教堂 Basilica di Santa Croce 推薦

③ 巴傑羅美術館 Museo Nazionale del Bargello 推薦

④ 人類學與民族學博物館 Museo di Antropologia e Etnologia

⑤ 但丁之家博物館 Museo Casa di Dante

⑥ 聖彌格爾教堂與博物館 Museo e Chiesa di Orsanmichele 推薦

⑦ 領主廣場 Piazza della Signoria (舊宮＆新市場涼廊＆傭兵涼廊＆烏菲斯美術館) 推薦

⑧ 中世紀宅邸博物館 Museo di Palazzo Davanzati

⑨ 聖三一教堂 Chiesa di Santa Trinita

⑩ 聖靈教堂 Basilica di Santo Spirito

⑪ 卡爾米內聖母大殿 Chiesa Santa Maria del Carmine 推薦

⑫ 碧提宮 Palazzo Pitti 推薦

⑬ 古橋 Ponte Vecchia

⑭ 米開朗基羅廣場 Piazzale Michelangelo 推薦

⑮ 聖米尼亞托教堂 Chiesa di San Miniato al Monte 推薦

聖十字教堂與美術館

Basilica e Museo di Santa Croce

　　距離聖母百花大教堂較遠位在市中心東南側的聖十字教堂，是佛羅倫斯歷代來自政治、文化、藝術等不同領域名人的安葬處，美麗細緻的正立面，集合了文藝復興典雅大方和諧對稱的美感特色，令人印象深刻。內部安葬的名人都是在風華絕代文采並茂的文藝復興時代前後，各領域獨領風騷的一代名人，像是但丁、米開朗基羅、伽利略、羅西尼、馬基維利等人，為了凸顯這些名人的地位，寬敞內部採用的雕刻裝飾、壁畫也多出自名家之手，是一座極具藝術價值，值得細細品味的美麗建築，一定要去。最值得參觀的作品，像是喬托在巴迪禮拜堂 Bardi Chapels 和佩魯奇禮拜堂 Peruzzi Chapels 的壁畫 Baroncelli Polyptych，吉弟 Taddeo Gaddi 的最後的晚餐 the Last Supper 和生命之樹 the Tree of Life，唐奈泰羅 Donatello 位在右側迴廊的金色浮雕天使報喜 Annunciation 等等。而教堂旁邊的附屬美術館 Museo dell'Opera 內則以契布耶 Cimabue 和唐奈泰羅在內的名家作品為主。

🕐 營業時間：㊡6/13,10/4；09:00-17:30 ║ 📅 14:00-17:30
💲 票價：6€║聖十字教堂與美術館+Casa Buonarroti套票8.50€║適用通行證
🏠 網址：www.santacroceopera.it

推薦景點

巴傑羅美術館 Museo Nazionale del Bargello

　　巴傑羅美術館位在一棟建於13世紀和14世紀之間的古老建築，最初為托斯卡尼大公國司法改革會長官住所，1574年至1858年被改建成監獄，並以大公的衛兵隊長巴傑羅之名命名。1865年作為綜合型的博物館對外開放，展覽來自麥第奇家族和私人收藏的青銅器、陶瓷、珠寶、象牙、獎牌、掛毯、紡織品、琥珀、傢俱和古代兵器等歷史文物，不過最重要的是，分成三層展示空間的巴傑羅美術館，還集合了文藝復興時期雕塑大師們的作品，並以此聞名於世。包括了唐奈泰羅 Donatello、盧卡羅比亞 Luca della Robbia、維羅基奧 Verrocchio、米開朗基羅 Michelangelo、切里尼 Cellini 和強波隆那 Gianbologna 等雕刻家，無一不是知名巨匠。推薦必看名作，一樓米開朗基羅的酒神 Bacco、聖母子 Tondo Pitti，二樓唐奈泰羅所刻佛羅倫斯最早的裸體雕像大衛雕像 Davide，比米開朗基羅的同名傑作大衛雕像年代更早，相當珍貴。

🕐 營業時間：休1/1,5/1,12/25‖1st 3rd 5th 🗓‖2nd 4th（一）；08:15-13:50
💲 票價：全票4€，含特展6€‖適用通行證
🏠 網址：www.polomuseale.firenze.it

推薦景點

聖彌格爾教堂與博物館

Museo e Chiesa di Orsanmichele

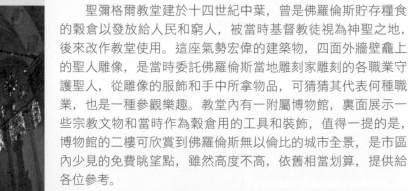

　　聖彌格爾教堂建於十四世紀中葉，曾是佛羅倫斯貯存糧食的穀倉以發放給人民和窮人，被當時基督教徒視為神聖之地，後來改作教堂使用。這座氣勢宏偉的建築物，四面外牆壁龕上的聖人雕像，是當時委託佛羅倫斯當地雕刻家雕刻的各職業守護聖人，從雕像的服飾和手中所拿物品，可猜猜其代表何種職業，也是一種參觀樂趣。教堂內有一附屬博物館，裏面展示一些宗教文物和當時作為穀倉用的工具和裝飾，值得一提的是，博物館的二樓可欣賞到佛羅倫斯無以倫比的城市全景，是市區內少見的免費眺望點，雖然高度不高，依舊相當划算，提供給各位參考。

🕐 營業時間：教堂休🗓10:00-17:00‖博物館🗓10:00-17:00
💲 票價：教堂和博物館免費參觀
🏠 網址：www.polomuseale.firenze.it

博物館

領主廣場 Piazza della Signoria
(舊宮 & 新市場涼廊 & 傭兵涼廊 & 烏菲斯美術館)

如果說大教堂廣場是宗教聖地，那麼位其南側的領主廣場則是佛羅倫斯數百年來的行政中心，共和時期這裡便是市民們集會決定大事的場所，由於周圍建築都是見證佛羅倫斯光榮歷史的人文古蹟，廣場自然而然聚集了眾多遊客，氣氛相當熱鬧。廣場上放置著一尊代表藝術和創作自由的大衛雕像複製品，和旁邊的海王星噴泉，都是不可錯過的拍照點，尤其是噴泉，週邊更是坐滿享受午後陽光和熱鬧氣氛的遊客。廣場周圍建築都很值得走走，首先是擁有眾多雕塑傑作，建於1382年的傭兵涼廊 Loggi dei Lanzi，市民集會時若遇到雨天就會改在此處，涼廊裡的雕塑出自多位藝術家之手，聚集的文藝復興風格雕刻和開放式走廊空間，讓這裡彷彿戶外的雕刻美術館，是廣場上最多人聚集的地方。

再來是當地人習稱老皇宮的維奇奧宮 Palazzo Vecchio，以前佛羅倫斯共和國執政者在這裡辦公，所以又稱之為領主宮 Palazzo della Signoria，麥第奇公爵將執政館邸遷至碧堤宮後，這裡就成為了舊宮。是棟混合羅馬和哥德式樣的龐大宮殿，採用厚重彷彿堡壘般的垛口設計，並以一座高達94公尺高塔俯瞰領主廣場，氣勢宏偉，作為托斯卡尼公國首府佛羅倫斯的市政廳，可謂相當契合，這裡也是義大利最重要的公共空間之一。分成二樓與三樓的宮殿內部，相當的富麗堂皇，充滿華貴氣息，許多房間擁有文藝復興時期的傢俱佈置以及珍貴的藝術品和壁畫，參觀起來非常划算。最值得參觀的是位在二樓的五百人大廳 Salone dei Cinquecento，建於1494年，長52米寬32米，曾作為共和政府的議場使用，後來成為科西莫一世處理政事的大殿，現存左右兩側的巨幅壁畫出自瓦薩里 Vasari 及其助手，內容是描述佛羅倫斯戰勝對手比薩 Pisa 和錫耶納 Siena 的戰爭場景，氣勢雄渾，襯托出托斯卡尼公國當年威震四方的霸氣，非常精美。大廳四周擺放著一些現代雕刻裝飾，我們還見到一座來自中國的孔子雕像，令人莞爾。三樓的12月大廳 Salone dei Decento，穹頂畫則非常精彩，某些房間則擺放一些現代臨時展的作品，都已含在門票內，很值得一看。若已去過聖母百花大教堂圓頂或喬托鐘樓的話，這裡就不建議購買含塔樓的聯票。

沿著傭兵涼廊向南邊走，會見到舊宮旁一棟外觀不甚起眼的古老大樓，這就是鼎鼎大名的烏菲斯美術館。曾作為麥第奇家族辦公大樓，而 Uffizi 就是英文的 Office，因而得名。這間美術館是來佛羅倫斯絕對不能錯過的藝術寶庫，在麥第奇家族歷代領主的努力下，收藏了文藝復興時期加起來約2500件的美術繪畫，從早期的喬托、馬丁尼、烏切洛至集大成的拉斐爾、達文西、米開朗基羅等巨匠，還包括後期的提香、卡拉瓦喬等人，從佛羅倫斯、倫巴底到威尼斯畫派，每一件若細細欣賞，三天三夜也逛不完，參觀起來絕對值回票價。

- 🕐 營業時間：舊宮10-3月09:00-19:00‖四~14:00；4-9月09:00-24:00‖四~14:00；塔樓10-3月10:00-17:00‖四~14:00‖4-9月09:00-21:00‖四~14:00；美術館㊡1/1,5/1,12/25‖二~日08:30-18:50
- 💲 票價：傭兵涼廊 & 新市場涼廊免費參觀‖舊宮和塔樓皆全票10€‖18-25歲或大學生8€‖舊宮+塔樓14€‖18-25歲或大學生12€‖美術館全票6.50€‖含特展11€‖預約費4€‖適用通行證
- 🏠 網址：www.polomuseale.firenze.it；museicivicifiorentini.comune.fi.it/palazzovecchio

烏菲斯美術館

舊宮耶穌菩薩特展大廳

新市場涼廊金豬噴泉

傭兵涼廊

推薦景點

卡爾米內聖母大殿 Chiesa Santa Maria del Carmine

世界遺產 RECOMMEND HOT SPOTS

卡爾米內聖母大殿是建於十三世紀下半葉的古老聖殿，內部可以免費參觀，最值得參觀的布蘭卡契禮拜堂 Brancacci Chapel 則要額外付費，裡面牆上的壁畫聖彼得生活，出自馬薩喬 Masaccio 和馬薩裡諾 Masolino 兩人之手，再由里皮於1481到1482年間加以完成，是他們的代表作之一，不過我們認為4歐元有點小貴，而且還要先預約，請自行斟酌。

營業時間：休 1/1&7,5/1,7/16,8/15,12/25；10:00-17:00 13:00-17:00

票價：大教堂免費參觀｜布蘭卡契禮拜堂4€(需預約)｜適用通行證

網址：www.operaduomo.firenze.it

碧提宮 Palazzo Pitti

從市中心跨越橫跨阿諾河的老橋，就會見到碧提宮 Palazzo Pitti。這座格局龐大規模宏偉的文藝復興風格宮殿，原本是商人碧提所有，科西莫一世接手之後，將官邸遷到此處，成為了麥第奇家族後期的行政居所。碧提宮以精緻切割的石頭堆疊而成，左右兩翼對稱包圍著前方廣場，氣勢非凡，相當的豪華氣派，讓人一眼難忘。內部以碧提美術館之名對外開放，分成帕拉汀那美術館 Galleria Palatina e Appartamenti Monumentali、服飾博物館 Galleria del Costume、現代藝術美術館 Galleria d'arte moderna、銀器博物館 Museo degli Argenti 以及瓷器博物館 Museo delle Porcellane 五個館區，內容包羅萬象且各具特色，都相當值得一看。

位在宮殿一樓的帕拉汀那美術館，展示麥第奇家族的藝術收藏，包括拉斐爾 Raffaello、提香 Tiziano、卡拉瓦喬 Caravaggio、魯本斯 Rubens 和卡塔那 Pietro da Cortona 等義大利和歐洲文藝復興時期的大師作品，和 17 世紀一些藝術家的傑作。其中拉斐爾的名作共 11 件，讓它成為拉斐爾迷的朝聖地。畫廊旁邊就是曾作為托斯卡尼大公及 1860 年代的薩沃亞王室家族住所的皇家公寓 Royal Apartaments。服飾博物館位在碧提宮內的瑪麗狄安娜宮 Palazzina della Meridiana，是義大利唯一一間展示時裝歷史的博物館，館內可欣賞總數約六千件從 18 世紀到今日包括古代和現代的衣服、飾品、配件和舞台服裝，這裡也常舉辦臨時展。坐落在碧提宮二樓的現代藝術美術館，展示以義大利為主的精美繪畫和雕塑作品，歷史可追溯至 18 世紀後期至第一次世界大戰，裡面一間曾是洛林大公的住所，裝飾著新古典和浪漫時期作品的優雅客房，最令人印象深刻。

銀器博物館位在碧提宮地面層的夏季公寓和閣樓內，裡面展示麥第奇家族和其親近貴族收藏的玩物珍品，許多都是稀世珍

寶，讓人見識到這個曾是歐洲最富有家族的驚人財富，最珍貴的如羅倫佐的寶石花瓶、科西莫一世的水晶石、瑪麗抹大拉 Mary Magdalene of Austria 的琥珀寶石，麥第奇家族最後一位成員安娜路易莎 Anna Maria Luisa 的珠寶收藏等等，讓人目不暇給眼花瞭亂，銀器博物館又稱之為薩爾茨堡寶藏 Treasure of Salzburg，因為其珍品其實大多來自薩爾茨堡主教的收藏，斐迪南大公三世 Ferdinand III of Lorena 1815年時才帶回佛羅倫斯，還有一個房間展示麥第奇家族15世紀開始收藏的中國和日本瓷器。最後建議到碧提宮後方的波波利花園走走，這座花園是最早的典型義大利花園之一，彷彿是座露天博物館般，廣袤綠地上佈置了許多古代和文藝復興時期雕像、大型噴泉和石窟。穿梭其間的迷人小徑，更是展現當時宮廷生活的休閒樣貌，大片的青翠草地和原始林，讓我們不自覺的想享受一下大自然的悠閒時光。波波利花園裡一棟稱之為騎士別墅的屋子，就是瓷器博物館。裡面收藏了大量瓷器。

🕐 營業時間:㉫1/1,5/1,12/25║服飾博物館&銀器博物館4-5&9-10月08:15-18:30║11-2月~16:30║3月~17:30║6-8月~18:50;現代藝術或帕拉汀那美術館🗓~🎟08:15-18:50;瓷器博物館4-5&9-10月08:15-18:15║11-2月~16:15║3月~17:15║6-8月~18:30;波波利花園4-5&9-10月08:15-18:30║11-2月~16:30║3月~17:30║6-8月~19:30

💲 票價:現代藝術+帕拉汀那美術館套票8.50€║含特展13€║預約費3€║銀器+瓷器+波波利花園+服飾+巴蒂尼花園Giardino Bardini套票7€║含特展10€║碧提宮整館套票11.50€(適用三天)║適用通行證

🏠 網址:www.palazzopitti.it

推薦景點

古橋 Ponte Vecchia

　　這座橫跨阿諾河的橋樑，其年代是阿諾河上的橋樑中最古老的一座，所以名為古橋。向兩側望去，碧綠清幽的河面倒映著阿諾河兩岸的絕美風光，浩渺清波，風景相當秀麗，顯露出佛羅倫斯最道地的古城韻味，傍晚時分往聖三一橋方向的夕陽彩霞，更是名列佛羅倫斯最美風景之一，千萬不要錯過。除了河岸風景，古橋自16世紀以來就林立著一間間的知名珠寶店，讓這裡成為遊客購物的悠閒散步步道，古橋上方在中世紀時曾是連接烏菲斯美術館和碧提宮的通行步道，以方便麥第奇家族能從住所直接前往辦公大樓辦公。

推薦景點

米開朗基羅廣場 Piazzale Michelangelo

　　米開朗基羅廣場是欣賞佛羅倫斯中世紀城景的最佳眺望點，如果想全景欣賞佛羅倫斯在陽光映照下，泛著淡淡玫瑰紅的瑰麗街景，感受聖母百花大教堂中流砥柱般立於城中的輝煌氣魄，又不想花任何費用，那麼這座位於市中心東南側小山丘上，視野遼闊的觀景台，一定要去。

推薦景點

聖米尼亞托教堂
Chiesa di San Miniato al Monte

在米開朗基羅廣場南側再往上爬的更高位置，會見到這座仿羅馬式的小型教堂，幾何圖案裝飾的大理石正面，典雅細緻，裝飾華麗的內部，可以免費參觀，也別忘了進來逛逛。

🕐 營業時間：冬季08:00-13:00,15:30-19:00‖夏季08:00-20:00
💲 票價：免費參觀

❤ **貼心小提醒**：日落前是最佳前往的時間，可以拍下佛羅倫斯夕陽美景

城市整體評價：★★★★

　　來到托斯卡尼區，除了前往文藝復興殿堂佛羅倫斯以外，位在義大利半島西岸的比薩 Pisa 也是不可錯過的城市。這座以斜塔知名於世的城鎮，由於地層下陷，位在奇蹟廣場和綠色草坪周邊的比薩風格建築群，其實都或多或少有所傾斜，只是斜塔的角度最為明顯。這個最美麗的錯誤，反而讓比薩斜塔成為最能代表義大利的鮮明印象之一和最具代表性的地標。比薩的發展源自於羅馬時期，中世紀時成為自由城市，藉由掌控海上貿易，累積大量財富，自11世紀便開始與威尼斯和熱納亞角逐海上霸權，成為當時的海上強權之一。13世紀是比薩的全盛時期，比薩能蓋出包含斜塔在內等大量運用圓柱、拱廊、圓拱、立體迴廊的偉大建築，形成獨樹一幟的比薩建築風，依靠的就是11到13世紀之間一度與威尼斯、熱納亞並雄於世的海上實力，以及回教世界傳入的數學、科學和幾何學等先進學問。然而13世紀末，接連與熱納亞和佛羅倫斯的戰爭失利，比薩逐漸衰落，最後併入佛羅倫斯，成為托斯卡尼公國的附屬城市。

　　雖然所謂的比薩風格已經隨著時間隱沒於歷史煙雲之中，不過象徵比薩一度強盛輝煌的古典建築仍舊保存下來，讓我們仍能夠從這些建築的美麗對稱和精細工法，遙想當年比薩強大的政治經濟和科學實力。這座曾經強盛的海上王國，是體驗義大利道地風情的最佳代表。

交通方便指數：★★★★

　　比薩因為開發的早，加上擁有以科學數學為傳統的比薩大學，是知名學區，因此火車班次很多。古城區位在阿諾河北岸，範圍不大，景點皆集中於此，包括比薩斜塔在內等知名古蹟則集中在古城區北側的大教堂廣場 P.za del

Duomo 附近，從位在市區南側的中央車站走來，經過前方優美的艾曼紐二世廣場 Vittorio Emanuel II 約需 20 到 30 分鐘，步行就可以逛完全部的市區景點，約花費 6 小時左右。也可以從車站前搭乘 4 號巴士至 Piazza Arcivescovile 站下車，比薩斜塔就在左前方約 3 分鐘的距離。

自然美景指數：★★★★

比薩的自然美景首推流經阿諾河兩岸的城市景色，現代與人文氣息交融，相當美麗，尤其是市中心的梅佐橋 Ponte di Mezzo 附近，河濱整齊一致的現代化古典建築，與聳立在橋南端的古老市政廳和古老鐘樓串連，描繪出比薩最美麗最浪漫的城市風光，入夜後的景色更是不能錯過，宛如點點星火的昏黃路燈倒映在寧靜河面形成朦朧光影，流淌在夜空中銀光流瀉的月色下，浪漫氣息，令人陶醉。

人文歷史指數：★★★★★

奇蹟廣場廣大的綠地草坪上，聳立著一棟棟充滿羅馬式建築元素的比薩風大理石建築，可以說是比薩最富盛名的必看景點，尤其是比薩斜塔，其悠久歷史和視覺上完美精細的建築比例和工法，更是讓人驚歎。另外林立作為比薩歷史中心的騎士廣場周圍，一棟棟 16、17 世紀的中世紀古老建築和迴廊，也是遊玩比薩不可錯過的人文建築。

世界遺產數量：1 個

比薩大教堂廣場 Piazza del Duomo, Pisa

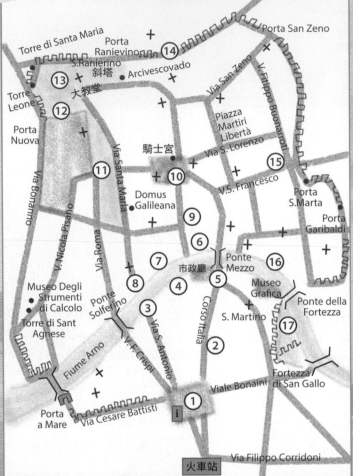

⑧ 皇宮國家博物館 Museo Nazionale d Palazzo Reale & 黃金塔 Torre della Verga d'Oro

⑨ 坎帕諾塔 Torre del Campano

⑩ 騎士廣場與市集 Piazza dei Cavalieri (騎士宮 & 聖史蒂法諾教堂) 推薦

⑪ 植物園 Orto Botanico 推薦

⑫ 席諾皮博物館 Museo delle Sinopie

⑬ 奇蹟廣場 Piazza dei Miracoli (大教堂、斜塔、洗禮堂、墓園、大教堂歌劇院博物館、草圖博物館) 推薦

⑭ 羅馬浴場 Terme Romane (尼祿浴場 Bagni di Nerone) & 盧卡門 Porta a Lucca

⑮ 聖弗朗西斯教堂 Chiesa S.Francesco

⑯ 國立馬太奧美術館 Museo Nazionale di San Matteo

⑰ 新要塞 Fortezza Nuova (史考特花園 Giardino Scotto)

① 維托艾曼紐二世廣場 Piazza Vittorio Emanuele II (聖安東尼奧教堂 Chiesa S.Antonio & 凱斯 哈林壁畫 Murale Keith Haring)

② 卡爾米內聖母大殿 Chiesa Santa Maria del Carmine

③ 荊棘聖母教堂 Chiesa di Santa Maria della Spina 推薦

④ 藍宮 Palazzo Blu (文化藝術宮 Palazzo d'Arte e Cultura) 推薦

⑤ 長凳小屋 Logge di Banchi

⑥ 維多利亞塔 Torre Hotel Vittoria

⑦ 朗法度奇塔 Torre Lanfreducci

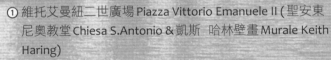

比薩旅遊局 Uffici di Informazione Turistica
Piazza Vittorio Emanuele II, 16
查詢網頁：www.pisaunicaterra.it
查詢郵件：piazzavittorioturismo@provincia.pisa.it

推薦景點

荊棘聖母瑪利亞教堂 Santa Maria della Spina

因教堂頂部擁有如同荊棘般林立，一尊尊雕工精細的哥德式小尖塔，而成為阿諾河沿岸最顯眼的建築之一，教堂的起始年代相當久遠，建於1323年，19世紀時在提防建造後又往內部移動數十公尺，就位在索非理諾橋 Ponte Solferino 靠近南岸的右側邊，其荊棘之名來自於裡頭保存了一隻據說是耶穌頭上所帶荊棘冠中的一根荊棘。教堂呈現比薩哥德式風格，以側翼的神龕和正立面的三角楣最為突出，神龕裡的聖人雕像也相當精美。

🕐 營業時間:㊡🚫‖3-10月10:00-13:30,14:30-18:00‖週末~19:00‖
11-2月10:00-14:00 (2nd⊞~19:00)
💲 票價: 1.50€

推薦景點

藍宮 Palazzo Blu
(文化藝術宮 Palazzo d'Arte e Cultura)

免費 HOT SPOTS　獨家 HOT SPOTS

擁有免費參觀優惠的藍宮，原名為安奈羅宮 Palazzo Giuli Dell'Agnello，是這個城市最令人印象深刻的建築之一。樓高三層，外觀為優雅的16世紀風格。今天它是比薩的文化推廣中心，內部作為大型的展覽空間容納來自基金會的藝術收藏，例如家具、繪畫、掛毯、錢幣古董等文物，也展示些早期貴族的房間裝潢，呈現當年比薩貴族的生活樣貌。

🕐 營業時間:㊡🚫‖10:00-19:00週末~20:00
💲 票價: 免費參觀
🏠 網址: www.palazzoblu.it

推薦景點

騎士廣場與市集 Piazza dei Cavalieri
(騎士宮 & 聖史蒂法諾教堂)

免費
HOT SPOTS

　　自羅馬帝國時代以來就是城市的議事廣場，在前往比薩斜塔前，可別錯過這個比薩舊城區真正的歷史中心。至今廣場仍是當地生活中心，每月的第二個週末，會有來自各地的人們在這裡擺攤，成為了販售生活用品、藝術文物、二手裝飾品、雕刻、手工藝品的傳統市集所在地，有興趣的不妨在這裡多逛逛，看能否挖到一些有趣的小東西，不過要特別注意安全小心扒手。

　　廣場上的古老建築，以騎士宮 Palazzo dei Cavalieri 最具歷史意義，這座古老宮殿前身為比薩的市政府，充滿華麗雕刻的外觀，是比薩被併入托斯卡尼公國後由麥蒂奇家族委託建築師瓦薩里重新設計建造，如今作為學校使用。宮前面一尊巨大且英姿煥發的石頭雕像，就是用來紀念打敗比薩的麥第奇家族科西莫一世。旁邊的聖史蒂法諾教堂也是出自瓦薩里之手，內部雕刻和藝術品則是聖史蒂法諾騎兵團掠奪而來。騎士廣場由於距離比薩大學很近，也是許多大學生聚會舉辦團康活動的熱門地點，走在路上常會見到許多大學生聚集於此，充滿了活力氣息。

聖史蒂法諾教堂

🕐 營業時間:㊡7-8月∥2ⁿᵈ週末從早上到日落
💲 票價:免費

騎士宮

聖史蒂法諾教堂內部

騎士廣場

推薦景點

獨家
HOT SPOTS

植物園 Orto Botanico

　　比薩大學的植物園始建於1544年，是世界上最古老的大學植物園。展示了托斯卡尼地區的多樣性植物生物，也是比薩大學生物系用來進行學術研究的花園，若看膩了建築，來這看些植物也相當不錯。

🕐 營業時間:㊡🈷∥一～五 08:30-17:30∥六 08:30-13:00
💲 票價:全票2.50€
🌐 網址:www.biologia.unipi.it

推薦景點

奇蹟廣場 Piazza dei Miracoli

(大教堂、斜塔、洗禮堂、墓園、大教堂歌劇院博物館、草圖博物館)

　　坐落在一片寬闊草坪上的奇蹟廣場，是比薩最重要也是最熱門的觀光景點，廣場周圍坐落著一組以白色大理石為材質舉世聞名的紀念建築群，不僅是盛極一時的比薩文化的輝煌象徵，斜塔更是義大利的文化形象之一，每年都吸引數以萬計的遊客蒞臨造訪，並對義大利11世紀到14世紀間的建築藝術產生了極大影響。看著廣場上運用幾何原理並飾以華麗圓拱柱列裝飾的美麗宏偉建築，聳立在綠色草坪間，在太陽下閃耀著雪白色光芒，這幅和諧景色，讓人終身難忘。近年考古發現，奇蹟廣場自羅馬帝國時期以來就是這座海港城市的腹地中心，當時這裡是流入阿諾河的支流奧瑟河 Auser River 的中心河港，在以海上貿易為經濟命脈的過去，扮演著貿易、轉運、集散腹地物資的重要角色，隨著奧瑟河的乾枯和消失，這裡從市中心轉變為城市邊緣，這也不難說明為何這些古典建築不是在舊城區裡而是在距離現在市中心的西北側。這些美麗的建築分別是大教堂、比薩斜塔和洗禮堂，每一間都是不得不看的中世紀建築傑作。

　　大教堂是比薩風格裡運用羅馬式元素最徹底的經典建築，建於1068年，正立面拱門上的白色大理石柱列，排列整齊對稱，華麗之餘亦充滿了和諧對稱之美感，非常壯觀。免費參觀的大教堂內部，裝飾豐富華麗，相當值得一看。在傳進比薩的阿拉伯文化影響下，教堂內部以黑白色彩條紋裝飾為設計基調，營造出明亮的空間對比，最值得參觀的傑作是出自喬凡尼皮薩諾 Giovanni Pisano 之手，被數根支柱支撐的講道檯 Pulpito，這座在1302至1310年間打造的講檯，整體雕工精細，架構均衡，是一不可多得的傑作，後方的法王亨利七世紀念碑和中殿上方覆蓋著的木製格子天花板，也都是值得欣賞的小細節。

洗禮堂內部

大教堂內部

大教堂及斜塔

157

大教堂右手側一棟看似嚴重傾斜的圓柱體建築，就是被譽為比薩地標的比薩斜塔，其傾斜的角度讓人驚訝，有不少遊客會在草坪上拍攝扶正斜塔的趣味畫面，成為來比薩斜塔必定要拍的留念姿勢。斜塔建於1173年，蓋到第三層時就發現傾斜狀況，不過持續建造直到塔頂鐘樓才完工。由於斜塔每年都持續傾斜，上世紀一度還傳出在幾年內就會倒塌，事實上，斜塔早已經過完整修護，預計可再撐200年左右，塔頂也開放遊客登塔參觀。仔細一看，斜塔其實是座比例精美的圓柱體建築，呈圓柱狀的塔身被白色大理石柱列拱廊層層環繞，除了底層的密閉式，上面七層皆為類似於主教堂正立面的懸空立柱，充滿了立體美感。塔內中層是293階的登塔階梯，可直通高約54公尺的塔頂觀景台，這裡視野遼闊，可將大草坪上交相而立的雄偉大教堂、洗禮堂甚至是遠方的城鎮風光盡收眼底。

欣賞完斜塔，朝大教堂方向走，會見到一座與大教堂正立面相對而立的美麗建築，這就是洗禮堂。約12世紀中動工，直到14世紀才完工，由於洗禮堂建造後期，是由比薩風格最具代表性建築師父子檔尼古拉與喬凡尼進行監造設計，因而具有與大教堂相呼應的風格。其最下層為常見的假拱廊設計，中層為與大教堂類似的立體狀柱列，上方還飾以三角狀的哥德式縷空雕刻，最上層則為開窗的三角拱。外牆上的繁複雕飾相當華麗，在分成三層的秩序排列下，形成一和諧整體，彷彿一座美輪美奐的巨型工藝品，令人一眼難忘。內部也毫不含糊，首先映入眼簾的是義大利最大的聖約翰洗禮池 The Baptistery of Saint John，長107米高54米，彷彿浴池般的大小，讓人印象深刻。再來就是講道檯上描述耶穌生平的大理石浮雕，是值得一看的佳作，最後別忘了運用拍手等方式，體驗洗禮堂採用半球形拱頂和雙圓頂設計下產生的強化音響效果，這是我們認為最有趣的地方。

參觀完奇蹟廣場上最知名的三棟建築物後，有時間且不忌諱的話，不妨到廣場後方的大理石墓園走走，安葬在這裡的多為比薩大學的學者或麥第奇家族成員，墓園被大理石綠地圍繞的庭園中庭被迴廊包圍，環境相當清幽，非常適合散步。迴廊內擺有許多座葬有當地貴族的羅馬石棺，內牆上多幅修復完成的古老壁畫，都非常精美，以死亡與審判為主題的精緻壁畫是14到15世紀兩位偉大的藝術家弗朗西斯科特拉尼 Francesco Traini 和波納米科 Bonamico 的作品，聖徒故事 Stories of Pisan Saints 是安德烈波納托的作品，沿著北牆的一系列描述舊約聖經的壁畫則是由吉地 Gaddi、普吉歐 Puccio 和戈佐利 Gozzoli 在15世紀中葉接力完成。最後別忘了到草圖博物館晃晃，這是少見的博物館類型，展示濕壁畫作畫時用的草圖，相當有趣。

⊙ 營業時間:斜塔12-1月10:00-17:00 (12/23-1/6 09:00-19:00)∥11-2月09:40-17:00(11/1&2 09:00-18:00)∥3月09:00-18:00 (3/24-30 ~19:00)∥4-9月08:30-20:30 (6/17-8/31 08:30-22:00,9/1-8 09:00-21:00, 4/19-5/3 09:00-22:00)∥10月09:00-19:00;大教堂11-2月10:00-12:45,14:00-17:00 (12/23-1/6 10:00-18:00)∥3月10:00-18:00∥4-9月10:00-20:00∥10月10:00-19:00;其他景點 (洗禮堂、墓園、大教堂博物館、草圖博物館、大教堂歌劇院博物館) 11-2月10:00-17:00 (11/1&2,12/23-1/6 09:00-18:00)∥3月09:00-18:00 (3/24-30 ~19:00)∥4-9月08:00-20:00 (墓園 6/17-8/31 08:00-20:00)∥10月09:00-19:00 (草圖博物館10/27-31 09:00-18:00)

$ 票價:大教堂免費∥斜塔全票18€∥其他景點1間5€, 2間7€, 3間8€, 4間9€

⌂ 網址:www.opapisa.it

草圖博物館外觀

墓園外觀

墓園內部

草圖博物館內部

第三站
聖吉米尼亞諾
一日遊

城市整體評價：★★★★

　　坐落在佛羅倫斯以南56KM處的聖吉米尼亞諾San Gimignano，由於正好位在通往羅馬的必經路徑的小山丘上，自古以來就是朝聖者來往羅馬的中繼站，是座被青蔥綠地圍繞，風景優美，充滿托斯卡尼風情的中世紀小鎮。彷彿停留在中世紀時光的石板街景和從中古時代保留至今一座座代表貴族們財富和權力象徵的高聳塔樓群，讓這座小鎮又有義大利最美的塔樓城市之稱。這些保有封建氛圍和外觀的塔樓群，根據文獻記載，全盛時期一度多達72座，如今鎮上僅倖存14座高塔矗立在無盡的歷史長河中，讓滿溢中世紀氣息的古老小鎮更添魅力。

　　聖吉米尼亞諾原本是Volterra主教的轄地，1199年獨立為自由城市後進入了繁榮期，直到1353年附庸於佛羅倫斯的羽翼之下，地位才逐漸下降。城市呈現典型中世紀的城鎮結構，水井和噴泉是山丘上最重要的取水來源，水井廣場成為了城鎮中心，延伸出去廣場、街道、房子、貴族別墅和宮殿，聚集在被城牆圍繞，長1KM寬500M的小範圍空間，高聳而立的塔樓群，則形成小鎮最美麗難忘的天際線，鎮上歷史區域和林立聚集的塔樓景觀，也因為其歷史意義被列入了文化類的世界遺產。此外聖吉米尼亞諾釀造的白酒遠近馳名，街上有許多酒舖和酒莊，是許多遊客必買的伴手禮，當然也有提供以山泉水釀造而成的白酒的販賣和試喝，喜歡品嘗酒類的千萬不要錯過。總而言之，在托斯卡尼地區行程裡，沒有排進這座自然風光和古樸街景兼具，並盛產美酒的美麗小鎮，絕對非常可惜。

心得提醒

聖吉米尼亞諾通常是轉乘巴士的最後一站，由於觀光客眾多，跟著大家一起下車絕對不會坐錯，上車前向司機再次確認目的地也是避免坐錯的方式。

交通方便指數：★★★★

前往聖吉米尼亞諾，需搭火車至 Poggibonsi 鎮下車，在火車站前的巴士站牌搭乘前往聖吉米尼亞諾的轉乘巴士，約20分鐘左右就會抵達這座美麗小鎮入口聖喬凡尼城門 Ponta S. Giovanni，回程巴士則從城門外下車處的右側公車站等候。小鎮範圍不大，不過由於位在小山丘，鎮內的石板街道有些坡度，基本上花費半天左右就可以輕鬆逛完包含城牆在內的所有景點。

自然美景指數：★★★

聖吉米尼亞諾四周有鬱鬱蔥蔥的林貌，也有一片綠油油的田野風光，讓人心曠神怡。抬頭仰望鎮上的聳立塔樓，則讓人彷彿來到一座遺世般地中世紀小鎮。城牆邊和地勢較高的街道上，設有數座眺望台，遊客可從這些地方一覽四周義大利道地的田園風光，其中城區西側曾作為聖吉米尼亞諾防禦要塞的羅卡城塞，由於地勢較高，觀景台的景致最棒，千萬別錯過了。

人文歷史指數：★★★★★

城鎮上林立的14座高塔，構成聖吉米尼亞諾最迷人的中世紀城景，尤其是位居鎮中心被塔樓包圍的水井廣場，舉目四顧，美麗的古老建築、水井和塔樓，一種置身於13世紀場景的幻覺油然而生。從城內東北側地勢較低的拉卡波古城門 Ponta S.Iacopo，仰望天際線，市中心並肩聳立的高塔，見證了城市貴族們的過往權威。聖吉米尼亞諾每一條石板街道，每一個廣場，每一座眺望台，都充滿了迷人風情。

世界遺產數量：1 個

聖吉米尼亞諾歷史中心 Historic Centre of San Gimignano

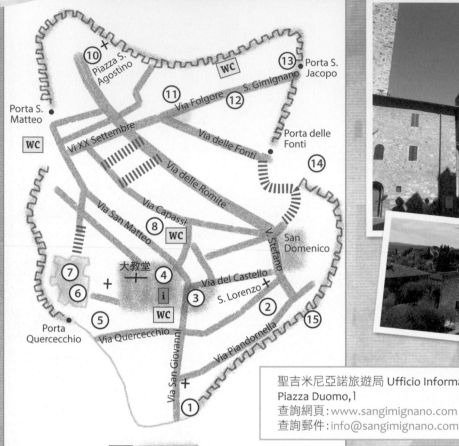

聖吉米尼亞諾旅遊局 Ufficio Informazioni Turistiche
Piazza Duomo, 1
查詢網頁：www.sangimignano.com
查詢郵件：info@sangimignano.com

① 聖喬凡尼門 Porta San Giovanni （推薦）

② 聖菲納之家 Casa di Santa Fina

③ 水井廣場 Piazza della Cisterna （推薦）

④ 大教堂廣場 Piazza Duomo（舊波德斯塔宮＆市政廳＆薩霧奇塔）（推薦）

⑤ 鳥類博物館 Museo Ornitologico

⑥ 紅酒博物館 Museo del Vino

⑦ 羅卡城塞 Rocca di Montestaffoli （推薦）

⑧ 聖巴托洛教堂 Chiesa di S.Bartolo

⑨ 聖馬太門 Porta San Matteo

⑩ 聖奧古斯丁廣場與教堂 Piazza e Chiesa di S.Agostino

⑪ 前聖克萊爾修道院 Ex Convento di S.Chiara（圖書館＆考古學博物館＆聖菲納草藥博物館＆現代和當代藝術美術館）

⑫ 聖吉羅拉莫教堂與修道院 Chiesa e Convento di San Girolamo

⑬ 聖雅格布教堂 Chiesa di S.Jacopo al Tempio

⑭ 中世紀浴場 Fonti Medievali （推薦）

⑮ 城牆步道

推薦景點
聖喬凡尼門 Porta San Giovanni

　　從城門外的巴士總站下車，一抬頭就會望見這座掌控聖吉米尼亞諾小鎮入口咽喉的宏偉城門，城門建於13世紀，警衛室旁邊的左側有座16世紀小教堂遺留下來的鐘樓。城門進去後就是貫穿城鎮南側的石板大街聖喬凡尼街Via S.Giovanni，街上兩旁和小巷內林立著古老建築、商店和餐廳，相當熱鬧，品嘗白酒的酒莊也在街上的小巷內。

推薦景點
水井廣場 Piazza della Cisterna

　　穿過貝淇拱門Arco dei Becci，就會來到小鎮中心的水井廣場Piazza della Cisterna。這是小鎮最美麗的廣場，名字來自於廣場中央一座曾是鎮內水源主要來源的八角形水井，四周圍繞著古色古香的別墅、酒館和塔樓，紅磚路面以不規則三角圖案裝飾。站在水井廣場上，很多遊客都會有種時光倒流的神奇感覺，因為中世紀的景象是這麼的完美和諧，讓人難以忘懷。

　　面向通往城區東側的Via de Castello，右手側可欣賞到以十四世紀的優雅直櫺窗裝飾的托托利宮Palazzo Tortoli，曾屬於普吉家族的塔樓，曾是貝淇家族Beccis Family和孔根涅西思家族Cugnanesis Family宅邸的裡多爾菲宮Palazzo Ridolfi和其塔樓，最後則是皮拉裡宮Palazzo Pellari和亞汀哈里宮Palazzo Ardinghelli以及它們的附屬塔樓。廣場另一側則聳立著露皮宮Palazzo Lupi以及一旁又有魔鬼塔之稱的Torre del Diavolo，據說有次高塔主人從遠方旅途中歸來，發現塔莫名的變得更高，因而給予此稱呼，相當有趣。

大教堂廣場 Piazza Duomo
（舊波德斯塔宮＆市政廳＆薩霧奇塔）

免費 HOT SPOTS　獨家 HOT SPOTS　世界遺產 RECOMMEND HOT SPOTS

　　大教堂廣場 Piazza Duomo 緊鄰在水井廣場西側，眾多的餐廳商店和街頭藝人的悠揚樂音，讓這裡成為了聖吉米尼亞諾最為熱鬧的城鎮中心。廣場被七座高塔圍繞，過往就是鎮上居民集會議事的場所，因此周圍環繞的古典建築都曾是鎮上重要的行政機關。位在廣場高地的建築是大教堂，入口沿著廣場階梯上去就會見到。在大教堂對面且上方聳立著高塔的古老建築，則是建於 13 世紀的舊波德斯塔宮 Palazzo Vecchio del Podestà，當時是聖米吉尼亞諾的行政首長官邸，聳立在宮殿頂部的高塔是其附屬的羅諾沙塔 Torre Rognosa，直到 14 世紀末都作為監獄使用。舊波德斯塔宮上半部是磚砌建築，下半部則是以石頭為材質的宅邸，底部的牆上有一幅 1513 年的壁畫，描繪聖母子、聖吉米尼亞諾和聖尼古拉的故事，出自 Sodoma 之手。1298 年舊波德斯塔宮的行政中心遷到了大教堂旁邊的市政廳，這座古老建築成為聖吉米尼亞諾第一間用來招待客戶的旅館，並成為了男性公立學校。

　　廣場南側通往大教堂入口的階梯旁邊，則是建於 1289 年到 1298 年之間的波波洛宮 Palazzo del Popolo，又稱之為市政廳 Palazzo Comunale，是托斯卡尼地區最古老的建築物之一，淡黃色的外牆，保有封建時期的古典氣息。在 1255 年當地頒布的建築法規規定下，市政廳附屬的格羅薩塔 Torre Grossa 高 54m，是聖米吉尼亞諾 14 座塔樓裡最高的一座，塔

市政廳及大教堂

頂的觀景台擁有全鎮最棒的視野，在這裡可以將鎮上及其周邊包括整個Valdelsa區的農村田園風光和皮斯托亞地區Pistoia的山脈景色盡覽無遺。市政廳二樓，是展示城鎮歷史的展覽空間，收藏了描繪愛情的古老壁畫以及和狩獵有關的部分藏品，這層最值得參觀的是但丁廳Sala di Dante，裡面展示的13到17世紀的宮廷壁畫，堪稱一流。作為市立美術館Musei Civici的3樓，則展示了西恩納派和佛羅倫斯畫派的美術畫作。最後別忘了到市政廳後方，這裡有一座被拱門和迴廊圍繞的中庭，略顯褪色的鮮豔壁畫和黃色磚石，充滿了古意盎然的氛圍，拱門裡的內牆上有Sodoma繪製的多幅中世紀壁畫，最近才修復的古鐘紋壁畫也相當精美，無論你有沒有付費參觀美術館或歷史博物館，這座免費參觀的美麗中庭，絕對不要錯過，在這裡沿著石梯可到二樓的館外柱廊，在上面可以欣賞聖吉米尼亞諾西南側的部分街道。

　　參觀完市政廳後，坐在大教堂前的石階上，在廣場北側會見到一組高度相同並立的雙塔建築，這是當時皇帝黨成員薩霧奇家族Salvucci family為炫耀權力而建。雙塔的建造有一個有趣的小典故，由於當時建築法規規定塔樓不能高於市政廳的格羅薩塔，為了炫耀權力，薩霧奇家族就以雙塔形式且兩塔相加的高度會高於格羅薩塔的方式，暗示自己家族的權力實際上凌駕於市政廳。

◉ 營業時間：㊡12/25｜1/1 12:30-17:30‖4-9月09:30-19:00‖10-3月11:00-17:30
💲 票價：套票(市政廳+薩霧奇塔Torri dei Salvucci+考古學博物館+聖菲納草藥博物館Spezieria di Santa Fina+現代和當代藝術美術館) 6€‖含特展7.50€

大教堂內部

推薦景點

羅卡城塞 Rocca di Montestaffoli

穿過大教堂右邊的厄布廣場 Pazza delle Erbe，往西側往上走幾步階梯，就可以到達這座羅卡城塞 Rocca di Montestaffoli。建於 1353 年的這座防禦工事，是佛羅倫斯為了防禦西恩納 Siena 的攻擊而設，約略呈現五角形的要塞結構，當時只由一個正門和吊橋溝通。要塞城牆上的觀景台可以免費爬上去，在這裡可以欣賞到城鎮內高塔林立的街景和周邊綠樹蔥籠的壯麗景色，這裡偶爾會有一些街頭藝人在這裡演奏奇妙音樂，搭配壯麗風景，令人胸懷舒暢。

推薦景點

中世紀浴場 Fonti Medievali

　　中世紀浴場位在城區東側城牆外面下坡道上一處隱蔽角落，是中世紀時鎮上市民洗衣、打水和洗澡的公共澡堂，其設施可追朔到西元 9 世紀，旁邊還有一座已經毀壞的小教堂。如今浴場的石造設施和裡面的噴泉泉水都還在，雖然在自來水設施的現代，幾乎已經不會有人來這取水，然而遮蔽的樹蔭和潺潺流洩而出的冰涼噴泉，在炎炎夏日裡依舊值得過來走走。

城市整體評價：★★★★

　　西恩納是托斯卡尼地區知名度不遜於佛羅倫斯的古老都市。位於艾瑞莎 Arsia 和愛爾莎 Elsa 兩座山谷之間的古城區，自公元前就已有伊特魯斯坎人 Etruscan 活動的痕跡。公元前29年，西恩納以 Colonia Julia Saena 之名成為羅馬的殖民地，是西恩納首度出現在歷史紀錄上。進入中世紀初期的568到774年的倫巴底王國和後續的法蘭克人統治期間，由於連接北義和羅馬之間的交通要道位移到義大利半島中央，西恩納的發展陷入了數百年的停滯，隨著朝聖者採取通過西恩納的法蘭西格納古道 Via Francigena 為前往羅馬的主要道路，並以此作為近1000年來的固定路線，西恩納古城區才得到進一步的擴張和發展。

　　11世紀末到15世紀初，是西恩納的全盛時期，這段時期西恩納確立了共和體制，參與了皇帝黨和教宗黨的鬥爭，更與主要對手佛羅倫斯共和國進行了長達數百年的領土和外交爭奪，也是在這段時間，西恩納在政治、經濟、藝術文化等各層面皆展現了無與倫比的重要性和影響力。經濟上西恩納發展出繁榮蓬勃的金融銀行業，版圖從城市擴展到羅馬教廷、北歐、馬賽、倫敦等國際大市場，藝術上發展出以西蒙馬丁尼 Simone Martini、杜喬伯寧賽納 Duccio di Boninsegna、彼特羅兄弟檔 Pietro brothers 和安布羅吉歐.羅倫柴蒂 Ambrogio Lorenzetti 為首的西恩納畫派，現今西恩納充滿濃厚中古世紀氣息的古樸風貌和街景，街道上哥德式風格的公共和私人建築，也大多是在這段政治上相對穩定的時期建立。

　　西恩納整個城市的結構，都是圍繞著市中心貝殼廣場 Piazza de Compo 而擴展延伸，並融合了當地周圍的自然景觀和環境，呈現出獨特的古都風貌。依山坡而建的地勢，古城區裡到處是隨著地勢起伏交錯的石板街道和階梯，建構出西恩納古意盎然的中世紀山城街景，而不同於佛羅倫斯鮮豔的玫瑰紅城景，西恩納呈現的是獨特另有一種傳統帶點粗獷的紅褐色古樸景觀，走在這座大城每一條巷弄和街道，都讓人彷彿置身在中世紀，是我們造訪西恩納最令人印象深刻的記憶。

交通方便指數：★★

　　西恩納古城區是少數不在 fs 主要火車線上的歷史區域，火車站位在城市北側城牆外距離市區約2公里的郊區高地上，下車後得在火車站前再搭乘轉乘巴士前往市中心，車程約20分鐘，由於距離較遠建議不要步行。轉乘公車會在市區的馬泰奧蒂廣場 Piazza Matteotti 下車，這個廣場也是市區的轉乘巴士總站，設有前往市區各處的公車站牌，回程往火車站的公車也是在這裡搭乘。西恩納包括貝殼廣場、大教堂等主要景點在內的所有景點，皆集中在距離此廣場不遠的貝殼廣場附近約800公尺的範圍內，以徒步方式就可以逛完。不過基於西恩納的山谷地形，市區裡地勢起伏，部分街道具有坡度，有時也須爬階梯，頗費腳力，走完全部景點約至少一個白

天，加上回程也須搭乘公車前往火車站，若是安排當天參觀當天離開，不住西恩納的話，火車時刻和時間控制須特別留意。

自然美景指數：★★★★

遊客可選擇從貝殼廣場上的曼吉亞塔，或與主教堂連接的附屬美術館迴廊的頂樓觀景平台，眺望西恩納保有中世紀風貌的古都城景，市中心一棟棟或羅馬式或哥德風格抑或一般民居的紅瓦磚砌建築，沿著有坡度的街道巷弄間，櫛比鱗次，層層相接，連綿成一片赭色的古樸城市面貌，絕對是西恩納最令人印象深刻的美景。除了在市中心欣賞到的全景，漫步在城區巷弄間，沿著地勢起伏，也是隨時都有機會欣賞到不同角度的城市美景，例如我們曾在前往聖多明尼哥教堂的階梯步道上，隔著谷地，眺望聖多明尼哥教堂和一旁山坡上層層堆疊的紅瓦建築形成的壯觀景色，可謂處處都是意想不到的驚喜，趕快來一趟挖掘屬於你自己的城市美景。

人文歷史指數：★★★★★

西恩納以貝殼廣場為中心延伸到周圍山丘上城牆塔樓的古老街道、巷弄階梯，充滿了濃濃的中世紀氣息。從中世紀時期，坐落在三座山丘交界處的交通樞紐地位而成為商業貿易中心的貝殼廣場，到見證且承繼發達的金融活動，沿著索普拉街 dei Banchi di Sopra 和索托街 dei Banchi di Sotto 設立的西恩納銀行據點，以及大大小小的貴族別墅、哥德式宮殿、教堂和賽馬文化等傳統，都聚集在方圓約 800 公尺範圍內的古城區，其厚重深蘊的文化傳統和建築風貌，給其五顆星的評價，一點都不為過。

世界遺產數量：1個

西恩納歷史中心 Historic Centre of Siena

梅迪奇城堡

火車站 **i**

BUS

Porta Camollia

Via di Camollia

西恩納旅遊局 APT Siena
Piazza del Campo, 56
查詢網頁：www.terresiena.it
查詢郵件：infosiena@terresiena.it

Via Giuseppe
Garibaldi

Porta Ovile

BUS

BUS

Viale Cartatone

市立
體育館

①

BUS

BUS

Via Montanini

④

⑤

⑥

② ③

Via di Fontebranda

Museo free
Biccherna

大學

Porta
Fontebranda

⑦

Via Puntaneto

Via S. Chiara

Archeologico
Nazionale

⑧

Porta Pispini

Santa
Maria
Scala

⑨

Via di Citta

Via Giovanni
Duppre

Museo
Disposizioni
• free

Porta
Laterina

音樂學院

Via di Fontanella

⑩

Via Roma

• Museo free
Buonsignori

⑪

Porta Romana

Via Pier Andrea
Mattioli

Porta S.
Marco

Porta Tufi

① 自由廣場 Piazza della Liberta（梅迪奇城堡 Fortezza Medicea&國立紅酒收藏館 Enoteca Italiana）

② 聖多明尼哥教堂 Basilica Cateriniana San Domenico

③ 聖凱瑟琳之家 Santuario E Casa Di Santa Caterina （推薦）

④ 薩林貝尼宮 Palazzo Salimbeni

⑤ 聖方濟各廣場 Piazza S.Francesco（聖方濟各大教堂 Basilica di San Francesco&聖貝納迪諾大教堂 Oratorio di San Bernardino&教區博物館 Museo Diocesano）

⑥ 普羅文扎諾教堂 Basilica di Provenzano

⑦ 貝殼廣場 Piazza del Campo（市政廳&市立博物館&曼吉亞塔樓）（推薦）

⑧ 主教堂 Duomo （推薦）

⑨ 國立美術館 Pinacotaca Nazionale

⑩ 聖奧古斯丁教堂 S. Agostino&植物園 Orto Botanico&自然歷史博物館 Museo di Storia Naturale（費席歐貴第奇學院 Accademia dei Fisiocritici）（推薦）

⑪ 聖母忠僕聖殿 Basilica di San Clemente in Santa Maria dei Servi

推薦景點

聖凱瑟琳之家
Santuario E Casa Di Santa Caterina

於1464年被改造為庇護所的聖凱瑟琳之家，是個可以免費參觀的人文古蹟，範圍包括了聖凱瑟琳這位聖人當年的宅邸、中庭和毗鄰的教堂。中庭旁邊以紅磚瓦打造的兩層式拱門柱廊，古色古香，以鍍金邊框和彩色大理石為材質裝飾的教堂內部，則有聖凱瑟琳的面容遺骸和描繪當年修行生活樣貌的多幅繪畫。

🕐 營業時間：09:00-12:30║15:00-18:00
💲 票價：免費參觀

推薦景點

貝殼廣場 Piazza del Campo
(市政廳&市立博物館&曼吉亞塔樓&皮科洛米尼宮)

　　位在市中心的貝殼廣場 Piazza del Campo，是西恩納通往佛羅倫薩和羅馬等多條主要路線的交匯處和商業貿易中心，自古以來就是城市發展最悠久最熱鬧的地方，由斜坡形成彷彿貝殼般的扇形，與環繞周遭的古典人文建築，形成最動人的城市風景。這裡也是西恩納著名的賽馬節 Palio 舉辦地點，每年的7月2號和8月16號，萬人空巷人潮洶湧的熱鬧場面相當浩大，來自各地盛裝打扮的遊行隊伍會聚集在此處，與遊客共同欣賞騎手揮舞市旗激烈昂揚衝鋒的賽馬競技，若想體驗賽馬節的狂熱氣氛和精彩競技，一定得在當年的2到3月時預定，否則幾乎買不到票。

　　廣場上最經典的建築物是矗立在廣場正面的市政廳 Palazzo Pubblico，哥德式樣的土黃色外觀，兼具美感和傳統，常見到遊客坐在廣場呈扇形的走道上或是噴泉邊，靜靜欣賞這座美麗建築。市政廳內的二樓和三樓是市立博物館 Palazzo Pubblico，收藏多幅西恩納畫派傑作，也展示西恩納當地出土的古錢幣、雕刻和陶器等文物。而廣場上最顯眼的地標，非市政廳左側的曼吉亞塔樓 Torre del Mangia 莫屬。這座建於1325年的古老塔樓與市政廳一樣，採用土黃色的磚砌建築，在建築架構上和視覺上形成相連一脈的整體性。塔高87m，含避雷針的話更是達102m，是眺望西恩納全景的最佳位置之一。離開貝殼廣場前，別忘了進去皮科洛米尼宮 Palazzo Piccolomini 參觀，這棟以灰色粗石打造而成，外觀上呈現文藝復興風格的典雅建築，可以免費欣賞多間展示中世紀時期貴族生活樣貌的房間，相當划算。

🕐 營業時間：塔樓11/1-3/15 10:00-16:00 ‖ 3/16-10/31 10:00-19:00 ‖ 12/31 12:00-16:00 休12/25
💲 票價：塔樓7€ 皮科洛米尼宮免費參觀

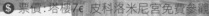

曼吉亞塔樓風景

科洛米尼宮

歡樂噴泉

市立博物館

推薦景點

大教堂 Duomo

　　位在貝殼廣場以西約200m的大教堂，是除了貝殼廣場外西恩納最不可錯過的人文景點，哥德式的風格結合羅馬式建築元素的華麗外觀，傾瀉出道地的托斯卡尼風情，是義大利最傑出的代表性建築範例，也是西恩納文化、歷史和藝術的象徵。這座彷彿一座巨大工藝精品的美麗建築，正立面是典型哥德式風格華麗的精緻雕刻，充滿立體感的雕柱與中間的巨大花窗周圍圍繞著的40位聖人浮雕，細緻的雕工讓人歎為觀止，出自喬凡尼比薩諾之手。建築側翼和鐘樓採用黑白條紋相間的大理石外牆，建構出大教堂聳立在廣場上的優雅身影，西恩納大教堂就像是位風姿綽約的女王，華貴的裝飾下充滿了神聖不可侵犯的氣息。

　　大教堂的內部更是富麗堂皇，寬敞高挑的大廳中殿內的大型立柱，以黑白條紋線條為色彩基調，搭配以黑白配色菱格紋、彩色線條和多達56幅大理石鑲嵌畫 marble intarsia 裝飾出的多彩地板，形塑出一個華麗燦爛的360度藝術空間，華麗燦爛般的視覺感，讓進來的人彷彿身處在一幅雕梁畫棟般的夢幻場景，是進入內部後大教堂給我們的最深刻印象。除了地面的華麗裝飾，裡面的雕塑品幾乎每一座都是當代巨匠的傑作，像是左側耳堂裡，領導比薩建築風的巨匠13世紀最具創意的雕刻家尼古拉皮薩諾 Nicola Pisano 雕製的講道壇 Pulpit；唐奈泰羅 Donatello 雕刻的聖約翰雕像；米開朗基羅 Michelangelo 的聖保羅和聖彼得雕像作品；喬吉歐馬汀尼 Francesco di Giorgio Martini 裝飾大教堂用的天使燭台 Angel Candelabra Holders 等等，都讓大教堂金碧輝煌的大殿綻放出更耀眼的藝術光輝。此外，文藝復興風格的藏書樓 Libreria Piccolomini，裡面裝飾的濕壁畫和輻射拱頂上一系列描述田園

洗禮堂

生活、酒宴的藝術創作也是必看的傑作。

　　大教堂右手側一棟在內部與其相接的迴廊式建築，則是大教堂的附屬美術館 Museo dell' Opera，1869 年由義大利最古老的私人博物館改建，裡面收藏了各式各樣的藝術品，從地面層的哥德式風格雕刻、雕像和半身像，第一層的中世紀宗教畫、祭壇畫，到第三層的木雕、古書和天主教聖物等等，種類相當豐富，最值得參觀的代表作是位在第一層繪畫室裡出自杜吉歐 Duccio di Buoninsegna 之手的華麗祭壇畫，聖母尊嚴像 Maestà。這幅早期十四世紀義大利繪畫的最具代表性巨作，擁有少見的龐大架構和宏偉布局，前面描繪四十多位麥當納 Madonna Enthroned、聖徒 Saints 和天使 Angels 人物，背面分為 26 個場景描繪基督受難的近八十件故事，絕對值得細細欣賞，同一個房間裡還展示了彼得羅倫柴蒂 Pietro Lorenzetti 在大教堂的聖薩維諾講壇 San Savino 所描繪的聖母的誕生 Nativity of the Virgin。最後有時間的話，一定要上去美術館頂樓的展望台，不遜於曼吉亞塔樓的絕佳視野，近如大教堂和鐘塔優美線條下的婀娜多姿，遠如綿延到天際的紅色城景，全都盡收眼底，且因為由老建物的頂樓改造而成，頂部空間和走道狹小，每一批的參觀人數會限制，需要排隊，不過由於旁邊護牆較為短小，欣賞起來更加刺激。

🕑 營業時間：休週二 只有3月的週日13:30-17:30開放 3/1-11/2 10:30-19:00 (教堂節慶時13:30-18:00) 11/3-2/28 10:30-17:30 (教堂節慶時13:30-17:30) 12/26-1/6 10:30-18:00 (教堂節慶時13:30-17:30) 教堂節慶時展出大理石地板09:30-18:00

💲 票價：大教堂+藏書樓全票4€ (11/1-2/28大教堂免費，藏書樓2€) 大教堂展出大理石地板時+藏書樓全票7€ 大教堂附屬美術館+全景7€ 地下室6€，含特展8€ 洗禮堂4€ 整套聯票opa si pass (不含天堂門) 3-10月12€ 11-2月8€ 預約費1€ 天堂門25€

🏠 網址：www.operaduomo.siena.it

藏書樓

頂樓風景

大教堂附屬美術館

推薦景點
聖奧古斯丁教堂 S. Agostino
＆植物園＆自然歷史博物館

免費 HOT SPOTS ／ 獨家 HOT SPOTS ／ RECOMMEND 世界遺產 HOT SPOTS

外觀古樸的聖奧古斯丁教堂、Orto Botanico 渥托植物園和自然歷史博物館 Museo di Storia Naturale，都位在市區南側的小丘上，除了教堂外都是免費參觀，若時間充足不妨過來走走。尤其是渥托植物園，在一片古樸的人文景觀中，這片集合世界各地植物景觀的美麗綠色沃土，可讓暫時疲累的眼睛獲得充足的調劑。

🕐 營業時間：博物館休四下午＆週末║09:00-13:00, 15:00-18:00；植物園休日║08:00-12:30, 14:30-17:30║六08:00-12:00；教堂休日3/15-10/31║14:30-17:30

💲 票價：博物館＆植物園免費參觀║教堂2.50€

🏠 網址：www.accademiafisiocritici.it

自然歷史博物館

STATION
3

羅馬
古道遺跡

Day 1 Roma 東北區 MRT €1.50
（中央火車站區＋西班牙廣場區＋波爾各塞區）

(8:30 open)

藍色公車
Cotral bus
Day 2 Roma 郊區 ─────────→ Tivoli ──步 5min──→ Villa d'Este
€2, 30min

步 11min ↓

橘色公車 Villa Gregoriana
Cotral bus Villa Adriana ←──────── 4 or 4X bus (10:00 open)
地鐵站 Ponte ←─────── 4 or 4Xbus
Mammolo

Day 3 Roma 西區 （梵蒂岡＋越台伯河區）MRT €1.50

Day 4 Roma 中央區（萬神殿＋納沃那廣場）

Day 5 Roma 南區 （古羅馬遺跡區＋阿皮亞古道）租單車 €6

古道遺跡

DAY 1
羅馬東北區
(中央火車站區&
西班牙廣場區&
波爾各塞區)

羅馬郊區
(艾斯特別墅&格列
高里別墅&
哈德良別墅)

DAY 2

DAY 3
羅馬西區
(梵蒂岡&
越台伯河區)

DAY 4
羅馬中央區
(萬神殿&納沃那)

DAY 5
羅馬南區
(古羅馬遺跡區&
阿皮亞古道)

羅馬古道遺跡5日遊玩超經濟消費總覽

	飲食消費	住宿消費	交通費用	遊樂費用
羅馬東北區 (中央火車站區 & 西班牙廣場區 & 波爾各塞區)	16€ *1 天	*4 天 雙人房 160€ (1 人 80€)	捷運 1.5€	0€
羅馬郊區 (艾斯特別墅 & 格列高里別墅 & 哈德良別墅)	15€ *1 天	0€	公車 2€	哈德良別墅 8€ 艾斯特別墅 8€ 格列高裡別墅 6€
羅馬西區 (梵蒂岡 & 越台伯河區)	16€ *1 天	0€	捷運 1.5€	0€
羅馬中央區 (萬神殿 & 納沃那廣場)	8€ *1 天	0€	0€	0€
羅馬南區 (古羅馬遺跡區 & 阿皮亞古道)	9€ *1 天	住下一個城市	租單車 6€	套票 (卡拉卡拉浴場 + 古羅馬水道公園 + 西西莉亞麥塔拉基)6€ 套票 (圓形競技場 + 羅馬議事廣場 + 帕拉提諾之丘)12€
每人總計	64 €	80 €	77.40 €	40 €

羅馬位置圖

米蘭 Milano　維琴察 Vicenza
維洛那 Verona　威尼斯 Venezia
都靈 Torino　　　　　　帕多瓦 Padova
熱那亞 Genova　曼托瓦　波隆那 Bologna
法國　　　　　Mantova
　　　　　比薩 Pisa　佛羅倫斯 Firenze
　　　　　　　　　西恩納 Siena
聖吉米尼亞諾　義大利
San Gimignano　*Italy*　　亞得里亞海
　　　　　　羅馬
科西嘉島　　　ROME　維蘇威火山　巴里
Corsica　　　　　　　Vesuvio　Bari
　　　　拿坡里 Napoli　▲
　　　卡布里島　　龐貝 Pompei
撒丁尼亞島　　Capri
Sardinia　　　　　阿爾貝羅貝洛
　　　　　　　　　Alberobello
地中海
　　　　　　　　　　　　萊切
0 ▭▬▭ 200 km　　　　　Lecce
0 ▭▬▭ 120 miles

遊樂費用 (免費)

艾斯奎利諾廣場 & 聖母大殿；五百人廣場 & 共和廣場 (天使聖母教堂)；勝利聖母教堂；四噴泉；奎利納雷廣場；
許願池；巴貝里尼廣場 (巴貝里尼宮 & 海神與蜜蜂噴泉)；骸骨室 (原無罪聖母教堂)；西班牙廣場 (西班牙
階梯 & 破船噴泉 & 聖三一教堂)；波各賽公園；人民廣場 (人民之門 & 雙子教堂 & 人民聖母教堂)；奧古斯都
墓 & 奧古斯都和平祭壇博物館

聖瑪利亞教堂；羅卡皮亞城堡；羅馬競技場；平民表決廣場 (市政廳廣場)；塔樓屋；聖彼得慈善教堂；坎皮泰利街；
聖西爾維斯特教堂；聖羅倫佐大教堂；古羅馬度量辦公室 & 奧古斯都禮拜堂；格列高裡橋；阿涅內河畔 (和平橋)；
提弗利法院

梵蒂岡博物館；聖彼得廣場和大教堂；卡維爾廣場 & 法院；菲奧倫蒂尼的聖喬凡尼教堂；強尼可婁之丘 (法
內西別墅 & 曼菲迪尼塔 & 寶拉噴泉 & 植物園)；越台伯聖母教堂及廣場；特露莎廣場；越台伯河區 & 台伯島；
越台伯河的聖賽希莉亞教堂；波爾泰塞門；夏拉公園；朵莉亞潘菲利公園

聖西爾維斯特廣場與教堂；國會廣場 & 圓柱廣場；哈德良神廟；聖伊釀濟歐廣場 (洛尤拉之聖伊釀濟歐教堂)；
米內瓦上的聖母教堂；萬神殿；夫人宮；法國人的聖路易教堂；納沃那廣場 (海神噴泉 & 四河噴泉 & 摩爾人
噴泉 & 聖安涅斯堂)；百花廣場；法爾內賽廣場；神殿區；耶穌教堂；威尼斯廣場 (維多克艾曼紐二世紀念堂)；
坎皮多怡歐廣場 (卡比托利尼博物館 & 天空聖壇聖母教堂 & 羅馬市政府)；馬切羅劇場；猶太教堂 (歐洲最大)

拉特拉諾的聖喬凡尼教堂；鐐銬聖彼得教堂；君士坦丁凱旋門；聖喬凡尼與聖保羅教堂；聖格里高利教堂；
大競技場；加諾拱門；科士美敦的聖母教堂 (真言之口)& 牛市集；聖保羅門 & 杰斯提亞金字塔；城外聖保祿
大殿 (世界遺產)；阿皮亞古道公園

5 日總計 261.40 €

古道遺跡區域圖

波爾各塞區
Borghese

梵蒂岡城區
Vaticano

西班牙廣場區
Piazza di Spagna

中央火車站區
Stazione
Termini

中央區
（萬神殿 &
納沃那廣場）
Pantheon Navona

越台伯河區
Trastevere

古羅馬遺跡區
Fori Romani

阿皮亞古道
Appia Antica

羅馬
五日遊

城市整體評價：★★★★★

　　坐落在台伯河畔七座山丘上的義大利首都羅馬，是西方文明之母古羅馬文化的發源地，也是主宰中世紀千年以來的教宗國所在，可以說是2500年來歐洲歷史最主要的核心舞台。開端於最古老的伊斯特魯坎文明遺跡，接著承繼希臘文明豐富燦爛的文化和哲學精神，從一個小小的城邦共和國演變到勢力擴展到整個地中海周圍的龐大帝國，再歷經中世紀天主教的黃金盛世，成為了基督世界的中心，以及義大利統一後的現代首都。羅馬無論是作為古代歐洲最強盛的統一文明的首都或是超然於外的宗教中心，在包括語言、法典、藝術、建築風格和人文思想等文化各層面，都深深地影響了整個歐洲，並長達兩千年，支配了歐洲文化的發展。語言上，發展出的拉丁文，在文化和教育兩千年來處於主導支配地位，法律則啟示了西方世界的法典，羅馬式結合天主教文明的雕刻、繪畫和建築風格更成為歐洲各地民族的楷模，並結合了當地民族文化，產生不同式樣且獨具魅力的中世紀藝術，百花齊放，羅馬無遠弗屆的影響力，在西方歷史上沒有哪一座城市能與之比擬。如果說中華文化就像是綿延不斷的長江大河，那麼歐洲現有的各地文明就像是大河斷頭後形成的涓涓細流，無不承繼羅馬文化的滋潤和養分，羅馬在西方歷史與文化上的地位及魅力，由此可見。

　　也因此，自古羅馬時代開始，一躍成為世界歷史舞台的羅馬，是世界上最古老和最重要的城市之一。古老充滿人文氣息的市區內，到處是各式各樣的紀念碑、遺跡和建築，整座城市就像一座龐大的人文寶庫，深深刻畫著從古羅馬帝國的榮光到基督文明的黃金盛世，而位在市區西北側，被喻為城中之國，象徵著天主教精神堡壘和教宗普世權威的世界上最小國家梵蒂岡，自文藝復興時期累積的珍貴藝術成果和巴洛克風格建築，更是讓人驚歎。羅馬城集結了三千年西方文明的歷史精華，迷人的知性魅力和人文風情，散發在城市內數之不盡的古蹟建築裏。悠遊在羅馬市街裡，建物的斑駁痕跡、彷彿廢墟般的古羅馬遺跡基座和條條道路通羅馬所指的阿波亞古道旁的田園風情，與市區突飛猛進的現代建設和車水馬龍，完美和諧的融匯在一起，讓人不由自主的讚嘆並沈浸在這座古老城市歷史和未來交織的奇幻時空，彷彿古羅馬文明再現一般。羅馬的文化風采和迷人魅力，讓造訪的旅客總是不自禁的回味無窮。

交通方便指數：★★★★★

　　羅馬為義大利首都，交通發達，火車站特米尼位在城市東側，前往義大利各地的火車在這裡都可以搭乘到。作為首都的中央火車站，特米尼火車站佔地廣大且非常現代化，明亮整潔的中央大廳設有各種商店、書店、餐廳和郵局銀行等辦事處，是人潮彙集之所，也結合了羅馬發達的地下鐵和路面輕軌電車，是羅馬最重要的交通樞紐。車站外廣場上的巴士站牌可以搭乘前往羅馬城郊區的市內公車，前往Fiumicino國際機場的SIT、Pullman和COTRAL巴士及官方的觀光遊覽巴士，也都是在車站外廣場搭乘。分成A、B兩線的地下鐵也非常發達，許多知名景點都有捷運站通過，可以善加利用，節省時間。被台伯河以S型一分為二的

羅馬市區，坐落在台伯河畔周圍環繞的七座山丘谷地之間，約莫是以市中心的威尼斯廣場東西南北半徑約3公里的區域內。所有人文景點和遺跡大多位在七座山丘邊由奧理略大帝Aurelius所建的古城牆內，不過由於人文景點和遺跡實在是太多，且質量之精密度之高，堪稱世界數一數二，幾乎隔一、兩條街就是令人讚嘆的大景點，不是充滿歷史意義的建築或古代遺跡就是充滿眾多藝術文物的博物館，往往逛完都得花上一段不少時間，景點範圍儘管集中，一定得多安排幾天才有足夠時間慢慢欣賞羅馬豐富的人文遺產，建議以步行為主搭配適當的地鐵輔佐。

自然美景指數：★★★★

　　羅馬古意盎然的人文風貌下，間雜著許多天然綠地，整座城市呈現一種古都特有的浪漫風致，漫步其中，就會感受到羅馬獨特的魅力。起伏的山丘地形，許多地方處處可見沁人心脾的美麗風景，我們特別推薦其中幾個免費又令人印象深刻的景點。首先是人民廣場旁邊，屬於波各賽公園稱之為蘋丘Monte Pincio的瞭望高台，從廣場東北側旁邊沿著石梯向上爬一小段就會到這座將羅馬盡收眼底的陽台，這裡可以望見雙子教堂和廣場上的紀念碑，遠方聖彼得大教堂打上燈光的雄偉圓頂也一覽無遺，無論是夜景或是白日風光都相當美麗。平台上的遊客很多，因此治安無甚疑慮，絕對不要錯過。再來就是西班牙廣場上沿著階梯走上去的聖三一廣場，由於旁邊就是捷運站出口，每逢夜晚時分，人潮更是多，所以盡可放心的上去欣賞。另外帕拉提諾之丘、奎利納雷廣場上的觀景平台，或是波各賽公園的綠地茂林等，也都是在參觀或行走過程中，可欣賞絕佳美景的好去處。最後推薦阿波亞古道旁的田園風光，這條歷經兩千年歲月的古老官道，除了充滿古老遺跡和珍貴的天主教墓園，周圍的鬱蔥森林和青翠綠地也是一大美景，建議坐露天的觀光巴士前往，從其中一站下車後以步行

方式遊覽。

人文歷史指數：★★★★★

　　永恆的歷史古都羅馬，市區遍佈豐富的人文歷史遺跡，漫步在以巴洛克藝術風格裝飾市街的羅馬街道，望著帝國時期遺留至今的雄偉建築，令人不自禁緬懷當年的帝國榮光，其中集中在帕拉提諾之丘上完整地城市遺跡，雖然許多都已傾頹，但我們仍可從留下的石造基座、石柱、殘牆和道路，將羅馬城古代的配置完整勾勒出來，從碩大可容納5萬人以上的圓形競技場到曾是羅馬時代市民生活中心的古羅馬議事廣場Foro Romano，身處這片廣大的遺跡之地，古代帝國首都繁華的熱鬧場景似乎歷歷在目。在羅馬還能體驗完整的基督教發展史，包括帝國初期遭到迫害的天主教徒為了避難興建的鬼斧神工般的地下墓穴到全盛時期在梵諦岡留下的龐大遺產，包括奠定羅馬文藝復興時代最偉大成就的米開朗基羅作品在內，體現出羅馬博大精深的人文內涵。就算不是朝聖徒，裡面的藝術文化價值，也讓人回味無窮。

　　除了羅馬市街，行程一定要安排一天遊覽位在羅馬東邊郊區的提沃里Tivoli，這片曾是古羅馬

心得提醒

　　搭乘巴士在特米尼車站和機場之間來回，時間僅僅多花費15分鐘，車資卻是搭乘Leonardo Express電車的一半，特米尼車站和機場之間的直達電車，單趟車資14歐元，巴士單趟僅7歐元，且有多家巴士公司可選擇，因此班次也相當多，請善加利用，千萬不要當冤大頭了。

皇帝、貴族和主教們避暑休閒的美麗山谷，有坐落在瀑布水澗交織、環境清幽的山林步道之間的格里高列別墅群 Villa Gregoriana，也有坐擁大片山林綠樹，有千泉之宮美名的艾斯特別墅和羅馬皇帝哈德良一手打造的夢幻莊園別墅，讓羅馬多達 3000 年的歷史、文化更為完整。

世界遺產數量：3 個

　　羅馬歷史中心、梵蒂岡和城外聖保祿大殿 Historic Centre of Rome, the Properties of the Holy See in that City Enjoying Extraterritorial Rights and San Paolo Fuori le Mura (議事廣場、奧古斯都的陵寢、哈德良陵寢、萬神殿、圖拉真柱、馬可士奧略利歐柱、羅馬教廷時期的宗教及公共建築等等)、提弗利哈德良別墅 Villa Adriana (Tivoli)、提弗利艾斯特別墅 Villa d'Este,Tivoli

羅馬通行證 Roma Pass

　　前兩個景點免費，第三個景點以後或特展享有優待票，36€；通行證48小時，前兩個景點免費，第三個景點以後或特展享有優待票，28€；除了兩個景點免費外，還可免費參觀Accademia Nazionale di San Luca, Museo della Repubblica Romana e della memoria garibaldina, Museo Bilotti a Villa Borghese, Museo Canonica, Museo delle Mura, Museo Napoleonico,Villa di Massenzio，免費搭乘大眾運輸工具。www.romapass.it

① 艾斯奎利諾廣場 Piazza dell'Esquilino&聖母
　 大殿 Basilica di Santa Maria Maggiore 推薦

② 羅馬歌劇院 Teatro dell'Opera di Roma
　 (Teatro Costanzi)

③ 五百人廣場(馬西摩宮)&共和廣場(戴克里
　 先皇帝浴場遺跡&天使聖母教堂) 推薦

④ 勝利聖母教堂 Chiesa di Santa Maria della
　 Vittoria 推薦

⑤ 四噴泉 Le Quattro Fontane 推薦

⑥ 奎利納雷廣場 Piazza del Quirinale&奎利納雷
　 宮 Palazzo del Quirinale (總統官邸) 推薦

⑦ 許願池 Fontana di Trevi 推薦

⑧ 巴貝里尼廣場 Piazza Barberini (巴貝里尼宮
　 &海神與蜜蜂噴泉) 推薦

⑨ 骸骨室(原無罪聖母教堂 Santa Maria della
　 Concezione) 推薦

羅馬旅遊局 Turismo Roma
Via Giolitti 34 (特米尼車站)
查詢網頁：www.turismoroma.it
查詢郵件：turismo@comune.roma.it

⑩ 西班牙廣場 Piazza di Spagna (西班牙階梯&破船噴
　 泉&聖三一教堂) 推薦

⑪ 波各賽公園 Villa Borghese (波各賽美術館&梅迪奇
　 別墅&蘋丘) 推薦

⑫ 國立現代及當代藝術美術館 Galleria Nazionale
　 d'Arte Moderna e Contemporanea

⑬ 國立伊特魯里亞博物館 Museo Nazionale Etrusco
　 (朱利亞別墅 Villa Giulia)

⑭ 人民廣場 Piazza di Popolo (人民之門&雙子教堂&
　 人民聖母教堂) 推薦

⑮ 奧古斯都墓 Mausoleo di Augusto&奧古斯都和平
　 祭壇博物館 Museo dell'Ara Pacis Augustae 推薦

推薦景點

艾斯奎利諾廣場

Piazza dell' Esquilino & 聖母大殿 Basilica di Santa Maria Maggiore

特米尼車站附近的艾斯奎利諾廣場 Piazza dell' Esquilino，原本是座綠地花園，西元四世紀時，教宗李伯理略二世 Liberius II 夢到了聖母瑪利亞的托夢，要求在下雪的地方興建一座教堂。當時雖為八月天，這裡卻下起了皚皚白雪，深感聖母顯靈的教宗，便下令在這裡修建了如今的聖母大殿 Basilica di Santa Maria Maggiore，並將其周圍佈置為廣場，形成今日風貌。由於這個浪漫典故，位在廣場巨大噴水池前方台階上的聖母大殿，又多了一個美麗別稱，白雪的聖母瑪利亞教堂 Santa Maria della Neve。

這座巍然龐大的美麗建築，如今成為了艾斯奎利諾廣場上最亮眼的人文古蹟，教堂集結了羅馬式、拜占庭式、文藝復興和巴洛克等不同時代的建築風格和美學觀念，並體現在建築外觀、大殿結構和內部裝飾上，堪稱是一座精彩華麗的建築傑作。富麗堂皇的內部，最值得參觀的是柱子上和中央祭壇後方的馬賽克拼貼，是來自西元五世紀的珍貴古蹟，頂部金碧輝煌的馬賽克鑲嵌畫則是來自14世紀的傑作。上半部為聖母加冕圖，下半部則是描繪當年聖母托夢降雪的傳說，也是令人印象深刻的必看細節。大殿內左右兩側的保林納禮拜堂 Cappella di Paolina 和西斯篤禮拜堂 Cappella di Sisto V，分別建於巴洛克時代和文藝復興時期，遊客可以藉此比較兩個時代的不同風格，禮拜堂之名取自於裡面安葬的兩位教宗墓，墓體由馮塔納 Fontana 設計。另外由米開朗基羅設計的史豐哲禮拜堂以及許多重要雕刻家的雕刻作品，在這座融合不同時代特色的教堂裡，也可以欣賞到。

🕐 營業時間：教堂07:00-19:00
💲 票價：免費參觀
🏠 網址：www.vatican.va/various/basiliche/sm_maggiore/index_it.html

推薦景點

五百人廣場 (馬西摩宮)
& 共和廣場 (戴克里先皇帝浴場遺跡 & 天使聖母教堂)

五百人廣場 Piazza dei Cinquecento 位在特米尼車站正門前，羅馬的公車總站就設在這裡，包括觀光巴士在內的市區公車乘車站牌，在這裡都找的到，是羅馬最重要的交通樞紐，熙來攘往的巴士和人潮，呈現了羅馬現代的繁華風貌。為了與充滿 20 世紀風格的特米尼火車站互相輝映，廣場的設計相當的現代化，最重要的建築物是位在廣場左側的馬西摩宮 Palazzo Massimo alle Terme，與下段要介紹的戴克里先皇帝浴場 Terme di Diocleziano 遺跡，都屬於羅馬國立博物館 Museo Nazionale Romano 的一部分。馬西摩宮共分三層，展示大量來自希臘和古羅馬文明的雕刻、雕像、石棺和古代錢幣，這些年代約介於西元前 200 年到西元 4 世紀之間的藝術作品和考古文物，讓我們見證了古羅馬文明的輝煌，值得一提的是位在三樓的李薇雅之家 Villa de Livia，裡面收藏一幅描繪綠色花園的巨大濕壁畫，非常漂亮。

從五百人廣場一直往前走，會抵達中間設有一座大型圓環噴泉的圓形廣場，這就是知名的共和廣場 Piazza di Repubblica。中間的圓環，稱之為仙女噴泉 Fontana della Naiadi，上面四座具有不同含意的裸體女神雕像，非常美麗。廣場四周被呈半圓形的迴廊式建築圍繞，充滿了對稱之美，讓我們印象相當深刻，一定要過來看一看。廣場上的知名古蹟，戴克里先皇帝浴場和天使聖母教堂，是必看的兩個景點。

馬西摩宮內部

馬西摩宮

共和廣場與仙女噴泉

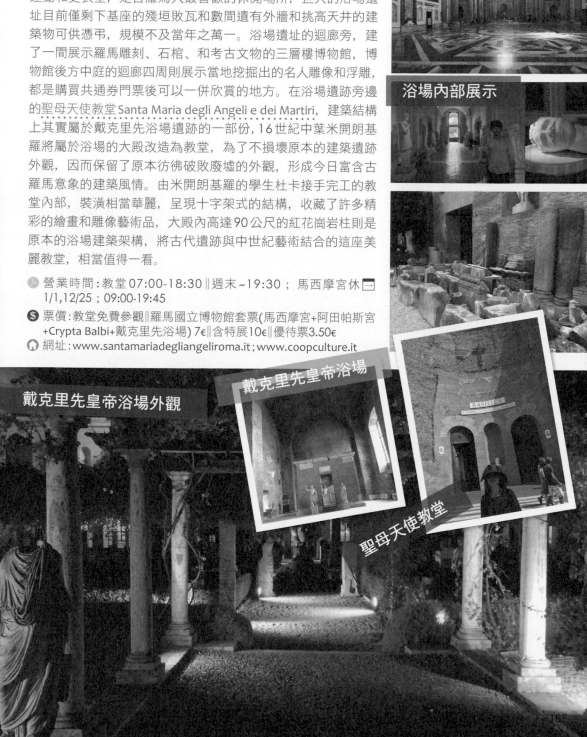

聖母天使教堂內部

　建於西元298到309年的浴場遺跡，是戴克里先皇帝統治時期下令建造，根據考據，其規模是當時羅馬浴場中最大的，和卡拉卡拉浴場相比多達兩倍的寬敞空間內，設有三溫暖池、運動和更衣室，是古羅馬人最喜歡的休閒場所，巨大的浴場遺址目前僅剩下基座的殘垣敗瓦和數間遺有外牆和挑高天井的建築物可供憑弔，規模不及當年之萬一。浴場遺址的迴廊旁，建了一間展示羅馬雕刻、石棺、和考古文物的三層樓博物館，博物館後方中庭的迴廊四周則展示當地挖掘出的名人雕像和浮雕，都是購買共通券門票後可以一併欣賞的地方。在浴場遺跡旁邊的聖母天使教堂Santa Maria degli Angeli e dei Martiri，建築結構上其實屬於戴克里先浴場遺跡的一部份，16世紀中葉米開朗基羅將屬於浴場的大殿改造為教堂，為了不損壞原本的建築遺跡外觀，因而保留了原本彷彿破敗廢墟的外觀，形成今日富含古羅馬意象的建築風情。由米開朗基羅的學生杜卡接手完工的教堂內部，裝潢相當華麗，呈現十字架式的結構，收藏了許多精彩的繪畫和雕像藝術品，大殿內高達90公尺的紅花崗岩柱則是原本的浴場建築架構，將古代遺跡與中世紀藝術結合的這座美麗教堂，相當值得一看。

浴場內部展示

◉ 營業時間：教堂07:00-18:30‖週末~19:30；馬西摩宮休📅 1/1,12/25；09:00-19:45

💲 票價：教堂免費參觀‖羅馬國立博物館套票(馬西摩宮+阿田帕斯宮+Crypta Balbi+戴克里先浴場) 7€‖含特展10€‖優待票3.50€

🏠 網址：www.santamariadegliangeliroma.it；www.coopculture.it

戴克里先皇帝浴場外觀

戴克里先皇帝浴場

聖母天使教堂

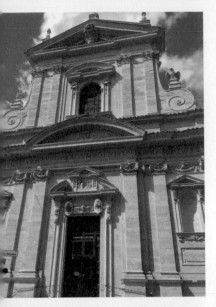

推薦景點

勝利聖母教堂
Chiesa di Santa Maria della Vittoria

從共和廣場再往北方走一點點，就會見到這座小型教堂。和樸素的外觀相比，勝利聖母教堂的內部卻是相當的金碧輝煌，華麗繁複的大理石裝飾、雕刻和溼壁畫，滿佈在地板、柱子、頂部、禮拜堂和主祭壇之間，雕樑畫棟般讓人目不暇給，呈現典型巴洛克式教堂的特色，經過時別忘了進去參觀。

- 營業時間：08:30-12:00 ‖ 15:30-18:00
- 票價：免費參觀
- 網址：www.chiesasmariavittoria.191.it

阿諾河

推薦景點

四噴泉
Le Quattro Fontane

走到Via delle Quattro Fontane與Via del Quirinale街道交叉口，環繞此十字路口的四座噴泉，不僅使酷暑夏日的炎熱氣息涼爽了不少，噴泉上各異其趣的美麗雕像，更讓筆直的現代羅馬市區街道增添了豐富的藝術氣息，這裡就是羅馬市區知名的設立於16世紀末的古蹟四噴泉Le Quattro Fontane。四噴泉上的雕像各自有不同意義，分別是象徵羅馬的台伯河Tiber、象徵佛羅倫斯的阿諾河Arno、象徵貞潔的女神黛安娜Diana以及代表力量的女神朱諾Juno，不妨仔細欣賞一番。

女神朱諾

女神黛安娜

台伯河

奎利納雷廣場 Piazza del Quirinale
奎利納雷宮 Palazzo del Quirinale（總統官邸）

廣場中央豎立著一座高聳方尖碑的奎利納雷廣場 Piazza del Quirinale，坐落在羅馬七座山丘中最高的奎利納雷山，擁有很棒的視野，位在廣場一側的觀景台朝向羅馬西側，可欣賞市區的美麗風光以及梵諦岡聖彼得大教堂的巨大圓頂。旁邊的奎利納雷宮 Palazzo del Quirinale 更是大有來頭，1870年成為統一義大利的薩伏伊王室家族的夏季離宮以前，三百年來都是歷代天主教宗的住所，歷史相當顯赫，如今則是共和國體制的總統官邸，門前守衛森嚴。宮殿集結了多位知名建築師的設計創意，端莊氣派的正立面出自馮塔納之手，教堂和入口大門是卡羅馬德諾 Carlo Maderno 作品，貝尼尼 Bernini 則掌握了宮殿沿著奎利納雷街 Via del Quirinale 的建築側面。與一般國家在元旦時總是會舉辦莊重的典禮慶祝不同，元旦時這座廣場會舉辦古典音樂會慶祝，充分顯示義大利文化骨子裡的藝術氣質。

🕐 營業時間:總統官邸㊡1/5,4/20,6/1,11/2,12/14&21&28,6/22-9/7‖(日)08:00-12:00‖衛兵交接6-9月18:00‖10-5月15:15 🈵16:00
💲 票價:廣場免費‖總統官邸全票5€
🏠 網址:www.quirinale.it

奎利納宮

推薦景點

許願池 Fontana di Trevi

　　位在三條街道中間的許願池，是一座以洛可可風格宮殿為背景，充滿華麗巴洛克式意象的巨大雕刻噴泉。活靈活現的海神雕像神像群和彷彿劇場似的雄偉平台，配合潺潺的噴泉流水，塑造出大氣環動的生動戲劇感，讓人駐足時捨不得離去。許願池因此成為羅馬最知名人氣最旺的景點之一，總是聚集大批遊客人潮在池邊留影休憩，也由於遊客眾多，池邊或階梯上幾乎都被人群占滿。根據傳統，若是背對池子將硬幣拋向越過左肩至池裡，願望才會成真，來這裡不妨許願一下，感受神奇的能量。

心得提醒

　　許願池附近有一間非常棒的歐式Buffet自助餐廳，一人只要8歐元，菜色非常豐富，除了各式主菜、肉類、沙拉以外，還有飲料、水、甜點等，且不限盤數，任你選擇，豐富的菜色讓我們只要有經過許願池附近，一定會來這間餐廳大快朵頤一番。由於餐廳本身是提供下午茶和閱讀空間的複合性場所，只是在中午時段兼作自助餐的服務，和一般餐廳不同，內部還裝潢得相當典雅，佈置許多音樂CD、書籍和精巧的人文裝飾品在牆上，具有濃厚的藝術氣息，特別推薦。

推薦景點

巴貝里尼廣場 Piazza Barberini
(巴貝里尼宮＆海神與蜜蜂噴泉)

　　巴貝里尼廣場是多條馬路的交匯點，由於緊鄰林立著許多精品店的維內多路商圈 Via V. Veneto，加上正好位於地下鐵站出口，廣場也成為了相當熱鬧的車水馬龍之地。中央的海神噴泉 Fontana del Tritone是廣場上最顯眼的藝術傑作，跪在貝殼上面的海神吹著海螺的生動樣，微妙微俏，與對面的蜜蜂噴泉 Fontana delle Api同樣出自貝尼尼之手，是羅馬最具代表性的巴洛克藝術裝飾。除了這些裝飾，聳立在海神噴泉後方的巴洛克式豪華建築巴貝里尼宮 Palazzo Barberini，也是不可錯過的美麗建築，雄偉對稱的外觀，是羅馬巴洛克式建築的典範，若是對文藝復興時代的繪畫，可以到設立在宮殿二樓的國立古代美術館 Galleria Nazionale d'Arte Antica di Palazzo Barberini 參觀，裡面收藏了包括拉斐爾、提香、馬丁尼等多位文藝復興畫家的名畫，非常珍貴。

🕐 營業時間：巴貝里尼宮㊡1/1,12/25║08:30-19:00
💲 票價：廣場免費參觀║巴貝里尼宮7€║套票(巴貝里尼宮+柯西尼宮) 9€
🏠 網址：www.galleriabarberini.beniculturali.it

推薦景點

骸骨室

(原無罪聖母教堂 Santa Maria della Concezione)

　　位在維內多路 Via V. Veneto 的這間教堂，是巴貝里尼廣場區域最值得參觀的景點。分成骸骨室和教堂兩個區域，從左右對稱的樓梯往上走至一平台，右邊就是骸骨室的入口，裡面是兩座並列的迴廊，前面是展示 Capuchin 教派的相關文物，後面則一連五個房間，展示天主教 Capuchin 教派特有的人骨藝術，以多達 4000 位 Capuchin 教派的修道士遺骨拼湊裝飾著房間的天花板、壁龕和吊燈等。這些驚悚的人骨裝飾表現出 Capuchin 教派的世界觀，氣氛雖然詭異，其創意卻令人佩服，帶著崇敬的心意欣賞骸骨室後，回至平台再往上走一層，就會見到教堂入口，內部裝飾延續 Capuchin 教派的特色，也用了大量的人骨裝飾著如十字架、殿堂和壁龕等等，獨具特色，也很值得一看。

🕐 營業時間：07:00-12:00 ‖ 15:00-19:00
💲 票價：免費參觀
🏠 網址：www.cappuccinilazio.com

推薦景點

西班牙廣場 Piazza di Spagna

(西班牙階梯 & 破船噴泉 & 聖三一教堂)

　　位在地鐵站旁邊的西班牙廣場，是知名電影羅馬假期的舞台，獨特的氛圍和場景設計，加上鄰近地鐵站，讓它成為羅馬市區人氣相當旺的景點之一。映入眼簾的正面大階梯 Scalla di Spagna，無論何時總是坐著滿滿人群，耳邊伴隨著街頭藝人演奏的充滿義大利風情的民俗音樂，熱鬧的氣氛讓我們的心情不自覺的愉悅起來，迷人的魅力讓你來了一次後就喜歡上這裡。大階梯前面的破船噴泉 Fontana della Barcaccia 則是廣場最獨特的裝飾，出自貝尼尼的父親之手，夜晚打上燈光後，畫面美不勝收，形成攝影愛好者和旅客拍照留影時最喜歡的背景。沿著階梯往上走，上方就是能夠眺望整座廣場和羅馬市景的聖三一廣場，位在山丘上的聖三一教堂 Chiesa di Trinità dei Monti 前面，這裡也是羅馬市區免費的眺望點之一，浪漫的氛圍搭配階梯口的熱鬧，常吸引許多戀人來此欣賞夜景。這座廣場取名為西班牙，主要原因是附近的西班牙大使館，其實這裡在歷史上是許多藝術家和文學家聚集的地方，如今依然承襲這種文藝氣氛，在廣場周圍，會見到許多素描畫家，非常有趣。

189

推薦景點

波各賽公園 Villa Borghese
（波各賽美術館＆梅迪奇別墅＆蘋丘）

　　波各賽公園 Villa Borghese 占地寬廣，位在羅馬市區的北方山丘上。湛藍的天空下，清新的空氣瀰漫在綠意盎然的樹叢之間，廣大綠地裡聳立著數棟美輪美奐的建築物，形成一幅優美畫面。這座寬敞遼闊的庭園，原本是 17 世紀初羅馬的紅衣主教西皮歐內波各賽替他的家族建造的私人園區，數條林蔭大道和林徑小路穿插其中，茂密的森林裡，林立著別墅、人工湖泊、圓形劇場、神殿、賽馬場、波各賽美術館、博物館、動物園等建築設施，精緻典雅的庭園設計，讓人見識到波各賽家族對藝術品味的堅持，如今這裡成為了市民們散步、慢跑、遛狗的悠閒去處。公園內最知名的建築物是由主教住所改建而成的波各賽美術館 Museo e Galleria Borghese，金色鑲嵌邊框裝飾的對稱式白色正面，豪華氣派，內部展示了以西皮歐內波各賽和其家族後人收藏的大量雕刻和繪畫，雖然一部分的古典雕刻在拿破崙攻佔羅馬時被運送到現今的羅浮宮，現存的珍貴收藏仍舊相當有料。一樓的雕刻展示區，雕刻巨匠貝尼尼創作的冥神與波塞賓娜 The Rape of Proserpina、阿波羅與達芬妮 Apollo and Daphne 和大衛 David，以及卡諾瓦 Canova 以拿破崙妹妹為主角，模仿愛神維納斯動作的寶琳娜波格賽 Pauline Borghese 雕像，是最令人驚嘆的經典必看傑作，二樓的繪畫展示區，則展示包括拉斐爾、卡拉瓦喬、魯本斯和提香等大師在內的名作。

蘋丘上的瞭望臺風景

　　從公園中間，收藏19世紀以後藝術品的國立近代美術館 GNAM 前面石台階梯，順著路往下走，經過人工湖泊旁的伊斯卡爾普奧神殿，就會走到蘋丘 Monte Pincio，這裡綠草如茵，緊鄰人民廣場之上的瞭望台，是市區最棒的觀景點之一，可以欣賞包括聖彼得大教堂的大圓頂、聖天使城堡 Castel Sant'Angelo 和維克多.艾曼紐二世紀念館 Moinmento a Vittorio Emanuele ll 等知名地標在內的羅馬美麗風光。

- 營業時間：美術館㊡☐1/1,12/25‖09:00-19:00 (每兩小時開放360人，需預約)
- 票價：公園免費參觀‖美術館和預約費全票11€‖優待票含預約費6.50€
- 網址：www.galleriaborghese.beniculturali.it

梅迪奇別墅

波各賽公園

動物園入口

波各賽美術館內部

現代美術館

人民廣場 Piazza di Popolo
(人民之門＆雙子教堂＆人民聖母教堂)

位在波各賽公園西側的人民廣場 Piazza di Popolo，緊鄰在車水馬龍，速食店和商店林立的芙拉米尼亞廣場 P. le Flamini 旁，逛累了波各賽公園後，可先在這個商圈找些吃的休息，兩座廣場之間以人民之門 Porta del Popolo 相隔，人民廣場就位在人民之門南側。建於三世紀的人民之門，在古代是前往羅馬的主要玄關口，如今也是羅馬北側交通匯聚的重要廣場，連結前往西班牙廣場的瑪格塔路、科索大道和海濱路等多條要道，城門上面的雕刻是17世紀貝尼尼加上去的。從城門進入廣場後，往左側看去就是緊鄰城門的古老教堂人民聖母教堂 Chiesa di Santa Maria del Popolo，教堂內的裝飾、雕刻和禮拜堂都是文藝復興時代的傑作。呈橢圓狀的人民廣場無論在古代還是現代，因為極重要的交通地位，周邊可謂相當熱鬧，聳立中央從大競技場移過來高達24公尺的方尖碑，是廣場上最顯眼的地標，旁邊還有兩座以象徵守護羅馬的獅子雕像裝飾的噴泉，噴泉邊總是坐滿遊客，輕鬆地享受廣場上街頭藝人帶來的精湛表演。廣場南邊科索大道兩側，是左右對稱並列的奇蹟聖母教堂 Santa Maria del Miracoli 和聖山聖母教堂 Santa Maria di Montesanto，出自貝尼尼之手的建築外觀和雕飾設計，由於近乎相同，又統稱為雙子教堂，是廣場上另一個顯著的建築。

🕐 營業時間：教堂07:00-12:00 ‖ 16:00-19:00
💲 票價：免費參觀
🏠 網址：www.SANTAMARIADELPOPOLO.it

人民之門

推薦景點

奧古斯都墓 Mausoleo di
Augusto& 奧古斯都和平祭壇博物館 Museo dell'Ara Pacis Augustae

　　毗鄰在台伯河畔，包圍在綠樹草坪間的這座圓形古墓，從人民廣場南側沿著三條道路之一的海濱路 via di Ripetta，往南一路往下走，就會見到。奧古斯都墓直徑寬89公尺，圓形環繞的是大殿，墓地就在下方，原本古墓有兩座慶祝奧古斯都皇帝在阿爾卑斯山北方戰役勝利的方尖碑，為了保存古蹟而後被遷走。如今古墓在建築師理查德 Richard Meier 的設計下，包括對面1940年代才挖掘出來的奧古斯都和平祭壇，被規劃為一完整地博物館園區，不過票價有點偏貴。

- 🕐 營業時間：博物館休休🗓 1/1,5/1,12/25‖09:00-19:00 (12/24&31 09:00-14:00)
- 💲 票價：博物館全票8.50€‖優待票6.50€‖4/21&文化週&7/1-10/15捐血者(只要拿出感謝信即可)&歐洲遺產日免費參觀
- 🏠 網址：www.arapacis.it

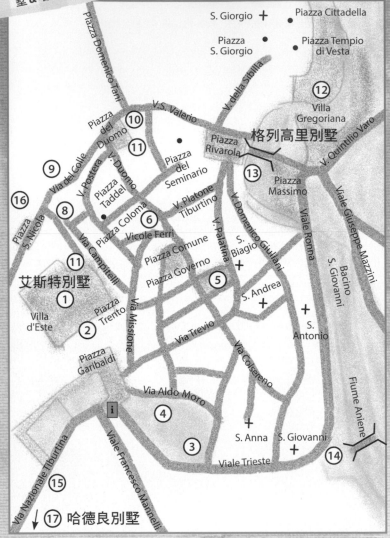

1. 艾斯特別墅 Villa d'Este 推薦
2. 聖瑪利亞教堂 Chiesa di S.Maria Maggiore
3. 羅卡皮亞城堡 Rocca Pia 推薦
4. 羅馬競技場 Anfiteatro di Bleso
5. 平民表決廣場 Piazza Plebiscito(市政廳廣場)
6. 塔樓屋 Casa Torre 推薦
7. 聖彼得慈善教堂 Chiesa di S.Pietro alla Carità
8. 坎皮泰利街 Via Campitelli 推薦
9. 聖西爾維斯特教堂 Chiesa di S.Silvestro
10. 聖羅倫佐大教堂 Cattedrale di S.Lorenzo
11. 古羅馬度量辦公室 Mensa Ponderaria& 奧古斯都禮拜堂 Augusteum
12. 格列高裡別墅 Villa Gregoriana 推薦
13. 格列高裡橋 Ponte Gregoriana
14. 阿涅內河畔 Fiume Aniene (和平橋 Ponte della Pace)
15. 提弗利法院 Tribunale di Tivoli
16. 維克多赫拉克勒斯聖所 Santuario di Ercole Vincitore
17. 哈德良別墅 Villa Adriana 推薦

提弗利旅遊局 Turismo del Comune di Tivoli
Piazza Garibaldi
查詢網頁：www.comune.tivoli.rm.it

推薦景點
艾斯特別墅 Villa d'Este

　　從提弗利這座美麗城市中央的加里波底廣場下車後，順著指標往下坡方向走，大約3分鐘，就會來到這棟有千泉宮稱號的美麗別墅入口。艾斯特別墅建造在提弗利朝向羅馬市區的山頂上，原為中世紀Santa Maria Maggiore修道院一部分，1550年紅衣主教艾斯特.伊波利托二世Cardinal Ippolito II d'Este為了襯托他行政長官的身分，將其改造為豪華的別墅官邸，皆融入了文藝復興式風格，成為文藝復興時期最精緻最顯著的建築範例之一。

　　艾斯特別墅構造簡單，分成宮殿和花園兩個部分，從入口進來後，經過一個方正的中庭，就會進入樓高三層以長廊為主體的宮殿本體。從花園向宮殿望去，宮殿門面是一整排排窗和亭台樓閣，統一對稱，中間被優雅的兩節階梯，分成左右兩段，宮殿內部展示了裝飾的中世紀家具，其中數間房間內有繪滿整面牆面的美麗濕壁畫，非常壯觀。

　　不過被譽為16世紀義大利最美麗的花園，才是參觀艾斯特別墅最重要的重點，這座影響歐洲早期園林設計的美麗庭園，由於以噴泉和觀賞盆等裝飾作為花園整體風格的設計主軸，又有水之庭園、千泉之宮的美名。從階梯沿著花園的陡坡下去，設計師按照軸線和地勢高低布置了大大小小的噴泉，潺潺水聲和噴泉流動的水氣，搭配著小徑旁的綠蔭，綠意盎然中充滿清爽氣息的氛圍，不愧為知名的避暑勝地。沿著花園道路一路往下走，這些噴泉包含其中造景的巧思，都讓人印象深刻，像是沿途中經過的Via delle 100 Fontane，道路旁奢華的運用一座座雕刻裝飾著號稱多達百座的噴泉口，形成一條噴泉環繞的清幽小徑，讓人暑意全消，走到底見到一座以假山庭園為背景，彷彿瀑布般的橢圓狀大型噴泉Fontane dell'Ovato，上方的雕刻裝飾相當美麗，假山的內部還設有小徑，讓人一嘗走在山澗中的感覺，最壓軸的當屬位在花園正中央四座長方形水池頂端，規模最大的風琴噴泉Fonta dell'Organo Idtaulico，這座噴泉與它的美麗名字相符，向上噴出的泉水彷彿從風琴中流洩出的悠揚樂音，宛如一座渾然天成的巨大湧泉，氣勢磅礴，讓人震撼之餘也見識到設計師深厚的建造功力，由於啟發了鋼琴家李斯特的作曲靈感，因而得名。這座美麗的花園是來羅馬必定要拜訪的世界遺產。

▶ 營業時間：(休)一1/1,12/25 08:30~日落前1小時
$ 票價：全票8€(特展時9€)
⌂ 網址：www.tibursuperbum.it

百泉大道

如何前往提弗利

　　從羅馬地鐵B線的最後一站Ponte Mammolo外面，會有一整排前往提弗利的公車站牌，搭乘COTRAL前往提弗利的Pullman藍色巴士，最後經過一段上山的道路，就會抵達位在半山腰的提弗利，車票在車站內的聯營巴士售票處購買。路程約40分鐘，由於是上下班的必經路線，尖峰時刻沿途上上下下的市民很多，路程有時會拖延到近1小時。

▼作者旅遊局拿的地圖，供讀者參考

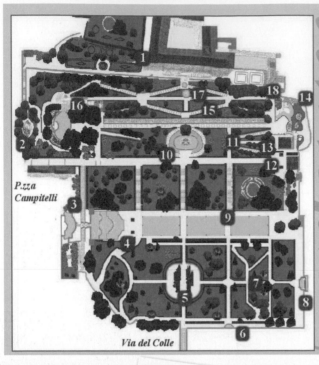

1. Villa
2. Pegasus fountain
3. Water Organ fountain
4. Neptune fountain
5. Cypress rotunda
6. Goddess of Nature fountain
7. Mete fountains
8. Ariadne fountain
9. Fish ponds
10. Dragon fountain
11. Bollori steps
12. Owl fountain
13. Proserpina fountain
14. Rometta fountain
15. One Hundred Fountains avenue
16. Oval fountain
17. Great chalice fountain
18. Diana's grotto

The sounding fountains
The hydraulic organ of the Water Organ fountain is activated daily at:
10.30am – 12.30pm – 2.30 pm – 4.30 pm – 6.30 pm
The Owl Fountain sounds daily at: 10am – 12 noon – 2pm - 4pm - 6pm.

推薦景點
羅卡皮亞城堡 Rocca Pia

當您來到提弗利市區，若時間足夠，可順道到這座以15世紀一位教宗之名命名，曾為提弗利政治中心的羅卡皮亞城堡走走，內部開放免費參觀，非常划算。城堡建築以四座塔為核心，防禦設施保存的非常完善，入口處就在城堡北面的吊橋，其中正對外面的兩座塔因要防禦外在的攻擊，高度較高，房間數較多，較小的兩座塔門口正對著內院，是控制要塞進出的閘道口。這座城堡由於防衛森嚴，從18世紀開始就被當作監獄使用，直到1960年才開放參觀。

推薦景點
塔樓屋 Casa Torre

漫步在提弗利市區的街道上，令人印象最深刻的，就是位在街頭轉角處，呈現方形兼具軍事防禦功能和倉庫作用的塔樓屋。根據統計，提弗利市區大大小小加起來就有一百多座，或正對街角，或隱身在巷弄民宅之間。塔樓屋可以說是最具當地特色的傳統建築。標準式的三層結構，底層卻沒有任何門口可以進入，二樓窗口是唯一通道，可透過木梯進入，頂樓則是做為儲存食物的空間。根據我們觀察，塔樓屋大多集中在Via Platone Tiburtino、Via Postera、Via del Duomo、Via del Colle等街道間，若想節省時間，在這周圍晃晃就可一飽眼福。

推薦景點
坎皮泰利街 Via Campitelli

若說坎皮泰利街Via Campitelli，是提弗利市區最古色古香的道路，相信沒有任何人會質疑。因為這條街道上的每一棟建築幾乎都可追溯到中世紀後期，如今則是提弗利市區主要社交活動的場所，許多市民聚會或公共活動大多在這裡舉辦。在遊客稀稀落落的微醺午後，走在街道石板路上，靜謐的小鎮氛圍伴隨著幾聲狗叫聲，會讓人產生時光倒流的錯覺。街上最代表性的建築是英譯為哥德屋的Gothic House(Casa Gotica)，優雅的石板階梯蜿蜒而上至一樓入口處，宛如一位雍容華貴的貴婦在招呼著路過遊子前往休憩，有路過時不妨多欣賞一會。

推薦景點
格列高裡別墅 Villa Gregoriana

這座以人文遺址為主軸，結合美麗自然景觀的公園，是提弗利三大別墅群我們最喜歡的一座。欣賞完艾斯特別墅的千泉美景和文化涵養後，一定要來這個兼具大自然要素和歷史內涵的奇妙聖殿。從羅馬帝國時期至中世紀等不同時代的建築遺址、神殿和傾頹基座，就坐落在一大片山明水秀、溪水涼涼的山林步道間，帶給來此尋幽訪勝的遊客，一串串的驚喜。

像是氣勢恢弘、飛流直下的大瀑布，或是隱藏在谷地旁，沿著懸 鑿刻而成的羅馬皇帝別墅和洞穴，都讓人彷彿經歷了一場美妙的自然人文之旅，園區裡還有數個眺望點和觀景台，可一覽被 Aniene river 縱切的峽谷地勢或是近距離欣賞沁涼宜人的潺潺水瀑，都是輕鬆就可步行到的點。別墅最知名和最顯眼的兩個古蹟是位在山谷之上的維斯塔神廟 The Vesta's Temple 和西比斯神殿 The Sybil's Temple，柯林斯式圓柱圍饒而成的圓形神殿充滿了古典希臘的風情。從入口處步行參觀完整個園區約莫80分鐘，沒有想像中的難爬，步道大多平緩易走，階梯不會太多或陡峭，所以不大耗費腳力，是個可輕鬆逛完又充滿眾多大自然、文化要素的好景點。

◉ 營業時間：休日||10:00-16:00 10/26-12/15,3月；4月-10/25 10.00–18:30
⑤ 票價：全票7歐元
⌂ 網址：www.villagregoriana.it

哈德良別墅 Villa Adriana

1999 年被列入世界文化遺產的哈德良別墅，是羅馬帝國五賢帝之一哈德良皇帝，所修建的最負盛名的建築。內部的花園、羅馬浴池、希臘劇場、圖書館、學院、黃金宮殿等建築遺址，儘管有的僅剩殘樑斷柱，從遺留石柱的高度和廣大的地基，依舊讓人遙想當年的雄壯氣勢，集中體現了號稱羅馬帝國史上最和平的五賢帝時代的富裕繁榮。

別墅雖然廣大，卻非常好逛，內部根據當初建築遺跡的功能和區塊，設置了許多詳細的說明路牌，讓無數慕名而來的遊客，能夠按照路標，簡單又清楚地逐步了解整個別墅的建築物名稱和原始功能，並一窺這位頗負盛名的皇帝的文化內涵和優雅嗜好。哈德良別墅以其豐富的文化歷史意義和融合埃及、希臘、羅馬等不同文明建築特色的人文遺蹟，成為了提弗利最知名的旅遊景點。這座佔地廣大結合花園和眾多建築遺址的古羅馬皇帝行宮，就位在羅馬-提弗利的公車路線上，讀者可根據自己規劃的時間，選擇先下車欣賞，或是按照我們的規劃，把其列為回程中的最後一站。

我們對別墅印象最深刻的區塊，就是保存完善的長方形水池。池面倒映著透徹藍天，迎面拂來徐徐微風，與四周的希臘神像，營造出有別於一般羅馬建築予人樸實厚重的文化底蘊，另有一種宛如世外桃源般，優雅寧靜的氛圍，讓千年後到訪的我們，彷彿穿越了時空，也能感受到這位日理萬機，處理帝國繁瑣事務的皇帝，放空身心靈的絕妙磁場。

◎ 營業時間：㊡1/1,12/25；8:30~日落前1小時
⑤ 票價：全票8€
🏠 網址：www.tibursuperbum.it

羅馬西區
(梵蒂岡&越台伯河區)

① 梵蒂岡博物館 Musei del Vaticano&梵蒂岡花園 Giardini Vaticani 推薦

② 聖彼得廣場和大教堂 Piazza e Basilica Papale di San Pietro 推薦

③ 聖天使堡 Castello di Sant'Angelo 推薦

④ 卡維爾廣場 Piazza Cavour& 法院 Palazzo di Giustizia

⑤ 菲奧倫蒂尼的聖喬凡尼教堂 San Giovanni dei Fiorentini

⑥ 強尼可婁之丘 Parco Gianicolo (法內西別墅 & 曼菲迪燈塔 & 柯西尼宮 & 寶拉噴泉 & 植物園) 推薦

⑦ 越台伯聖母教堂及廣場 Piazza e Basilica di Santa Maria in Trastevere 推薦

⑧ 特露莎廣場 Piazza Trilussa

⑨ 越台伯河區 Trastevere & 台伯島 Isola Tiberina

⑩ 越台伯河的聖賽希莉亞教堂 Santa Cecilia in Trastevere

⑪ 波爾泰塞門 Porta Portese

⑫ 夏拉公園 Villa Sciarra

⑬ 朵莉亞潘菲利公園 Doria Pamphili

推薦景點

梵蒂岡博物館

Musei del Vaticano& 梵蒂岡花園 Giardini Vaticani

　　來羅馬一趟卻沒有去天主教的聖地梵蒂岡，就像是入一座寶山，空手而回。作為西方千年以來天主教文明的權力中樞，採用政教合一體制的梵蒂岡，位處羅馬城靠近西北部的台伯河畔高地，是世界上領土最小的國家，卻是世界上三大宗教之一天主教的信仰中心，在政治、宗教、文化等等都有舉足輕重的影響。

　　在這座麻雀雖小五臟俱全的古城裡，光是呼吸這裡的空氣就讓人覺得不虛此行，若想沉浸式的體驗梵蒂岡的千年歷史文明，收藏大量文化、歷史、科學、藝術等眾多文物的梵蒂岡博物館則是首屈一指的豐富寶庫，質精量多的人文館藏品體現了西方文明千年來的繁盛燦爛，讓你花上一整天的時間參觀也覺得意猶未盡。若逛累了，可以在第三層由數座噴泉和藝術雕像點綴其中的梵蒂岡花園中庭稍事休息。

　　參觀博物館的過程中最重要的也最不能錯過的就是以米開朗基羅所繪《創世紀》穹頂畫，及壁畫《最後的審判》而聞名遐邇的西斯汀禮拜堂。只見大廳裡的滿滿人潮，同時摒住氣息、脖頸上仰、目不轉睛地注視這位文藝復興大師窮盡畢生心血所繪的生涯代表作之一，就知道這幅氣勢恢弘場面浩大，分割成九個場景述說舊約聖經創世紀故事的彩色穹頂畫是有多麼的讓人驚豔，這時我們一直帶在身上的小型望遠鏡就派上用場了，透過望遠鏡可以把這幅經典畫作的每個場景看的更清晰，也不用瞇著眼鏡看到眼睛痠痛，提醒讀者不要忘記帶上這個小工具喔。而位在禮拜堂祭壇背後的壁畫《最後的審判》也是令觀者震撼永生難忘的經典名作，以天使群像和耶穌基督為中心的天堂對比著地獄裡的人群，天主教強烈的末日世界觀展露無遺。

- 營業時間：博物館休㊡🎫||1/1&6,2/11,3/19,4/20-21&27,5/1,6/29,8/14-15,11/1,12/25-26|| 09:00-18:00 (售票只到16:00)||花園需導覽參觀除了🎫㊡
- $ 票價：博物館全票16€||26歲以下學生票8€||國際旅遊節9/27&每月最後週日9-14 (12:30最後入場)免費參觀；花園32€||優待票 24€
- 網址：www.vatican.va；www.museivaticani.va

推薦景點

聖彼得廣場和大教堂
Piazza e Basilica Papale di San Pietro

　　參觀完梵蒂岡博物館，順著出口指標往廣場走，映入眼簾的是一個豁然開朗氣勢懾人的巨大公共空間，左右兩邊被羅列著由四排多立斯式圓柱構成的巴洛克式半圓形柱廊包圍，這就是舉世聞名的聖彼得廣場。從上空看下去，左右兩邊被半圓形柱廊呈弧形包圍住的廣場，延伸到後方的聖彼得大教堂，呈現半橢圓型鑰匙孔狀，相當壯觀。廣場建立於17世紀，由義大利知名建築師兼雕塑家貝爾尼尼Giovanni Lorenzo Bernini所設計，中間的埃及方尖碑巍峨聳立，與柱廊和後方的聖彼得大教堂構成一幅壯觀的建築圖像，是非常適合小小休憩補充體力的好地方。

　　後方免費參觀的聖彼得大教堂，則是歷史藝術愛好者的天堂，裡面雕刻、繪畫和裝飾集結了以米開朗基羅為首的眾多文藝復興藝術家們包括拉斐爾、馬德諾、桑加洛等人的作品，深達187公尺長的內部門廊，更蘊藏了大量藝術精品，呈現出天主教燦爛發達的文明成就，相當值得參觀。令我們印象最深刻的是位在右走廊起點，由米開朗基羅設計地聖殤雕像，這也是他唯一一件在上面有他親自署名的作品，讀者們不妨仔細找找看簽名在哪。

🕐 營業時間：教堂4-9月07:00-19:00∥10-3月07:00-18:30；梵蒂岡石窟(教皇墓) 4-9月08:00-18:00∥10-3月08:00-17:30

💲 票價：教堂免費參觀

🏠 網址：www.vatican.va

推薦景點
聖天使堡 Castello di Sant'Angelo

　　聖彼得廣場入口處沿著 Via della Concilliazione 大道走下去，就會看到擁有天使顯現傳說的聖天使堡莊嚴轟立在台伯河畔。建築一開始最早是羅馬帝國皇帝哈德良大帝規劃的墓園所在，西元 6 世紀時改為教宗堡壘，而現有聖天使之名來自西元 6 世紀末教宗格列哥里一世 Pope St. Gregory I 看到天使在上方顯現的傳說故事，1277 年城堡內部設立密道與梵蒂岡相接，作為教宗遇到威脅時臨時的避難之所。既然來到這裡就不可錯過城堡門口對面的聖天使橋，兩旁林立著 12 座天使像，為貝爾尼尼與他的學生的作品，橋入口處熙來攘往的人群使這裡在尖峰時刻往往聚集許多街頭藝術家，從橋墩上遠眺台伯河畔兩岸風光相當詩情畫意，非常推薦。

🕐 營業時間：休➖1/1,12/25‖09:00-1930
💲 票價：全票10.50€‖預約費1
🏠 網址：www.castelsantangelo.com

推薦景點

 免費 優惠 獨家 世界遺產

強尼可婁之丘 Parco
Parco del Gianicolo (法內西別墅 & 曼菲迪燈塔 & 柯西尼宮 & 寶拉噴泉 & 植物園)

法內西別墅

　　強尼可婁之丘是位在梵蒂岡城南部台伯河畔一座佔地廣大的山丘綠地，環境清幽綠意盎然，周圍有多座歷史悠久的建築，若有在梵諦岡待上兩天，不妨來這區走走逛逛。其中位在山丘靠近河畔的法內西別墅 Villa Farnesina 和外觀雄偉的柯西尼宮 Palazzo Corsini 是最值得參觀的兩座建築，法內西別墅建於 16 世紀初，內部藏有許多文藝復興時期藝術家的作品，持有梵蒂岡票根可再享優惠價，呈現巴洛克式風格的柯西尼宮則為義大利政府辦公單位。

寶拉噴泉

🕐 營業時間：柯西尼宮休➖‖08:30-19:30；法內西別墅休➖‖09:00-14:00‖英文導覽🔒10:00
💲 票價：柯西尼宮5€‖套票(巴貝里尼宮+柯西尼宮) 9€‖法內西別墅6€‖持梵蒂岡博物館票根5€‖花園2€
🏠 網址：www.galleriacorsini.beniculturali.it；www.villafarnesina.it

柯西尼宮內部

203

推薦景點

越台伯聖母教堂及廣場
Piazza e Basilica di Santa Maria in Trastevere

　　越台伯聖母廣場是來羅馬西區越台伯河區不可錯過的美麗廣場，每到傍晚周圍店家和餐廳會在廣場擺上許多桌椅，讓遊人享受著羅馬悠閒輕鬆的古城氛圍，中央的圓形噴泉可追朔至15世紀。廣場上最知名的建築是越台伯聖母教堂，內部金碧輝煌，內殿繁複的壁上裝飾和馬賽克壁畫都非常值得坐下來細細欣賞。

◎ 營業時間：07:30-20:00
$ 票價：免費參觀

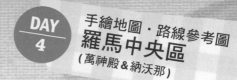
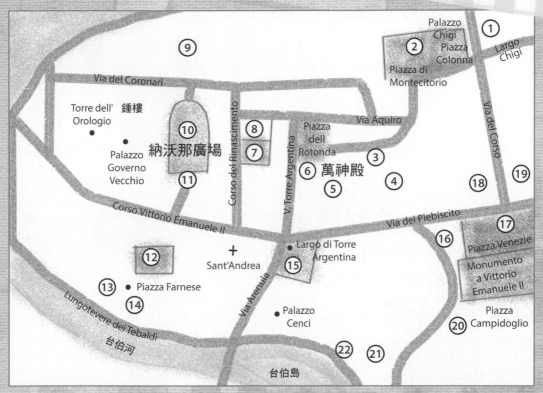

① 聖西爾維斯特廣場與教堂 Piazza di San Silvestro

② 國會廣場 Piazza di Montecitorio&圓柱廣場 Piazza Colonna(蒙特奇托里歐宮 Palazzo di Montecitorio&基奇宮 Palazzo Chigi)

③ 哈德良神廟 Tempio Adriano

④ 聖伊釀濟歐廣場 Piazza di Sant'Ignazio (洛尤拉之聖伊釀濟歐教堂 Sant'Ignazio di Loyola)

⑤ 米內瓦上的聖母教堂 Santa Maria sopra Minerva 推薦

⑥ 萬神殿 Pantheon 推薦

⑦ 夫人宮 Palazzo Madama 推薦

⑧ 法國人的聖路易教堂 San Luigi dei Francesi

⑨ 阿田帕斯宮 Palazzo Altemps (羅馬國立博物館) 推薦

⑩ 納沃那廣場 Piazza Navona (海神噴泉&四河噴泉&摩爾人噴泉&聖安涅斯堂) 推薦

⑪ 布拉斯奇宮 Palazzo Braschi (羅馬博物館)

⑫ 百花廣場 Campo dei Fiori 推薦

⑬ 法爾內賽廣場 Piazza Farnese (法爾內賽宮 Palazzo Farnese)

⑭ 斯帕達宮 Palazzo Spada (斯帕達美術館 Galleria Spada)

⑮ 神殿區 Area Sacra &阿根廷劇院 Teatro Argentina 推薦

⑯ 耶穌教堂 Chiesa del Gesù 推薦

⑰ 威尼斯廣場 Piazza Venezia (維多克艾曼紐二世紀念堂 & 威尼斯宮) 推薦

⑱ 潘菲利宮 Galleria Doria Pamphilj

⑲ 柯樂納宮美術館 Palazzo Colonna

⑳ 坎皮多怡歐廣場 Piazza Campidoglio (卡比托利尼博物館 & 天空聖壇聖母教堂 & 羅馬市政府) 推薦

㉑ 馬切羅劇場 Teatro di Marcello

㉒ 猶太教堂 La Sinagoga (歐洲最大)

推薦景點

米內瓦上的聖母教堂
Santa Maria sopra Minerva

免費 HOT SPOTS

世界遺產 RECOMMEND HOT SPOTS

　　隔著米內瓦廣場與萬神殿對望，鍍金與藍色裝飾的內部拱頂相當特別，屬於羅馬內少數呈現哥德式風格的這座教堂，是建築藝術愛好者不可錯過的地方，祭壇旁還有一座米開朗基羅的雕塑作品。此外教堂外面米內瓦廣場中央的方尖碑雕像，造型奇特，是貝爾尼尼的作品。

🕐 營業時間：08:00-19:00
💲 票價：免費參觀
🏠 網址：www.basilicaminerva.it

推薦景點

萬神殿 Pantheon

　　堪稱是羅馬歷史中心的羅馬中央區，街道綿密曲折，廣場眾多而熱鬧，巴洛克風格的教堂更是三步一小間五步一大間，萬神殿則是此區最負盛名的景點，也是羅馬保存最好的歷史建築之一。萬神殿的盛名來自於正立面16跟科林斯式圓柱撐起的三角牆，主建築巨大的半圓形磚石圓頂則代表了羅馬重要的建築成就之一，萬神殿不論是從外頭望去還是進入神殿內部挑高達43.3公尺僅由屋頂洞口作為採光來源的大廳，都有一種獻予希臘諸神的非凡氣勢。這裡也是非常重要的人文古蹟，文藝復興藝術家拉斐爾的陵墓就葬在此。

🕐 營業時間：㊡1/1,5/1,12/25‖08:30-19:30‖🗓09:00-18:00假日㊐~㊎09:00-13:00
💲 票價：免費參觀
🏠 網址：www.pantheonroma.com

推薦景點

夫人宮 Palazzo Madama

　　位在Corso del Rinascimento上的夫人宮，作為義大利的參議院所在地，是一座充滿歷史意義的建築。宮殿建於15世紀末，在洛林公爵接收前，一直是梅第奇家族的財產，由於16世紀知名的法國王后卡特琳‧德‧梅第奇夫人Catherine de Médicis婚前曾居住在此宮殿，因而得名。作為議會所在地，宮殿一禮拜僅一日開放內部參觀，讀者可根據自己行程安排，另外2015年官方網站有開放內部虛擬參觀，有興趣的讀者可下載app先行預覽再做決定。

🕐 營業時間：每個月第一週六10-18:00 (8月不開放)‖每20分鐘一個梯次
💲 票價：免費參觀
🏠 網址：www.senato.it

推薦景點

阿田帕斯宮 Palazzo Altemps
(羅馬國立博物館)

　　隸屬於羅馬國立博物館四座建築之一阿田帕斯宮，是一座值得參觀的歷史博物館，內部除收藏了豐富的希臘羅馬古典藝術展品，包括雕刻、石柱和石碑等古文物器具，還有一區域展示了大量來自埃及、塞浦路斯、敘利亞地區的歷史古文物，若這幾天在羅馬看膩了天主教文物，這裡倒是不錯的選擇。

🕐 營業時間：(休)□1/1,12/25∥09:00-19:45
💲 票價：羅馬國立博物館套票(馬西摩宮+阿田帕斯宮+Crypta Balbi+戴克里先浴場) 7€，含特展10€，優待票3.50€
🏠 網址：www.coopculture.it

推薦景點

納沃那廣場 Piazza Navona
(海神噴泉&四河噴泉&摩爾人噴泉&聖安涅斯堂)

　　人聲鼎沸聚集許多街頭藝人表演的納沃那廣場，是羅馬市最受觀光客喜愛的地點之一。歷久不衰的人氣來自於周圍美麗的巴洛克式建築、三座頗負盛名的噴泉雕像和廣場上眾多精采的街頭表演，其中街頭表演精采的程度，絕對令讀者嘆為觀止，在這裡可以欣賞到各式各樣的表演項目，多元性和專業性絕對會令遊客眼花瞭亂，相信這也是廣場總是聚集大量遊客的主要原因，因為我們就是被表演吸引到久久不願離去阿。

　　除了街頭表演外，廣場上的三大噴泉也是必定不可錯過的重點，海神噴泉 Fontana del Nettuno 位在廣場北方，是三座噴泉中最為年輕的裝飾，廣場中間由貝爾尼尼設計的四河噴泉 Fontana dei Quattro Fiumi 則最為引人注目，噴泉中央刻劃出尼羅河、多瑙河、恆河和拉普拉塔四大河的風景和代表神話，其中因當時人尚不知尼羅河源頭，貝爾尼尼便設計尼羅河神的雕像將手遮掩在眼前，藝術價值極高。四河噴泉旁邊有一棟巴洛克式教堂 Santa'Agnese in Agone，是一座建於1652年的古蹟，若有空也可進去看看。

🕐 營業時間：(休)□∥09:30-12:30,15:30-19:00∥假日09:00-13:00,16:00-20:00
💲 免費參觀
🏠 網址：www.santagneseinagone.org

四河噴泉

推薦景點

百花廣場 Campo dei Fiori

嘈雜喧鬧是百花廣場的特色，早上時這裡是羅馬的農產品市集，若安排早上經過，可以在這裡買到一些便宜的水果，到了傍晚周邊則搖身一變成為燈火通明的酒吧和餐廳，因此這裡聚集了許多酒客和遊客，廣場中間塑立的巨大雕像是紀念1600年以異教徒身分被火刑處死在這裡的布魯諾。目前作為法國大使館的法爾內塞皇宮 Palazzo Farnese 位在百花廣場旁的法爾內塞廣場，建築是由包括米開朗基羅在內的三位大師接力完成，與建於16世紀的斯巴達宮 Palazzo Spada，是廣場旁最有看頭的兩個建築。

推薦景點

神殿區 Area Sacra & 阿根廷劇院 Teatro Argentina

神殿區又稱之為銀塔廣場 Largo di Torre Argentina，是羅馬市中央區一個小而精緻的古羅馬歷史遺跡廣場，中間的石墩石柱和石造拱門充滿了歷史醍醐味，供遊客免費觀覽，是相當划算的一個景點。

 營業時間：神殿區12:00-18:00∥劇院導覽參觀 10:30&12:00
💲 票價：神殿區免費參觀∥導覽參觀劇院3.50€
🏠 網址：www.romancats.com；www.teatrodiroma.net

推薦景點

耶穌教堂 Chiesa del Gesù

從銀塔廣場沿著 Via del Plebiscito 往東走，你很難不被以巴洛克式雪白色正立面的神聖樣貌吸引路人眼球的耶穌教堂 Chiesa del Gesù 所吸引，其立面被譽為世界上第一個真正的巴洛克式立面而享譽全球，也是天主教世界耶穌會的母堂，由耶穌會創辦人出資建於16世紀。數百年來，耶穌會的領導都住在此地，教堂內部可免費參觀，別錯過了。

營業時間：07:00-12:30∥16:00-19:45
💲 票價：免費參觀
🏠 網址：www.chiesadelgesu.org

威尼斯廣場 Piazza Venezia
(維多克艾曼紐二世紀念堂＆威尼斯宮)

威尼斯宮

　　川流不息的車馬人潮讓威尼斯廣場成為羅馬最富活力的區域之一，廣場上最大的建築莫過於雄偉壯觀的維多克艾曼紐二世紀念堂 Monumento a Vittorio Emanuele II，這座完工於1935年用來紀念主導義大利統一第一位國王維克多艾曼紐二世的建築，正立面高大的科林斯式圓柱與宏偉階梯，與純白色大理石建材外觀，共同烘托出主體大氣磅礡的莊嚴氛圍，頂樓對稱的維多利亞雙輪戰車雕像，英姿颯爽，與聳立於中央的維克多艾曼紐二世的騎馬英姿雕像，讓人仰為觀止，從階梯下往上看，自然而然的呈現出義大利建國時的風起雲湧與偉人們的豐功偉業。紀念堂內部展示義大利統一過程的史蹟與文物的義大利統一博物館 Museo Centrale del Risorgimento，包括民族英雄加里波底曾躺過的擔架在內，價值性和歷史性都非常高，館藏豐富，是非常棒的免費展示區。

威尼斯廣場西面的威尼斯宮，則是除了紀念堂之外，第二個許多人會來參觀的景點。宮殿西元15世紀中旬建造而成，本身具有輝煌的歷史，見證了歷史上的起起落落，曾經是威尼斯共和國的大使館，19世紀成為奧匈帝國駐梵蒂岡大使館，20世紀初成為義大利強人墨索里尼的官邸，他曾多次在陽台對群眾發表多次煽動人心的演講。館內目前作為威尼斯皇家博物館使用，若有時間可購買門票參觀，拜占庭裝飾的內部和早期文藝復興風格的繪畫非常多，還收藏了琳瑯滿目的珠寶、掛毯、陶器、武器盔甲和青銅雕像等文物。

🕐 營業時間：紀念堂冬季09:30-16:30‖夏季~17:30‖威尼斯宮㊡一‖1/1,12/25‖08:30-19:30
💲 票價：紀念堂免費參觀‖威尼斯宮4€
🏠 網址：www.galleriaborghese.it/nuove/evenezia.htm

紀念堂內部

心得提醒

　　為確保紀念堂的神聖莊嚴，一旁的保安人員與警察會隨時確保紀念館的階梯是淨空的，換言之禁止人們坐在階梯上，若坐下去他們就會過來驅趕，這是要特別注意的地方。

推薦景點

卡比托利歐廣場

Piazza Campidoglio (卡比托利尼博物館 & 天空聖壇聖母教堂 & 羅馬市政府)

卡比托利尼博物館內部

沿著古羅馬廣場而來，地勢逐漸攀高，古代以來的羅馬市政府就位在這處被稱為卡比托利歐的山丘上。位在地勢最高點的卡比托利歐廣場 Piazza Campidoglio 則成為俯瞰羅馬市景的絕佳處所之一，廣場前是由米開朗基羅所設計的台階 Cordonata，從底部的兩座埃及獅子雕像處的 Aracoeli 廣場，蜿蜒而上，呈現優雅大方的文藝復興風格。

廣場正面是稱為元老宮 Palazzo Senatorio 的羅馬市議會，中間一尊青銅製騎馬雕像是羅馬帝國皇帝馬可.奧利略，這位著名賢君博學多才，在史上非常有名。廣場左邊的新宮 Palazzo Nuovo 與右邊的保守宮 Palazzo dei Conservation，世界上最古老的博物館卡比托利尼博物館 Musei Capitolini 就位在這兩座宮殿內部，展示大量的古羅馬文物和雕像，但票價稍嫌貴了一些，可根據自己需求決定是否參觀。

從廣場東南角沿階梯而上，會進入卡比托利歐廣場最高點的天空聖壇聖母教堂，這座古老教堂建於 6 世紀，是當時市民的宗教生活集會地，教堂內最有名的是一尊木製的耶穌嬰兒雕像仿製品，真品已於 1994 年被竊，此外教堂祭壇和走道旁的華麗壁畫和裝飾也相當具有水準，值得一看。

天空聖壇聖母教堂內部

⊙ 營業時間：博物館休㊡📅1/1,5/1,12/25‖09:00-20:00 (12/24&31 9-14)‖教堂5-9月09:00-12:30,15:00-18:30‖10-4月09:00-12:30,14:30-17:30

$ 票價：博物館全票含特展13€‖優待票11€‖4/21&文化週&7/1-10/15捐血者(只要拿出感謝信即可)&歐洲遺產日免費參觀；教堂免費

🏠 網址：www.museicapitolini.org

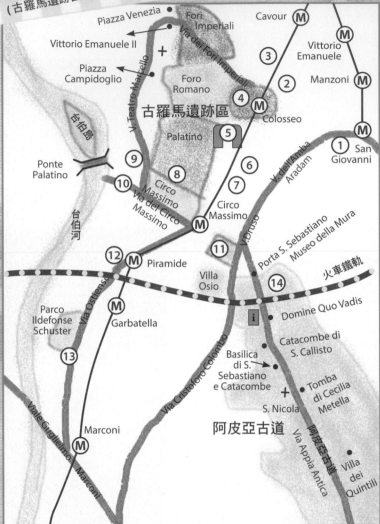

手繪地圖・路線參考圖

DAY 5

羅馬南區

（古羅馬遺跡區＆阿皮亞古道）

Piazza Venezia

Fori Imperiali

Cavour Ⓜ

Vittorio Emanuele II

Vittorio Emanuele Ⓜ

Ⓜ

③

Piazza Campidoglio

Foro Romano

② Manzoni Ⓜ

Via dei Fori Imperiali

V. Teatro Marcello

④

古羅馬遺跡區

Ⓜ Colosseo

Ⓜ

台伯河

Palatino

⑤

① San Giovanni

Ponte Palatino

⑨

⑥

⑧

⑦

V. dell'Amba Aradam

台伯河

⑩

Circo Massimo

Via del Circo Massimo

Circo Massimo

Ⓜ

V. Druso

⑪

Porta S. Sebastiano
Museo della Mura

火車鐵軌

⑫ Ⓜ Piramide

Villa Osio

⑭

Via Ostiensis

Parco Ildefonse Schuster

Ⓜ Garbatella

ⓘ Domine Quo Vadis

Via Cristoforo Colombo

⑬

Basilica di S. Sebastiano e Catacombe

Catacombe di S. Callisto

Viale Guglielmo Marconi

Marconi Ⓜ

阿皮亞古道

S. Nicola

Tomba di Cecilia Metella

Via Appia Antica

阿皮亞古道

Villa dei Quintili

① 拉特拉諾的聖喬凡尼教堂 San Giovanni in Laterano 推薦

② 尼祿皇帝的黃金宮 Domus Aurea 推薦

③ 鐐銬聖彼得教堂 San Pietro in Vincoli 推薦

④ 圓形競技場 Colosseo 推薦

⑤ 君士坦丁凱旋門 Arco di Constantiono 推薦

⑥ 聖喬凡尼與聖保羅教堂 Santi Giovanni e Paolo

⑦ 聖格里高利教堂 San Gregorio Magno

⑧ 帝國議事廣場＆羅馬議事廣場＆帕拉提諾之丘＆大競技場 Fori Imperiali & Foro Romano & Palatimo & Circo Massimo 推薦

⑨ 加諾拱門 Arco di Giano

⑩ 科士美敦的聖母教堂 Chiesa di Santa Maria in Cosmedin (真言之口)＆牛市集 Foro Boario

⑪ 卡拉卡拉浴場 Terme di Caracalla 推薦

⑫ 聖保羅門 Porta San Paolo＆杰斯提亞金字塔 Piramide Cestia

⑬ 城外聖保祿大殿 Basilica San Paolo Fuori Mura (世界遺產)

⑭ 阿皮亞古道公園 Parco dell'Appia Antica 推薦

推薦景點
拉特拉諾的聖喬凡尼教堂
San Giovanni in Laterano

作為羅馬南區地標性建築之一，拉特拉諾的聖喬凡尼教堂是被天主教教會承認的羅馬四個主教座堂之一，由君士坦丁大帝建於西元四世紀，曾是歷代教宗們的官邸，極具歷史意義，藝術價值也非常高，我們把它規劃為第一個必看景點。引人注目的白色巨型正門是巴洛克風格，教堂內值得看的藝術作品和歷史遺跡相當多，教堂內部地板鑲嵌的馬賽克壁畫和教堂中殿的圓柱是博洛米尼的作品，教堂盡頭處的聖階 Scala Santa 傳說耶穌走過，聖堂 Sancta Sanctorum 是教宗的私人禮拜堂，在這裡可以看到很多虔誠信徒沉浸在此處的莊嚴氣氛。

▶ 營業時間：07:00-18:30
Ⓢ 票價：教堂免費
⌂ 網址：www.vatican.va/various/basiliche/san_giovanni/index_it.htm

推薦景點
尼祿皇帝的黃金宮 Domus Aurea

尼祿皇帝修建的黃金宮位在帕拉提諾山丘和西蓮山丘之間的皇家土地上，介於圓形競技場和古羅馬廣場之間，根據史書紀載其建築非常宏偉壯麗，如今剩下殘垣敗瓦供後人憑弔，雖然目前遺址只是原有建築的百分之20不到，但仍有30個以上的房間可供參觀。宮殿設計結合了人文建築和自然景觀，浴場、樓台、噴泉和花園以及貫穿山坡的一條柱廊通道，串聯起寢宮和門廳，參觀時需要一些想像力，目前仍因整修而暫不開放入內參觀，經過時別忘了對它多注目幾眼。

▶ 營業時間：休 日 09:00-13:00, 14:00-17:00 六 9:00-14:00
⌂ 網址：www.archeoroma.beniculturali.it/siti-archeologici/domus-aurea

推薦景點

鐐銬聖彼得教堂 San Pietro in Vincoli

這座教堂曾經發生的傳奇故事就像它的名字一般令人印象深刻，雖然可能是天主教為加深它的權威和統治力所衍伸出來的傳說，但對教眾而言這些故事自有一種神聖的力量和穿透力能夠撫慰人心。教堂興建於西元五世紀教宗西斯篤三世時期，是為了供奉聖伯多祿在耶路撒冷被監禁時所戴的鎖鏈而建，相傳後來奧多西亞皇后從耶路撒冷把這條鎖鏈帶回並把它贈送給當時的教宗，當教宗將鎖鏈和聖伯多祿最後關押在羅馬馬梅爾定監獄時所戴的鎖鏈放在一起比較時，兩根鎖鏈神奇的結合了……這條神奇鎖鏈目前保存在聖殿的主祭台下方的盒子裡，有興趣的讀者別錯過了。

- 營業時間：4-9月08:00-12:30,15:00-19:00 ‖ 10-3月~18:00
- 票價：免費參觀
- 網址：www.vicariatusurbis.org

推薦景點

圓形競技場 Colosseo

　　圓形競技場坐落在羅馬市內部最大最完整呈現古羅馬共和時期和帝國時代榮光的帕拉提諾之丘旁邊，這片廣大區域是羅馬共和時期市民生活中心，集結了當時購物、神廟、宗教場所等公共空間，宏大華美的建築物基座和聳的圓柱，呈現出羅馬首都當時的雄偉繁榮。而作為這片區域標誌性建築之一的圓形競技場，它的雄偉壯觀讓你即使只是經過想刻意忽略它都很難，門外排隊的遊客更是永遠大排長龍，因為圓形競技場是羅馬文化的象徵，這裡曾上演過日以繼夜的搏鬥，奴隸、死囚與猛獸之間的廝殺，鬥劍士之間的比武，呈現出這個偉大文明對武力野蠻的崇尚以及貪婪嗜血的一面。

　　圓形競技場內部的建築設計很有看頭，外牆的三道拱門透過圓柱相連在一起，上方的圓柱則是用作撐起避雨的帆布使用，位在觀眾席和競技場間的開闊台階則是供議員、君主發言的指揮台。根據統計，圖拉真大帝在位時曾在這裡舉行過長達117天在內的屠殺狂歡。作為人類古文明的偉大標誌，競技場凸顯出人類文明演化過程中的愚昧野蠻和專制皇權的工具，具有舉足輕重的地位。

- 營業時間：1/1-2/15&10月最後週日-12/31 08:30-16:30 ‖ 2/16-3/15~17 ‖ 3/16-3月最後週六~17:30 ‖ 3月最後週日-8/31~19:15 ‖ 9月~19:00 ‖ 10/1-10最後週六~18:30 ‖ 6/2 13:30-19:15
- 票價：套票(圓形競技場+羅馬議事廣場+帕拉提諾之丘)12€ 預約1.50€
- 網址：www.archeoroma.beniculturali.it；www.turismoderonda.es；www.coopculture.it

推薦景點

君士坦丁凱旋門
Arco di Constantiono

　　由君士坦丁大帝為紀念西元312年的戰役勝利而興建，地處大競技場旁羅馬皇帝進行凱旋儀式時必經的路線凱旋大道（Via Triumphalis）上，凱旋門上面用來讚揚君士坦丁統治功績的藝術裝飾和雕刻銘文，都保存的很好，也常常成為歐洲其他城市興建凱旋門時的參考樣本。

君士坦丁凱旋門

帝國議事廣場

帝國議事廣場&羅馬議事廣場 &帕拉提諾之丘&大競技場

Fori Imperiali & Foro Romano & Palatimo & Circo Massimo

穿過圓形競技場和君士坦丁凱旋門後，就可以沿著帝國廣場大道 Via dei Fori Imperiali 開始欣賞從 18 世紀挖掘至今保存的羅馬最完整的古代遺跡區域，由於這片區域的小型廣場、神廟、大道和建築遺跡非常多，我們這邊特別挑選四個主要的部份來介紹。

帝國議事廣場 Fori Imperiali 位在大道的北邊區域，由圖拉真議事廣場 Foro Traiano、凱撒廣場、奧古斯都廣場和涅爾瓦廣場四個由不同皇帝在不同年代修建的廣場集合而成，規模和面積最大的是圖拉真議事廣場，廣場上仍殘留部分圖拉真大帝為紀念大勝 Dacian 人所修建的巨大圓柱，上面刻劃戰役勝利的精美浮雕，是古羅馬藝術的典範，可細細欣賞。其他廣場因損害較為嚴重，遺跡都僅剩殘垣敗瓦，是凱撒以自己為名所修建的凱撒廣場在後來成為當時貴族的社交場合，平台上仍有三根圓柱，有懷舊情緒的讀者只能盡量發揮想像力了。

羅馬議事廣場 Foro Romano 是這片區域的廣場裡年代最古老的廣場，是羅馬共和時期的生活中心，周圍有許多帝國時代修建的神廟遺址和中古世紀的教堂，值得一看的是廣場旁羅列的佛卡圓柱，是共和時期的聚會和市場所在。

帕拉提諾之丘 Palatimo 是這片區域中地勢最高的山丘，在這裡可以鳥瞰整片區域包含羅馬議事廣場在內的古蹟，曾經是貴族居住的場所，豪宅宮殿別墅林立，中世紀成為教堂和城堡聚集處，如今保存較為完整的遺跡包括利維亞之家 Casa di Augusto、奧古斯都之家 Casa di Augusto、傳說中羅馬城創始人羅穆盧斯之家 Casa di Romolo、以及多密善皇帝 Domitian 的行宮遺址。

大競技場 Circo Massimo 又稱之為馬西莫競技場或馬西莫跑馬場，緊鄰在帕拉提諾之丘旁，和圓形競技場相比，這座競技場才是古羅馬時代第一個也是最大的競技場，由於看臺和座位都是採用露天的木造建築，歷史上曾經經歷過多次大火毀害，羅馬帝國後期逐漸作為田徑場和市集廣場使用，原本 600 多公尺被雕像和圓柱包圍的跑道，如今舉目望去僅剩如茵青草所覆蓋。

🕐 營業時間:羅馬議事廣場&帕拉提諾之丘㊡1/1,12/25‖08:30-19:00‖帝國議事廣場只有特殊節日會開放‖大競技場全日開放‖圖拉真市集㊡1/1,12/25‖09:00-19:00 (12/24&31 9-14)

💲 票價:大競技場免費‖套票(圓形競技場+羅馬議事廣場+帕拉提諾之丘)12€‖預約1.50€‖圖拉真市集全票9.50€‖優待票7.50€‖4/21&文化週&7/1-10/15捐血者(只要拿出感謝信即可)&歐洲遺產日免費參觀

🏠 網址: www.capitolium.org;www.archeoroma.beniculturali.it;www.en.mercatiditraiano.it

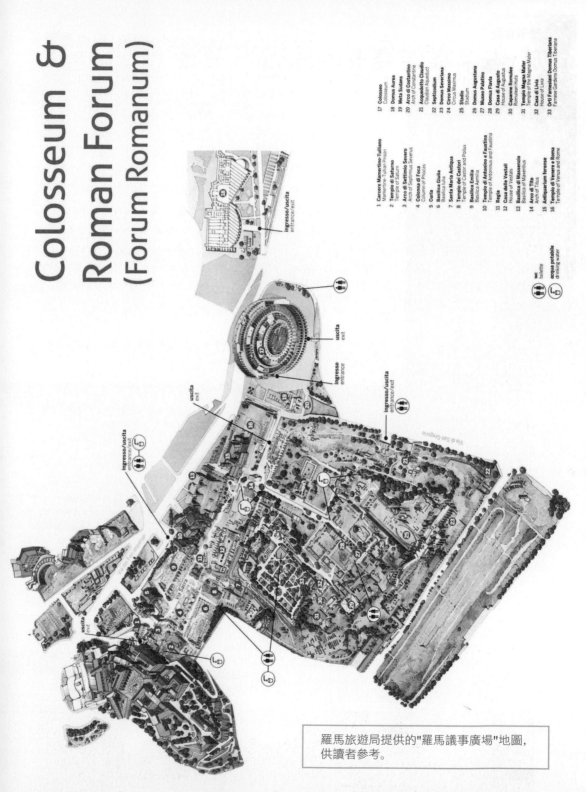

Colosseum & Roman Forum (Forum Romanum)

ingresso/uscita
entrance/exit

uscita
exit

Ingresso
entrance

ingresso/uscita
entrance/exit

uscita
exit

ingresso/uscita
entrance/exit

uscita
exit

Via di San Gregorio

Via dei Fori Imperiali

Via Sacra

1 **Carcere Mamertino-Tulliano**
Mamertine-Tullian Prison
2 **Tempio di Saturno**
Temple of Saturn
3 **Arco di Settimio Severo**
Arch of Septimius Severus
4 **Colonna di Foca**
Column of Phocas
5 **Curia**
6 **Basilica Giulia**
Basilica Iulia
7 **Santa Maria Antiqua**
8 **Tempio dei Castori**
Temple of Castor and Pollux
9 **Basilica Emilia**
Basilica Aemilia
10 **Tempio di Antonino e Faustina**
Temple of Antoninus and Faustina
11 **Regia**
12 **Casa delle Vestali**
House of Vestals
13 **Basilica di Massenzio**
Basilica of Maxentius
14 **Arco di Tito**
Arch of Titus
15 **Antiquarium forense**
16 **Tempio di Venere e Roma**
Temple of Venus and Rome

17 **Colosseo**
Colosseum
18 **Domus Aurea**
19 **Meta Sudans**
20 **Arco di Costantino**
Arch of Constantine
21 **Acquedotto Claudio**
Claudian Aqueduct
22 **Septizodium**
23 **Domus Severiana**
24 **Circo Massimo**
Circus Maximus
25 **Stadio**
Stadium
26 **Domus Augustana**
27 **Museo Palatino**
28 **Domus Flavia**
29 **Casa di Augusto**
House of Augustus
30 **Capanne Romulee**
Romulean Huts
31 **Tempio Magna Mater**
Temple of the Magna Mater
32 **Casa di Livia**
House of Livia
33 **Orti Farnesiani Domus Tiberiana**
Farnese Gardens Domus Tiberiana

WC
toilette

acqua potabile
drinking water

羅馬旅遊局提供的"羅馬議事廣場"地圖,
供讀者參考。

217

推薦景點

卡拉卡拉浴場 Terme di Caracalla

羅馬現存最大的古浴場遺跡，建於公元三世紀卡拉卡拉大帝統治時期，是一個可以容納近2000人泡湯的公共浴池，與圓形競技場並列為最令遊客難忘的遺跡之一，當時的羅馬浴場不僅是一個純泡湯場所也是一個大型的娛樂活動中心，有圖書館、花園甚至購物中心區域，繁華程度和現今的大型購物商場相比可謂毫不遜色。

浴場採用的加熱和循環系統充分見證了羅馬人的智慧和技術，現場立有多處立牌說明，經過時千萬不要漏掉這個景點。

▶ 營業時間：㉻1/1,5/1,12/25 (地下隧道㉻㉓)∥1/2-2/15&10月最後㊐-12/31 09:00-16:30∥2/16-3/15~17:00∥3/16-3月最後㊅~17:30∥3月最後㊐-8/31~19:15∥9月~19:00∥10/1-10最後㊅~18:30∥㉓09:00-14:00

⑤ 票價：套票(卡拉卡拉浴場+古羅馬水道公園+西西莉亞麥塔拉墓) 6€

⌂ 網址：www.coopculture.it；www.archeorm.arti.beniculturali.it/siti-archeologici/terme-caracalla

推薦景點
阿皮亞古道公園
Parco dell'Appia Antica

　　出了羅馬南區的城牆之後，就會來到長達90公里以筆直方正而聞名的阿波亞古道Via Appia Antica。以此為中心的廣大區域，蔥鬱樹林與一大片一大片相連的青青綠草綿互相連至天際，幾處古老遺跡和教堂散步其中，構築出羅馬城最古老原始的韻味，也是參觀了好幾天教堂和廢墟，五感官能疲累之後最棒的調劑。

　　阿皮亞古道公園最令人印象深刻的除了保有羅馬郊區的原始風光之外，基督教在成為羅馬國教之前為了避免迫害在這邊修建的三大地下陵墓，也是非看不可的景點。若時間因素，建議參觀規模最大的聖卡利斯托墓窟Catacombe di San Callisto即可，總長近20公里的地下隧道墓穴裡埋葬了50萬基督徒的骸骨和教宗墓塚，參觀陵墓並不是自由參觀，請不用擔心迷路或者害怕黑暗等等，購票後入口處會安排導覽團一起帶隊參觀。地下陵墓的存在反映了基督教相信肉身將會復活的生死觀教義，對身處東方文化圈的我們會有另一種不同的感受。

🕐 營業時間：古羅馬水道公園Villa dei Quintili㊡➖‖1/2-2/15&10/25-12/31 09:00-16:30‖2/16-3/15-17‖3/16-3月最後週六~17:30‖3月最後週日&1/1,5/1,12/25-8/31~19:15‖9月~19:00‖10/1-10/24~18:30‖城牆博物館Museo della Mura㊡➖‖09:00-14:00‖聖卡利斯托墓窟Catacombe di San Callisto㊡(三&2月, 09:00-12:00,14:00-17:00‖聖塞巴斯蒂亞墓窟Catacombe di San Sebastiano㊡(日)&11/25-12/25, 09:00-12:00,14:00-17:00‖西西莉亞麥塔拉墓窟Cecilia Metella㊡➖&1/1,5/1,12/25, 10月最後週日~2/15最後入場15:30, 2/16-3/15最後入場16:00, 3/16-3月最後週六最後入場16:30, 3月最後週日-8/31最後入場18:30, 9/1-9/30最後入場18:00, 10/1-10月最後週六最後入場17:30‖馬克森提博物館Villa di Massenzio㊡➖‖10-16 (12/24&31 10:00-14:00)

💲 票價：套票(卡拉卡拉浴場+古羅馬水道公園+西西莉亞麥塔拉墓) 6€，優惠票3€‖城牆博物館&馬克森提博物館免費參觀‖聖卡利斯托墓窟8€‖聖塞巴斯蒂亞墓窟8€‖教堂免費

🏠 網址：www.coopculture.it；www.museodellemuraroma.it；www.catacombe.org；www.catacombe.roma.it；en.villadimassenzio.it

羅馬古道觀光巴士路線圖
Archeobus Route in Rome

1. Termini 火車站出發
2. Piazza Venezia 威尼斯廣場
3. Colosseo 競技場
4. Terme di Caracalla 卡拉卡拉浴場
5. Porta di S. Sebastiano 聖塞巴斯城門 (城牆博物館)
6. Sede Parco Regionale Appia Antica 阿皮亞古道地區公園
7. Valle della Caffarella 卡法瑞拉溪谷
8. Catacombe di San Callisto 聖卡利斯托墓窟
9. Catacombe di San Sebastiano 聖塞巴斯蒂亞墓窟
10. Cecilia Metella 西西莉亞麥塔拉墓窟
11. Sant'Urbano 聖烏爾巴諾
12. Capo di Bove 卡波迪遺跡
13. Stadio delle Terme 卡拉卡拉體育場
14. Bocca della Verità 真言之口

梅戴拉之墓

聖卡利斯托墓窟

獨家整理
精選3種交通方式

1 在阿皮亞古道公園遊客中心租單車

- ☺ 地址：Via Appia Antica 58/60
- ☺ 價格：3€/小時，15€/天
- ☺ 網址：www.parcoappiaantica.it

交通方式獨家整理

沿著阿皮亞古道步行約3小時可以逛完，建議可租單車輕鬆逛完這一區，如果時間有限也可考慮搭乘古道觀光巴士(因趕行程，故我們選巴士只逛主要墓窟)，如果不想花太多錢，也有普通公車可以搭乘。

2 古道觀光巴士 Archeobus

- ☺ 地址：從 Termini 火車站發車，沿途停靠14個站，可隨時上下車
- ☺ 營運時間：(五)(六)(日)及假日9-18，每30分鐘一班，一趟90分鐘，最後一班從火車站發車16:30
- ☺ 配備：附地圖，車上有中文語音導覽解説
- ☺ 價格：15€/一趟不能隨時上下車，20€/天(可隨時上下車)
- ☺ 可享有下列博物館優待票：Musei Capitolini; Centrale Montemartini; Mercati di Traiano; Museo dell'Ara Pacis; Museo di Scultura Antica Giovanni Barracco; Museo della Civiltà Romana; Museo delle Mura; Villa di Massenzio; Museo della Repubblica Romana e della memoria garibaldina; Museo di Roma; Museo Napoleonico; Galleria d'Arte Moderna di Via Crispi; Museo Carlo Bilotti; Museo Pietro Canonica; Museo di Roma in Trastevere; Musei di Villa Torlonia; Planetario e Museo Astronomico
- ☺ 網址：www.trambusopen.com

主往何處去教堂

3 搭公車

- ☺ 搭乘118號巴士到主往何處去教堂
- ☺ 218或118號到聖卡利斯托墓窟
- ☺ 660號到聖塞巴斯蒂亞墓窟&西西莉亞麥塔拉墓&露天競技場
- ☺ 網址：www.atac.roma.it

阿皮亞古道公園

古羅馬水道公園

STATION 4 義大利 南義火山遺址

Day 1 Napoli Garibaldi（住宿）
私鐵
www.eavcampania.it
06:11-06:28 €1.30
→ **Ercolano Scavi**
私鐵 €1.60
09:28-09:47
→ **Pompei Scavi Villa dei Misteri**

私鐵 €2.90 18:23-18:45 ←

Day 2 Napoli Molo Beverello（住宿）
Hydrofoil 船
07:00-07:50
→ **Isola Capri** 租機車 €40 1 台含油（1 人 €20）

€17.60×2 來回 ←

日出 06:18 16℃-27℃
日落 19:36

Day 3 Napoli Centrale
Marino Autolinee €8
14:00-17:45 www.autobus.it
→ **Bari Centrale**（住宿）
16℃-26℃

Day 4 Bari Centrale
私鐵
www.fseonline.it
12:00-13:30
€4.80
→ **Alberobelllo**
私鐵 €8.30
17:35-20:15
→ **Lecce**（住宿）

Day 5 Lecce
日出 06:03 日落 19:20, 16℃-28℃

南義火山遺址

DAY 1
艾爾科拉諾
Ercolano&
龐貝Pompei

DAY 2
卡布里島
Capri

DAY 3
拿坡里
Napoli

DAY 4
巴里Bari &
阿爾貝羅貝洛Alberobello

DAY 5
萊切
Lecce

南義火山遺址5日遊玩超經濟消費總覽

	飲食消費	住宿消費	
艾爾科拉諾 **Ercolano&** **龐貝 Pompei**	9 € *1 天	住拿坡里	私鐵從 Napoli → Ercolano → Pompei → Napoli 5.80 €
卡布里島 **Capri**	9 € *1 天	住拿坡里	船來回從 Napoli → Capri 35.20 € + 租機車一台含油錢 40 €（一人 20 €）
拿坡里 **Napoli**	6 € *1 天	雙人房 *2 天 78 €（1 人 39 €）	公車從 Napoli → Bari 8 €
巴里 **Bari &** 阿爾貝羅貝洛 **Alberobello**	8 € *1 天	雙人房 50 €（1 人 25 €）	私鐵從 Bari → Alberobello → Lecce 4.80 € +8.30 € =13.10 €
萊切 **Lecce**	8 € *1 天	雙人房 37 €（1 人 18.50 €）	0 €
每人總計	40 €	82.50 €	82.10 €

南義火山遺址位置圖

米蘭 Milano　維琴察 Vicenza
維洛那 Verona　威尼斯 Venezia
都靈 Torino　帕多瓦 Padova
熱那亞 Genova　波隆那 Bologna
曼托瓦 Mantova
法國　比薩 Pisa　佛羅倫斯 Firenze
西恩納 Siena
聖吉米尼亞諾　義大利　亞得里亞海
San Gimignano　Italy
科西嘉島　羅馬　維蘇威火山　巴里
Corsica　ROME　Vesuvio　Bari
拿坡里 Napoli　龐貝 Pompei
卡布里島　阿爾貝羅貝洛
Capri　Alberobello
撒丁尼亞島　萊切
Sardinia　Lecce
地中海

0　200 km
0　120 miles

遊樂費用	遊樂費用 (免費)
套票 (Pompeii, Herculaneum, Oplontis, Stabiae, Boscoreale) 20 €	艾爾科拉諾 & 龐貝小鎮風光
藍洞門票 4 € 門票 + 小舟 8.50 € =12.50 € 奧古斯都花園 1 €	大碼頭；溫貝多一世廣場 & 聖史提芬教堂；克盧伯路；賈柯摩修道院；小碼頭；巴巴羅薩城堡；聖米歇爾教堂；索拉羅山；米耶拉觀景樓；卡雷尼亞海邊及燈塔；福梯尼之路；丹麻窟楊別墅；托拉加拉觀景樓；天然拱門；黎思別墅
0 €	天使報喜教堂；大教堂；唐娜里賈納當代藝術博物館；學術美術館；聖羅倫佐馬喬雷教堂；拿坡里國家檔案館；自然科學和物理博物館群；溫貝多一世拱廊；公民投票廣場；拿坡里藝術宮；蛋堡 & 聖塔露西亞港
最大吐魯利屋 1.50 €	巴里舊港；瑪格麗塔劇院；瓦麗莎教堂；席德拉宮；聖安東尼艾博特堡壘；耶穌教堂；聖尼可拉斯教堂；聖母瑪利亞教堂；聖拉斯蒂卡修道院和考古博物館；聖格雷戈里教堂；斯卡帕留弗朗西斯修道院；聖克萊爾教堂；諾曼斯維亞城堡；大教堂；聖馬可教堂；聖特雷莎男士教堂；政府宮；阿爾貝貝羅貝洛愛之屋；小打殼場區；連體土魯利屋；里翁蒙蒂區；吐魯利屋教堂；大教堂
0 €	盧迪埃門；大教堂廣場；萊切城市歷史博物館；聖姬拉教堂；聖馬太教堂；聖比亞焦門；省立考古學博物館；聖歐朗索廣場（羅馬圓形競技場 & 席德雷宮）；卡羅五世城堡 & 混凝紙漿博物館；珀裡提馬希臘劇場；聖十字教堂；公園塔；方濟會美術館；拿坡里門（凱旋門）；貝羅盧歐苟塔
35 €	5 日總計 239.60 €

艾爾科拉諾 &龐貝

城市整體評價：★★★★★

　　整齊劃一的棋盤式街道，劃分成數個區塊的良好城市機能，體現羅馬人當年繁榮富庶生活甚至餐廳酒槽氣味都還能聞的到，深埋於火山灰下隨著考古發掘而終於重見天日的這兩座完整再現古羅馬城市樣貌的艾爾柯拉諾 Ercolano 和龐貝古城 Pompei，絕對是此區最不能錯過的景點。西元 79 年位在義大利中部拿波里海灣的維蘇威火山爆發，現今坎帕尼亞區首府拿坡里 Naples 附近的數座羅馬城鎮遭到毀滅性的破壞與湮沒，逃難時的悲歡離合、流離失所以及宛如世界末日般的場景，深深的烙印在當時人們心中，不僅成為當時人們心裡揮之不去的陰霾，火山爆發導致的人間慘劇更成為了歷年來學者和人們歷久不衰的話題，許多傳說與故事千年來流傳在眾多戲劇文學或成為今日電影工業歷久不衰之題材，龐貝甚至成為中世紀天主教做為因過於貪婪而導致天神降下處罰的負面範本，然而所有關於這些描述，都只有文字或圖畫記載，直到 18 世紀龐貝及艾爾柯拉諾因考古陸續被挖掘出來，人們對於這段慘劇和羅馬文化的考證才終於有了決定性進展，生活在 21 世紀時光的我們，得以重窺見證這兩座古城曾有的繁華富庶和羅馬文明的偉大，是何等幸運。

　　位在拿玻里東南方 12 公里處的艾爾柯拉諾是現代化城市之名，被火山爆發而掩蓋的廢墟稱之為赫蘭庫尼姆 Herculaneum，是一座比龐貝小的許多的城鎮遺址。所謂麻雀雖小五臟齊全，小小的赫蘭庫尼姆的遺跡保存得非常完整，你可以看到各種公共建築像是神廟、浴場還有劇院等等，也有許多座富人別墅。和商業貿易發達的大城龐貝不同的是，赫蘭庫尼姆緊鄰風光明媚的海岸，是當時羅馬有錢人的度假休閒勝地，如今已深埋地底，但從較高的別墅遺址仍可以輕鬆的看到海岸線，可以想像當時富有人家建築的高度和眺望海岸的閒情逸致。

　　舉世聞名的龐貝，在城市規模及城鎮規劃上都足以做為古羅馬城市的代表，也是世人一窺古羅馬人生活的最佳途徑，置身在範圍廣大的遺址內，有些建築的屋頂牆壁甚至壁畫都完整保留，身歷其境的震撼，會讓你宛如活在當時的羅馬城，石板路的指標會輕鬆帶你參訪遺址內著名景點，非常豐富，除了建築遺址，還展示了當時龐貝人們使用的古文物以及被火山灰掩埋覆蓋下呈現不同姿勢面對當時死亡恐懼的人體化石，都讓你不虛此行。

交通方便指數：★★★★★

　　從拿玻里搭乘鐵路前往艾爾柯拉諾及龐貝非常方便，從拿坡里往龐貝方向，會先經過艾爾柯拉諾，換言之就是班次多路線也相同，由於艾爾柯拉諾真的是非常小的城鎮，逛完頂多兩小時，建議早點起床一天內就可以把這兩個城市逛完。

自然美景指數：★★★★

　　儘管這兩座古城都以人文史蹟取勝，但因為瀕臨海岸線，都有獨到的自然美景讓人難以忘懷。艾爾柯拉諾是海天一線的蔚藍海岸風光，在龐貝，則可以找到許多位置，遠眺海洋和高聳的維蘇威火山口的壯麗景致，像是阿波羅神廟旁的高台。若是跟我們一樣待到最後的傍晚時分才離去，你有機會欣賞到夕陽餘暉下明月高掛天空，與維蘇威火山輝映的壯麗風光。

人文歷史指數：★★★★★

　　作為體驗古羅馬人生活方式的絕佳場所，讀萬卷書不如行萬里路，這裡豐富的歷史情懷，做了最佳示範。

世界遺產數量：1 個

　　龐貝、艾爾科拉諾、托雷安農濟亞塔考古地區 Archaeological Areas of Pompei, Herculaneum and Torre Annunziata

手繪地圖・路線參考圖
艾爾科拉諾&龐貝

DAY 1

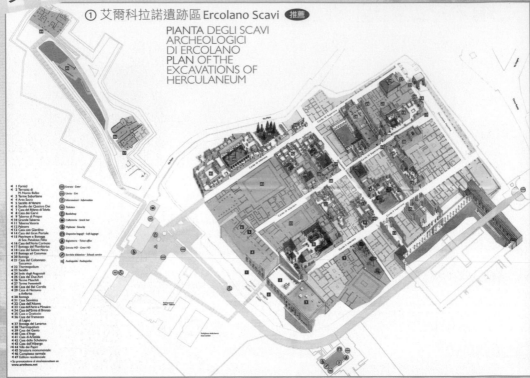

① 艾爾科拉諾遺跡區 Ercolano Scavi 推薦

PIANTA DEGLI SCAVI ARCHEOLOGICI DI ERCOLANO
PLAN OF THE EXCAVATIONS OF HERCULANEUM

Scavi archeologici di Pompei · Excavations of Pompei

② 龐貝遺跡區 Pompei Scavi 推薦

▲此為旅遊局提供的地圖供讀者參考

艾爾科拉諾旅遊局 Turismo di Ercolano
Via IV Novembre 82
龐貝旅遊局 Turismo di Pompei
Via Sacra 1
查詢郵件：pompei.info@beniculturali.it

推薦景點
艾爾科拉諾遺跡區 Ercolano Scavi (Herculaneum)

　　從遺址旁的入口進去，這座被掩埋在地下小巧玲瓏的羅馬城鎮彷彿重生般聳立在穿梭如織的遊客眼前，從入口處的城牆上往下望去，就可以鳥瞰整座埋在地下的赫蘭庫尼姆遺址，城市以 Decumano Massimo 和 Ducumano Inferiore 兩條大街為中心，與 Cardo IV、Cardo V 兩條大道交叉，共分為 11 個區塊，一到兩小時內就可以輕鬆的逛完。

　　陽光浴場 Terme Suburbane 是一座保存完善的羅馬浴場，大理石建材顯示出這棟建築當時的豪華，海神及水神廟是保存最好的景點，是當時富有人家的建築，奢華的裝飾不可錯過，裡面最氣派的貴族別墅非瑟維之家 Casa dei Cervi 莫屬，兩層樓高的建築，視野開闊，建物內除了有當年部分的石造家具，院子內仍保留當時的壁畫和雕刻，赫力克斯的雕像也保存下來，重現當時的生活情景，跟另一座浴場 Terme del Foro 都是保存相當好的景點，不可錯過。

- ⊙ 營業時間：4-10月 08:30-19:30∥11-3月 08:30-17:00
- ⑤ 票價：11€∥套票(Pompeii, Herculaneum, Oplontis, Stabiae, Boscoreale) 20€
- ⌂ 網址：www.pompeiisites.org

推薦景點
龐貝遺跡區 Pompei Scavi

　　和艾爾柯拉諾相比，龐貝的遺跡區大了好幾倍，遺址、方便性和遊客也多了好幾倍。從火車站出來步行約10分鐘就會見到遺跡區周圍的城牆入口。被城牆圍繞的龐貝城有八座門可供出入，開放遊客進去的入口有兩個，一是西邊的 Porta Marina 距離車站較近，一是東邊的入口。無論從哪裡進去，沿著路牌或導覽地圖，棋盤狀的石板街道，會讓你可以輕鬆的依序逛完整座古城。

　　從西邊入口進去，會先欣賞到龐貝最繁華的市中心和宗教場所，維納斯神廟 Tempio di Venere 和阿波羅神廟 Tempio di Apollo 是當時的宗教中心，也是龐貝最古老的宗教建築，氣派非凡的平台和數根圓柱轟立的廣場 Foro，則是當時人們的社交生活中心，在這裡你可以感受到當時的繁華，周圍的商店街和市場街，許多保存完整的建築外面都有立牌說明建築的歷史和功用，有些餐廳外面的石造酒窖因保存完整，靠近聞仍可嗅到當年被火山灰覆蓋下保存完整的酒香味。Terme Stabiane 是當時的公共澡堂，不同水溫的浴池、原始的壁畫、磁磚和雕刻都完整保留。另外像是悲劇詩人之家 Casa del Poeta Tragico 的裝潢壁畫和雕刻，

Terme Stabiane

阿波羅神殿

妓院 Lupanare 牆壁上殘存的，讓你欣賞當時人們尋求性愛類型的春宮圖壁畫，都是非常難得且相當貼近羅馬人生活的遺跡，趣味盎然之餘還會讓人發思古之幽情，城市東南角的 Museo Versuvuano 展示了龐貝城挖掘出來的文物和不同姿勢的人體化石也是不可錯過的景點。

　　漫步在龐貝城的石板街道上，彷彿生活在這座停留在千年以前的古城，除了書上所寫，許多沒提到的住宅遺址你也可以根據導覽自行遊覽或自行發掘你自己喜歡的住家遺跡，其中的樂趣只有親身體驗才會知道了。

◎ 營業時間:4-10月08:30-19:30║11-3月08:30-17:00
$ 票價:全票11€║套票(Pompeii, Herculaneum, Oplontis, Stabiae, Boscoreale) 20€
🚪 3處入口: Porta Marina/Piazza Esedra/Piazza Anfiteatro
🏠 網址:www.pompeiisites.org

心得提醒

　　參觀龐貝城時我們是最後離開的兩位遊客，駐足拍照時，突然發現周遭吵雜的遊客早已被靜默取代，抬頭仰望天空，看著明月逐漸升起下的龐貝城，滄桑悲涼的氛圍油然而生，每一棟完整但破敗的石造建築，就像是一位位歷經滄桑的風華老人，想對你訴說就算千言萬語也說不盡的故事，想對你道盡這裡主人曾經有過的風華，曾經有一位位你我並不相識的人們在這裡進進出出忙碌的生活著，卻因為一場災難，時空凝結停留在當初的那個時刻，此時我們特別把握駐足感受這幾分鐘的靜默，災難降臨前，千年以前的龐貝人就是在這樣美的風景下汲汲營營的過著繁忙生活，日復一日直到時空突然停止在西元79年8月24日，原來參觀了一整天的古城遺跡，此時的感觸最深，突然之間我們能深刻感受到這場災難的苦痛，不管是前來遊玩還是做學術研究的人，對這樣的歷史災難抱持著莊嚴肅穆態度，這是我們認為龐貝之旅最大的收穫。在千年來的相似場景下穿梭在千年古城之間，是許多歷史愛好者的絕佳享受，在開放時間結束之前裡面會有工作人員進來巡邏，安全性不用太擔心，但還是這段時間建議不要離出口處太遠也不要待到天色完全暗。

麵包烘培屋

城市整體評價：★★★★★

　　距離拿坡里僅50分鐘船程的卡布里島，是地中海有名的觀光度假天堂，也是去拿坡里遊玩時許多人會順道而來的旅遊勝地。整座小島全長6公里，島上最高峰索拉羅山Monte solaro海拔589公尺，伴隨著崎嶇的海岸岬角，有舉世聞名的藍洞，有適合游泳潛水或做日光浴的美麗海灣，也有依山傍海能夠盡覽美麗海岸線和遠眺義大利本島的登山纜車，和遠自羅馬時代的皇帝寢宮和廣場，適合各種類型旅遊方式，整座小島建築物以白色為主體，搭配碧綠青草與蔚藍海岸，處處充滿旖旎風光。若有喜好水上活動或是潛水的讀者，這裡也是非常適合的地點，給自己一天享受這美麗小島的旅遊氛圍吧。

交通方便指數：★★

　　在拿玻里新城堡Castel Nuovo前面的Molo Beverello海灣，是搭乘前往卡布里島、普羅奇達島Procida、伊斯基亞島Ischia的渡輪碼頭處，其實各家船公司的票價都差不多，任選一家搭乘即可，我們是根據當下等待登船時間最短的一家直接搭乘，以節省寶貴時間。所有渡輪都是停靠港口Marine Grande，到碼頭之後，若是要前往藍洞，就得在這轉搭前往藍洞的船，而要去島上城鎮中心溫貝多一世廣場的唯一公共交通工具只有公車和纜車，按照路牌就可以從港口旁的公車站及纜車站搭乘，但是人潮很多，旺季時排隊等候的時間大概需要40分鐘。若要放鬆盡情玩卡布里島的人文及自然風光，建議租機車環島，不僅所有景點都可以沿著公路到達，更可以隨著環島公路，一路上飽覽卡布里島的美麗小鎮和自然風光，過程非常享受，沒有什麼汽車也很好停車，主要路線就那幾條，跟著從i索取的免費地圖，就可以輕鬆的按圖索驥探索完，由於島嶼面積不大，沿著環島公路，繞完一圈，車程僅需一小時半左右，這是時間有限下最棒最好玩的交通工具。

自然美景指數：★★★★★

　　不論是環島公路上的眺望台或是乘坐登山纜車到達卡布里島最高峰索拉羅山的觀景台，都可以欣賞到卡布里島在不同角度下渾然天成的水光山色，秀麗的風景讓人陶醉，也是卡布里島最迷人的魅力所在。

心得提醒

　　根據我們當天經驗，由於遊客眾多，加上公車班次不多，搭上公車前得大排長龍，參觀完藍洞回到主碼頭後，當下我們當機立斷沿著Via Marina Grande往山坡上走，到公車站對面的租車站租速克達，也就是台灣常見的重型機車，只要給店家護照和國際駕照影本即可承租，不用擔心不會騎，這裡也不是什麼大都市，都是簡單的公路，不用擔心交通規則的問題，只要戴好安全帽以小心謹慎為原則，就可以好好享受這段旅途時光囉。

人文歷史指數：★★★

　　卡布里島最早在舊石器時代即有人類活動的蹤跡，歷史可以追朔到希臘羅馬時代，而羅馬皇帝提比留 Tiberius 在這留下的國王寢宮別墅則是卡布里島上最具有歷史意義的古蹟，誰說這座小島只有自然風光呢？

世界遺產數量：0 個

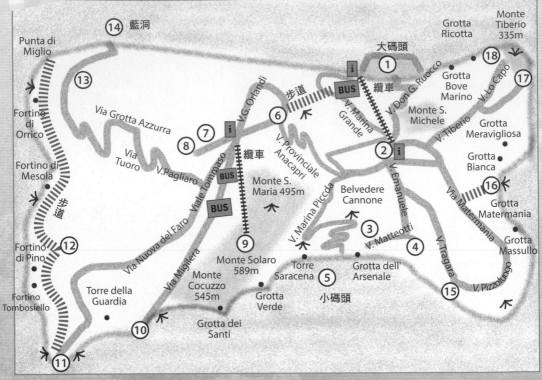

⑭ 藍洞

Punta di Miglio

Grotta Ricotta

Monte Tiberio 335m

⑱

⑰

大碼頭

①

Grotta Bove Marino

Monte S. Michele

⑬

Via Grotta Azzurra

步道

BUS

纜車

V. Don G. Ruocco

V. Tiberio

Grotta Meravigliosa

Fortino di Orrico

⑦ ⑧

i

V.G. Orlandi

⑥

V. Marina Grande

② i

V. Lo Capo

Grotta Bianca

Via Tuoro

V. Pagliaro

纜車

V. Provinciale Anacapri

Monte S. Maria 495m

V. Marina Piccda

Belvedere Cannone

V. Emanuele

⑯

Via Matermania

Grotta Matermania

Fortino di Mesola

步道

BUS

BUS

③

V. Matteotti

④

Grotta Massullo

Fortino di Pino

⑫

Via Nuova del Faro

Viale Tommaso

Via Migliera

⑨

Monte Solaro 589m

Torre Saracena

Grotta dell' Arsenale

⑤ 小碼頭

V. Tragara

⑮

V. Pizzolungo

Torre della Guardia

Monte Cocuzzo 545m

Grotta Verde

Fortino Tombosiello

⑩

Grotta dei Santi

⑪

① 大碼頭 Marina Grande

② 溫貝多一世廣場 Piazza Umberto I & 聖史提芬教堂 Ex Cattedrale S. Stefano 推薦

③ 奧古斯都花園 Giardini di Augusto & 克虜伯路 Via Krupp 推薦

④ 賈柯摩修道院 Certosa di San Giacomo

⑤ 聖米榭雷別墅 Villa San Michele & 阿克塞爾・蒙特博物館 & 巴巴羅薩城堡 推薦

⑥ 紅樓 Casa Rossa

⑦ 聖米歇爾教堂 Chiesa di San Michele 推薦

⑧ 索拉羅山 Monte Solaro (Cetrella) 推薦

⑨ 米耶拉觀景樓 Belvedere Migliera 推薦

⑩ 卡雷尼亞海邊及燈塔 Punta Carena e Faro 推薦

卡布里島旅遊局 Turismo Isola di Capri
Piazza Umberto I
查詢網頁:www.capritourism.com
查詢郵件:capritourism@capri.it

⑪ 福梯尼之路 Sentiero dei Fortini

⑫ 丹麻窟榻別墅 Villa Damecuta

⑬ 藍洞 Grotta Azzura 推薦

⑭ 托拉加拉觀景樓 Belvedere di Tragara

⑮ 天然拱門 Arco Naturale (Pizzolungo)

⑯ 祐維斯宮 Villa Jovis 推薦

⑰ 黎思別墅 Villa Lysis

推薦景點

溫貝多一世廣場 Piazza Umberto I
&聖史提芬教堂 Ex Cattedrale S. Stefano

作為眾多遊客前往的旅遊勝地，卡布里島市中心溫貝多一世廣場總是人聲鼎沸，這裡也是前往附近古蹟景點的中心。廣場上除了有介紹卡布里島歷史人文和自然生態的博物館 Museo del Centro Caprese i Cerio，最知名的就是雪白色外觀的聖史提芬教堂 Ex Cattedrale S. Stefano，建於 1685 年，裡面有在 1810 年後移至此處的 Arcucci 家族陵墓以及瑟拉芬納的陵墓 the tomb of God's servant Mother Serafina.，教堂內多彩的大理石地板則是從卡布里島上的國王寢宮搬運過來的，因不用購買門票，很值得進來看看。

推薦景點

奧古斯都花園 Giardini di Augusto
&克虜伯路 Via Krupp

克虜伯路 Via Krupp 連結，門票僅一歐元的奧古斯都花園是一個非常棒的景點，鳥語花香景色迷人，有三個制高觀景台，可以欣賞卡布里島美不勝收又稱之為 Isole Faraglioni 的懸崖岬角海灣風光，湛藍色的海面上點綴著數艘遊艇，鬼斧神工的大自然傑作，相當值回票價。而從觀景台往下，你會看到一段連接聖雅各伯修道院和奧古斯都花園地區與小港 Marina Piccola 的盤山小道，是由德國實業家克虜伯建於 1902 年，這條山路因為過於險峻的地形常常關閉，安全起見建議不用親自去走，欣賞其景致即可。

克虜伯路

奧古斯都花園

> 營業時間：花園09:00-19:30
> $ 票價：克虜伯路免費 花園3/1-11/15 1€

233

聖米榭雷別墅 Villa San Michele
&阿克塞爾·蒙特博物館&巴巴羅薩城堡

聖米榭雷別墅 Villa San Michele和阿克塞爾·蒙特博物館 Museo Axel Munthe，是安納卡布里區的著名景點，來自瑞典的醫生阿克賽爾由於在他的成名著作聖米歇爾的故事 Story of San Michele 提到這棟別墅並以此間為場景，這裡成為了熱門景點，別墅裡面展示了羅馬時期的雕刻裝飾和雕像，涼廊和門廳裡也裝飾了許多藝術品，後面的花園小路可以眺望卡布里海岸線的美妙風景，在這裡可以欣賞到卡普里鎮、大港、蘇連多半島和維蘇威火山的全景。巴巴羅薩城堡 Castello Barbarossa，則是一處可以免費參觀的堡壘，作為軍事用途，雖然大多區域已損壞，僅存下來的防禦工事和城牆走道，仍依稀見到其在軍事防禦上的重要性。

◎ 營業時間：別墅和博物館1-2&11-12月09:00-15:30‖3月09:00-16:30‖4&10月09:00-17:00‖5-9月09:00-18:00；城堡需預約
⑤ 票價：城堡免費‖別墅和博物館全票6€
⌂ 網址：www.villasanmichele.eu

聖米歇爾教堂 Chiesa di San Michele

聖米歇爾教堂是卡布里島上少數不需花費的景點之一，位在安納卡布里鎮上的聖尼古拉廣場 Piazza San Nicola，具有八角形的巴洛克式外觀，教堂內部非常值得一看，地板的彩色磁磚壁畫以及周圍祭壇的陶器鑲嵌藝術，令人眼花瞭亂。

◎ 營業時間：11-3月09:00-14:00‖4-10月09:00-19:00
⑤ 票價：免費
⌂ 網址：www.chiesa-san-michele.com

推薦景點

索拉羅山 Monte Solaro (Cetrella)

這是我們在卡布里島最喜歡的景點之一，搭乘坐椅式的升降纜車上山時，就可以沿途欣賞美麗的景物風光，微風吹拂下非常輕鬆愜意。從索拉羅山上的展望台眺望，卡布里島白色建築構成的小鎮風光和不管從何角度高度欣賞總是清澈見底的大海美景，一覽無遺，盡收眼底，千萬不要錯過了。

交通方式

可以從阿納卡普里Anacapri的維多利亞廣場Piazza Vittoria搭乘纜車12分鐘，或是步行60分鐘上山。雖然搭乘纜車的價格蠻高的，但我們上去時驗票人員並沒有剪票或收走，回程後可以在排隊處詢問看看有沒有遊客把手中的票買過去，也許可以節省一些花費。

推薦景點

卡雷尼亞海邊及燈塔
Punta Carena e Faro

騎著租來的機車，沿著 Via Nuova del Faro 直到盡頭，就會來到這一處天然的岩石海岸，浪濤衝擊著沿岸巨石激起水藍色的浪花，幾千萬年下來所形成的一個個獨一無二的岩石洞穴，搭配此起彼伏的海浪聲，從高處看了那麼多美麗的海岸稜角線，終於在這裡可以走到較近的海洞親手感受一下海水的冷冽和鹹味，大自然的奧妙讓人瞬間充滿能量。沿著石板步道，會經過一處海水浴場，許多人就這樣大喇喇的躺在岩石上做日光浴，非常愜意。

$ 票價：海灘免費

藍洞 Grotta Azzura

　　被譽為世界上最神奇最迷幻最美的藍洞，是一個被海水侵蝕下所形成的約1.3公尺高的天然海洞。大自然的神奇奧妙在這個美麗洞穴內體現無遺，陽光透過海水折射下從洞內白色沙底折射出神秘藍光，整個洞穴被繽紛迷幻的藍色壟罩，宛如進入另一個異世界的空間，也就是在這種過往無法解釋的科學現象下，人類的想像力得以無窮延伸和展現。雖然參觀所費不貲，且洞穴時常因為海潮和不佳海象而臨時關閉，這裡仍成為許多遊客趨之若鶩的景點。若因海象不佳而關閉，也可以騎車前往，從旁邊的岩石階梯往下走，約5分鐘就可到達藍洞外面，羅馬皇帝提比留也曾在這邊建一座水神廟，也許當時人們就已經發現這個奇特地點也說不定。

🕒 營業時間：09:00-17:00 (最佳參觀時間11-13，天候不佳或浪大時不開放參觀)
💲 票價：入內參觀4€‖搭小舟入內8.50€‖搭大船從大碼頭到藍洞附近13€

獨家
HOT SPOTS

祐維斯宮 Villa Jovis

　　沿著 Via Tiberio 往東走，就會來到卡布里島保存最好的羅馬時代建築，這可不是普通的貴族別墅，而是羅馬皇帝提比留的寢宮，作為皇帝的別墅，寢宮的建築裝飾保存完整，行宮裡面的娛樂設施也是應有盡有，除了森林和花園之外，後面有一座高達330公尺高的懸崖 Salto di Tiberio，據說是羅馬帝國第二任皇帝將玩膩了的年輕男女拋下去的地方。

🕒 營業時間：㉠1-15號▢│16-31號▢│；09:00-13:00
💲 票價：全票2€

第三站
◎ 拿坡里 ◎
一日遊

城市整體評價：★★

　　拿坡里是歷史悠久的坎帕尼亞區首府，然而和義大利其他省區首府總是給人乾淨整齊的門面形象，拿坡里有著更令人難以想像的黑暗一面。航髒垃圾滿天飛的環境，破舊的市容，糟糕的治安，紊亂的交通和喧鬧吵雜的環境，往往讓初來乍到的遊客嚇到，彷彿進入另一個完全不同的國度。然而所謂既來之則安之，拿坡里過往令人詬病的治安和環境隨著公共建設的進步和大力整頓已經逐步改善，也不會像電影誇大般隨時出現恐怖的黑手黨或槍擊事件，加上這裡仍然是前往義大利中南部地區的交通重鎮以及繁榮的地中海港口和商業城市，髒亂卻又熱情四射的拿坡里，反而是最能體驗純正義大利本土文化、庶民生活和飲食文化的城市，義大利國民美食披薩就是發源於拿坡里，許多著名的美食、酒類也都來自拿坡里。雖然如此，還是建議大家在路上行走時多留意前後四周，扒手多怪人也多，多留意小心謹慎才是旅行最重要的原則。畢竟治安真的不大好。

交通方便指數：★★★★

　　拿坡里是義大利南來北往的交通重鎮，城市的大眾交通網路系統非常便利，瀕臨海灣的絕佳地理位置，水陸運都非常發達，2011 年竣工的地鐵也開始營運，雖然公路交通往往給人混亂的印象，行人和汽車也不怎麼遵守交通號誌，但是基本的大眾運輸系統卻仍然清楚分明，基本上是能夠讓遊客輕鬆的在這裡透過各種不同交通工具到達目的的。火車站和市區巴士站都位在加利波底廣場 Pizza Garibaldi，前往附近卡布里島、普羅奇達島的渡輪碼頭集中在 Molo Beverello 海灣，旁邊的的 Stazione Marittima 則是前往較遠地區如西西里島首府巴勒摩或突尼西亞的遠程航線碼頭，因停留在拿坡里主要目的是前往龐貝及卡布里島等周邊景點，我們真正待在拿坡里逛古城區的時間僅有一天，也可以簡單的用步行方式把拿玻里城區的景點看完。

自然美景指數：★★★

　　雖然拿玻里的交通及人文，才是遊客前往拿坡里的主因，但市中心距離海岸僅 15 分鐘的距離，也可以在 Vomero 區一些觀景台眺望維蘇威火山的壯闊景致，這些都是拿坡里自然美景指數仍然有三顆星的原因。

人文歷史指數：★★★★★

　　拿坡里雖然市容和一般歐洲城鎮相比不夠討喜，更像是摩洛哥或是埃及亞歷山大的城市，但是其豐富悠久的發展歷史，還是奠定了拿坡里厚重的文化底蘊，西元前 1000 年左右這裡就出現了最早的聚落，緋尼基仁和希臘人的統治讓這裡逐漸發展為繁華城市，羅馬時代這裡成為了帝王最喜愛的度假勝地。從中世紀開始，拿坡里幾度易主，在不同時期成為不同國家的首都而被大力建設，科學、藝術與教育都取得蓬勃發展，這些光榮過往蘊含在城市豐富眾多的歷史古蹟裡，豐富的歷史、文化、藝術和美食體現在城市的大街小巷裡，千萬不可錯過。

世界遺產數量：1 個

　　拿坡里歷史中心 Historic Centre of Naples

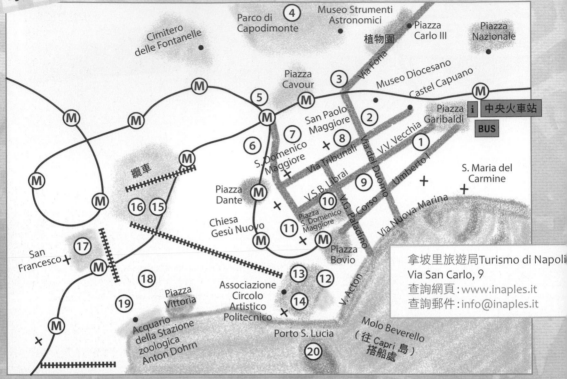

Parco di Capodimonte
Cimitero delle Fontanelle
Museo Strumenti Astronomici
植物園
Piazza Carlo III
Piazza Nazionale
Piazza Cavour
Via Foria
Museo Diocesano
Castel Capuano
San Paolo Maggiore
Piazza Garibaldi
中央火車站
BUS
Piazza Garibaldi
V.V. Vecchia
S. Domenico Maggiore
Via Tribunali
Via del Duomo
S. Maria del Carmine
纜車
Piazza Dante
V.S.B. Librai
V.G. Paladino
Corso Umberto I
Chiesa Gesù Nuovo
Piazza S. Domenico Maggiore
Via Nuova Marina
San Francesco
Piazza Bovio
拿坡里旅遊局Turismo di Napoli
Via San Carlo, 9
查詢網頁:www.inaples.it
查詢郵件:info@inaples.it
Piazza Vittoria
Associazione Circolo Artistico Politecnico
V. Acton
Acquario della Stazione zoologica Anton Dohrn
Porto S. Lucia
Molo Beverello
(往 Capri 島 搭船處)

① 天使報喜教堂 Chiesa dell'Annunziata

② 大教堂 Duomo (San Gennaro) 推薦

③ 唐娜里賈納當代藝術博物館 Museo d'Arte Contemporanea Donnaregina (MADRE) 推薦

④ 國立卡波狄蒙美術館 Museo Nazionale di Capodimonte 推薦

⑤ 國立考古學博物館 Museo Archeologico Nazionale 推薦

⑥ 學術美術館 Galleria dell'Accademia di Belle Arti 推薦

⑦ 拿坡里的地下世界 Napoli Sotterranea 推薦

⑧ 聖羅倫佐馬喬雷教堂 Chiesa San Lorenzo Maggiore

⑨ 拿坡里國家檔案館 Archivio di Stato di Napoli 推薦

⑩ 自然科學和物理博物館群 Centro Musei delle Scienze Naturali e Fisiche 推薦

⑪ 聖姬拉教堂 Chiesa di Santa Chiara 推薦

⑫ 新城博物館 Museo Civico di Castel Nuovo 推薦

⑬ 溫貝多一世拱廊 Galleria Umberto I

⑭ 公民投票廣場 Piazza del Plebiscito (皇宮&聖卡洛劇院) 推薦

⑮ 聖馬蒂諾美術館 Certosa e Museo di San Martino

⑯ 聖艾莫城堡 Castel Sant'Elmo 推薦

⑰ 佛羅里安納別墅 Villa Floridiana (瑪蒂那公爵博物館 Museo Duca di Martina)

⑱ 聖艾莫城堡 Castel Sant'Elmo 推薦

⑲ 佛羅里安納別墅 Villa Floridiana (瑪蒂那公爵博物館 Museo Duca di Martina)

⑳ 蛋堡 Castel dell'Ovo&聖塔露西亞港 Porto Saint Lucia 推薦

推薦景點

大教堂 Duomo (San Gennaro)

大教堂是拿玻里最重要的景點之一，歷史悠久的建築主體建立在更早的基督教教堂基座之上，而根據記載，原址早在羅馬時期就作為海神神殿使用，大教堂內部擁有豪華的裝飾和鑲金的頂邊，作為拿坡里地位最高的主教座堂，非凡氣勢油然而生。

內部有一座建於17世紀的巴洛克式聖熱納羅禮拜堂 Cappela di San Gennaro，裡面收藏著教堂最重要的文物，拿玻里的主保聖人聖熱納羅 San Gennaro 的血液和頭骨，傳說每年三個日期：5月份的第一個周六、9月19日聖人紀念日和12月16日，他的聖血會從乾涸又變成液體，以此為紀念的聖熱納羅節 Festa di San Gennaro 也成為拿坡里的重要宗教節日，有興趣的不妨去見識看看。

🕐 營業時間：08:00-12:30,16:30-19:00 🈳08:30-13:00；洗禮堂-18:00 🈳09:00-13:00
💲 票價：教堂免費 洗禮堂1.50€
🏠 網址：www.duomodinapoli.it

推薦景點

國立卡波狄蒙美術館
Museo Nazionale di Capodimonte

建於1738年，原本要做為當時國王查理一世的新皇宮，如今做為博物館使用，160個房間按照樓層分門別類的展覽了藝術、繪畫、壁毯、陶器等古代收藏品，繪畫最具代表性的作品是貝爾尼尼的耶蘇顯容 Fransfiguration。1534年成為教宗保祿三世的紅衣主教法爾內賽 Alessandro Farnese，其知名的家族收藏，大部分都轉到了這間美術館，其中在寶物室 Galleria della Cose Rare 裡面的精緻寶物，讀者可以看到這位教宗當時的氣派和富有。

🕐 營業時間：休🈳08:30-19:30
💲 票價：全票7.50€
🏠 網址：www.cir.campania.beniculturali.it

推薦景點
國立考古學博物館 Museo Archeologico Nazionale

18世紀時由波旁王朝的查里三世所建，外型宏偉，裡面展示大量豐富的希臘羅馬藝術品，另外像是法爾內賽家族的收藏品、龐貝和赫蘭庫尼姆古城出土的文物寶藏、以及來自埃及和伊特魯里亞人的古文物等等，最知名的法爾內賽家族收藏的經典雕刻，位在博物館的底層展示，充滿豐富的內容，值得一看。

🕐 營業時間:㊡三║09:00-19:00║㊏~20:00
💲 票價:全票6.50€ (特別展10€)
🏠 網址:www.archeona.arti.beniculturali.it

推薦景點
學術美術館
Galleria dell'Accademia di Belle Arti

同樣是1752年由波旁王朝的查理三世在位期間所建，內藏有大量藝術品、雕刻和16到20世紀的繪畫，若想想逛逛博物館又不想花費，這間免費參觀的美術館是可以規劃去逛逛的。

🕐 營業時間:㊡㊏║09:00-19:00
💲 票價:免費參觀
🏠 網址:www.accademiadinapoli.it

推薦景點
拿坡里的地下世界 Napoli Sotterranea

優惠 HOT SPOTS

　　入口處有許多遊客聚集的地下世界，是拿坡里獨特的地下城市景觀。其形成原因淵遠流長，最早從2400年前希臘時代開始，拿坡里因地質屬黃色凝灰岩Tufa的堅固特性，希臘人在此採礦，建築礦穴逐步串聯起洞穴和建築，並採集凝灰岩築牆建城，之後深入地底建立綿密蓄水道及水池，羅馬時仍代持續建設，形成了總長400公里長的蓄水道，變成當地村落的供水系統，一次和二次大戰時成為當時民眾躲炸彈最佳的防空洞。

　　這些地底下建築不只有礦場跟蓄水池，有些還連到百年民房的地窖，或是通往2000年前羅馬劇場遺跡，通道狹小，陰暗潮濕，參觀起來另有一種趣味，這也顯現出拿坡里的歷史，充滿新房子建立在老房子基礎上，老房子又建築在2000年的古代遺跡上，地上與地下世界共同形成了拿坡里獨特的都市結構，這也是導致拿坡里地鐵建設進度緩慢的原因之一。

🕐 營業時間：10:00-18:00 (只限導覽參觀，英語導覽梯次10,12,14,16,18:00)
💲 票價：全票9.30€∥學生8€
🏠 網址：www.napolisotterranea.it

推薦景點
自然科學和物理博物館群
Centro Musei delle Scienze Naturali e Fisiche

免費 HOT SPOTS　獨家 HOT SPOTS

　　若你剛好是大學生，只要持有學生証就可以免費參觀這個博物館，內部主要是體驗自然現象和了解現代科技，若時間有限不妨忽略吧。

🕐 營業時間：休週末∥一09:00-13:30∥二&四09:00-13:30,14:30-16:50
💲 票價：大學生免費參觀∥1間博物館2.50€∥2間博物館3.50€ 4間博物館4.50€
🏠 網址：www.musei.unina.it

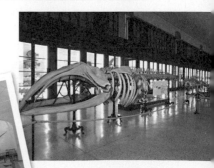

推薦景點

聖姬拉教堂 Chiesa di Santa Chiara

　　拿坡里最主要的中世紀教堂之一，西元14世紀時建成，屬於哥德式風格，改建時又加上了巴洛克式的元素，形成一獨特的複合式精美傑作，內部有一以精美瓷磚修砌而成的迴廊，是值得一看的地方，然而門票費用偏高，喜歡教堂的再進來看看吧。

🕒 營業時間：09:30-17:30 ‖ 🏛 10:00-14:30
💲 票價：全票6€ ‖ 30歲以下學生4.50€
🏠 網址：www.monasterodisantachiara.com

推薦景點

新城博物館 Museo Civico di Castel Nuovo

　　由厚重的灰色石頭堆疊而成的新城堡，就聳立在拿坡里的 Molo Beverello 海灣旁，若你有要搭乘渡輪去其他小島時，一定要順道來這座宏偉巨大的城堡逛逛，鋸齒狀的圓形塔樓，高聳的城牆，由安茹王朝的查理一世在位時所擴建，以符合拿坡里做為其統治的西西里王國首都地位。城堡內的新城博物館，展示17到19世紀的繪畫作品以及一些浮雕和雕刻。

🕒 營業時間：休 🏛 ‖ 10:00-14:00
💲 票價：全票6€
🏠 網址：www.museionline.it

推薦景點

公民投票廣場 Piazza del Plebiscito
(皇宮＆聖卡洛劇院)

★★★ 免費 HOT SPOTS　★★★ 獨家 HOT SPOTS

　　因廣場上有宏偉的皇宮 Palazzo Reale 與隔壁廣場上的聖卡洛劇院 Teatro San Carlo 這兩座建築，公民投票廣場成為許多遊客必經之地。皇宮建於 17 世紀，外牆有拿坡里歷史上最重要的八位國王雕像，樓層裡的皇家博物館展示皇家的家具裝飾、雕像、瓷器等用品。聖卡洛劇院是拿坡里最大的劇院，位在美輪美奐的 Trento e Trieste 廣場上，也是當地人的驕傲，可以參加英文導覽，了解這棟擁有很棒音響效果的歌劇院歷史。

🕐 營業時間：皇宮休三 ‖09:00-20:00；歌劇院須預約參觀(梯次10:30,11:30,14:30,15:30,16:30,24:30週日10:30,11:30,24:30，博物館休8月)

💲 票價：皇宮4€‖歌劇院6€‖歌劇院博物館MEMUS 6€

🏠 網址：www.palazzorealenapoli.it；www.teatrosancarlo.it

皇宮

聖卡洛劇院

推薦景點

聖艾莫城堡 Castel Sant'Elmo

　　位於小山丘上呈現星形的聖艾莫堡，是1538年西班牙人統治拿坡里時所興建的堡壘，主要用途是囚禁犯人，在馬薩尼埃洛起義期間，西班牙人也曾逃進聖埃莫堡避難。

- 營業時間：㊡▢‖08:30-19:30
- 票價：2天套票(Museo Nazionale di Capodimonte+Certosa e Museo di San Martino+Castel Sant'Elmo+Villa Pignatelli)10€
- 網址：www.polomusealenapoli.beniculturali.it

推薦景點

蛋堡 Castel dell'Ovo&
聖塔露西亞港 Porto Saint Lucia

　　若已經到皇宮參觀了，不妨再走遠一點來年代悠久的聖塔露西亞港口晃晃，港口的海景非常優美，也是許多五星級旅館的聚集地，街道整齊令人耳目一新，港口邊可以一覽美麗的拿坡里灣和遠方的小島美景。矗立在港口旁的一座雄偉堡壘，黃灰色的城牆的質樸外觀，很有法國諾曼地的城堡風格，沒錯，這座城堡是西元12世紀版圖一度遠至義大利統治拿坡里的諾曼人所建，最早是一棟立於海濱的別墅，後來被諾曼人修建為堡壘，曾經在拿坡里歷史上的防衛戰役中佔了關鍵性的地位，威嚴的外觀卻有蛋堡這種不大相稱的名字，來源於一段關於羅馬詩人的軼事，城堡可以免費參觀，讀者一定要親自去走走。

- 營業時間：蛋堡09:00-19:30‖▢~14:00
- 票價：蛋堡和港口免費參觀

其他免費博物館

　　擁有豐富多元從中世紀、文藝復興到巴洛克時期建築的拿坡里舊城區，既然被聯合國教科文組織列為世界文化遺產，除了教堂之外還有許多免費好康的博物館，因篇幅有限因素，作者另外在列舉如下，提供給想要在拿坡里深度旅遊的讀者參考

唐娜里賈納當代藝術博物館
Patio de Escuelas Menores

- 營業時間：㊡▢‖10:00-19:30 ▢~20:00
- 票價：7€‖週一免費參觀
- 網址：www.fondazionedonnaregina.it

拿坡里國家檔案館
Archivio di Stato di Napoli

- 營業時間：休 || 08:00-19:00 || 六 08:30-13:30
- $ 票價：免費參觀
- 網址：www.archiviodistatonapoli.it

拿坡里藝術宮
Palazzo delle Arti Napoli (PAN)

- 營業時間：休 || 09:30-19:30 || 日 09:30-14:30
- $ 票價：一免費參觀 (特展除外)
- 網址：www.comune.napoli.it

技術學院藝術協會
Associazione Circolo Artistico Politecnico

- 營業時間：協會 10:00-13:00, 15:00-20:00
- $ 票價：協會免費

巴里&
阿爾貝羅貝洛
第四站/一日遊

巴里 Bari

城市整體評價：★★

　　到義大利南部普立亞區 Apulia，鐵路沿線上的田園風光和廣袤景色，都讓人眼睛為之一亮。這區有湖藍色的大海，高聳的山脈和峽谷，儘管產業發展、經濟數據和商業化程度，和義大利北部有很大落差，但是撇開這些冷冰冰的數字不談，半島南部的風土人情別有一番風味，敞開五感也許你會更喜歡上南部城鎮的風光，我們在這裡旅遊了其中的三座城鎮，從繁榮的都市到宛如童話故事般的小鎮，任你挑選，首站就是本文要介紹的巴里 Bari。

　　巴里濱臨亞德里亞海，普利亞區首府，義大利南方最繁榮城鎮之一。整座城市近 35 萬人口，是一座充滿現代化商業氣息的港口大城，也是義大利半島南部前往其他城鎮的門戶，交通發達，很適合做為旅遊路線的轉運站。城市的歷史中心保留在北邊呈現狹長半島狀的舊城區 Bari Vecchia 上。在前往其他城鎮或有趣的小鎮前，在這裡花上一兩晚體驗城市的古蹟和現代化的商業中心，是一個不錯的體驗。隨著晚上警察的加強巡邏，治安問題已稍有改善，但還是避免晚上時走在較昏暗的街道，對於隨身物品也要多加留意。

交通方便指數：★★★★★

　　搭乘鐵路就可以從其他城鎮抵達巴里，

這裡有以巴里為中心的綿密交通鐵路網，前往其他城市也非常方便，主火車站 Main Train Station 位在市中心南方，幾乎有所有到達普立亞區其他城鎮的火車班次，也有一個小型的東火車站 Ferrovie del Sud-Est，那裏有前往阿爾貝羅貝洛或塔蘭托的區域列車，這裡有發達的水運渡輪，讓遊客可以輕鬆的前往希臘、阿爾巴尼亞或塞爾維亞等其他歐洲的港口城市。

　　主火車站前方的莫羅廣場 Pizza Aldo Molo 是公車站大本營，從這可以搭乘 20 號公車前往渡輪碼頭以及義大利航空的公車前往新機場，非常方便，巴里的舊城區建議用一般步行方式就可以逛完。

　　而最令人慶幸的是巴里在 2005 年完工的新機場，目前是義大利境內廉價航空的大本營，在這裡可以搭乘不同廉價航空前往義大利其他地區的主要城市如羅馬、米蘭、波隆納或佛羅倫斯，前往火車交通非常不發達的西西里島，從巴里搭乘義大利國內的廉價航空前往，對背包客來說是非常棒的路線之一，只是機票要提早預定，背包的大小限制也是要提早注意的地方。

自然美景指數：★★

　　巴里的自然美景以海景為主，在這座商業城市，大半是體驗它的人文風情和美食，自然美景較少，較推薦為維奇奧港 Porto Vecchio，這裡不論是白天還是夜晚，都具有非常棒的港口景致，座落在港口旁的瑪格麗塔劇院 Margherita Theatre 與之相輝映。

人文歷史指數：★★★★

　　Corso Vittorio Emanuele II 把整個城市分成新舊城區兩個部分，以南到主火車站這邊，是棋盤狀整齊的新市鎮，以北靠近碼頭的狹窄半島，由許多小條巷弄和石板步道拼湊起的區域就是巴里古鎮 Bari Vecchia，街道巷弄呈不規則狀交叉排列，走起來宛如迷宮般，是義大利知名的迷宮式城鎮，這裡坐落了近 40 個教堂和神殿，具有迷人的古樸氛圍。

世界遺產數量：0 個

阿爾貝羅貝洛 Alberobello

城市整體評價：★★★★★

　　阿爾貝羅貝洛是一座宛如童話故事般的小鎮，小鎮最大的特色就是由一大群造型奇特像是蘑菇又像是圓錐狀屋頂的傳統特魯利式鄉村民居組成的聚落，形成一片奇特鄉村景觀，進入阿爾貝羅貝洛就像是進入一個奇幻國度，遠近馳名的蘑菇屋也有人稱為蜂窩屋的特色建築，讓每年都有很多遊客慕名而來，城鎮位在一片平緩向上的山丘地形，在這裡你可以走到山坡上優閒欣賞由蘑菇屋組成的美麗景觀，每一間也都有自己特色，有的特別大相連在一起，有的則是會在圓錐屋頂上做各種裝飾，幾乎每一間民居都有自己特色，穿梭在巷弄內就充滿了樂趣，是很值得一訪的小鎮。

交通方便指數：★★★★★

　　無論你是從南方大城巴里而來或是從北部的拿坡里前往此小鎮，搭乘鐵路是前往阿爾貝羅貝洛最簡單的方式，雖然班次不多，但仍是足以讓遊客無負擔的前往小鎮，鎮上用徒步就可以逛完整個區域。

自然美景指數：★★★★★

　　蘑菇屋組成的小鎮風光，絕對會令你永生難忘，是一生值得去一次的地方。

人文歷史指數：★★★

　　阿爾貝羅貝洛沒有多少人文景點，在奇特又帶點古怪的特魯利式民居裡走走逛逛就很有歷史風情了，當然還是找的到一些歷史悠久的建築。特魯利式民居的實際起源已不可考，最早不會晚於15世紀。建材是採用當地的石灰石團，並用石灰塗成白色，屋頂則用灰色的扁平石塊堆成圓錐形，採用這種方式，據說是當時人們為了逃稅而做的簡易式住宅，這樣當稅務員經過時就可以很快的把屋頂拆掉，表示沒人住在此地，當稅務員走的時候，居民在迅速用石塊堆疊而成。

世界遺產數量：1 個

　　阿爾貝羅貝洛的特魯利屋 The Trulli of Alberobello

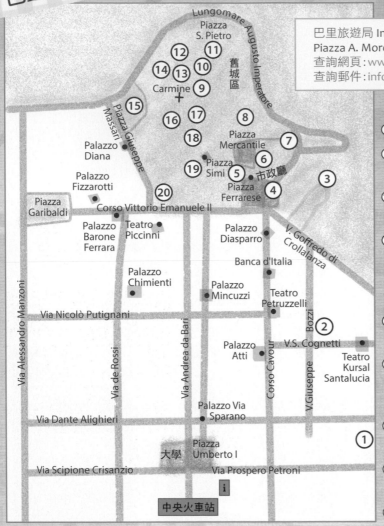

巴里旅遊局 Informazioni Turistiche Bari
Piazza A. Moro 33/A
查詢網頁：www.infopointbari.com
查詢郵件：info@infopointbari.com

⑧ 耶穌教堂 Chiesa del Gesù

⑨ 聖尼可拉斯教堂 San Nicola 推薦

⑩ 聖母瑪利亞教堂 Santa Maria del Buon Consiglio

⑪ 聖拉斯蒂卡修道院和考古博物館 Monastero e Museo Archeologico di Santa Scolastica

⑫ 聖格雷戈里教堂 Chiesa San Gregorio

⑬ 斯卡帕聖弗朗西斯修道院 Monastero San Francesco della Scarpa

⑭ 聖克萊爾教堂 Chiesa Santa Chiara

⑮ 諾曼斯維亞城堡 Castello Normanno Svevo 推薦

⑯ 大教堂 Cattedrale San Sabino& 教區博物館 Museo Diocesano 推薦

⑰ 聖馬可教堂 Chiesa San Marco dei Veneziani

⑱ 聖特雷莎男士教堂 Chiesa Santa Teresa dei Maschi

⑲ 市民歷史博物館 Museo Storico Civico

⑳ 政府宮 Palazzo del Governo

① 省立美術館 Pinacoteca Provinciale (柯拉多加利多 Corrado Giaquinto)

② 阿普利亞自來水博物館 Museo Acquedotto Pugliese

③ 舊港 Porto Vecchio

④ 瑪格麗塔劇院 Teatro Margherita

⑤ 瓦麗莎教堂 Chiesa Vallisa

⑥ 席德拉宮 Palazzo del Sedile

⑦ 聖安東尼艾博特堡壘 Fortino Sant'Antonio Abate 推薦

推薦景點

聖安東尼艾博特堡壘
Fortino Sant'Antonio Abate

　　堡壘建於1440年，在當時巴里的城牆基礎上擴建而成的防禦性工事，如今大部分已損壞，只剩下部分城牆和一道閘門，由於最早是安茹公爵為了防禦海盜所建的塔樓，建築上面上面仍可看到部分垛孔。從這裡可以眺望令人心曠神怡的巴里海岸風光。

 營業時間：08:30-19:30
 票價：全票3€ ‖ 19-25歲1.50€
　 網址：www.puglia.beniculturali.it

推薦景點

聖尼可拉斯教堂 San Nicola

　　免費參觀的聖尼可拉斯教堂是普立亞區最早的諾曼式教堂之一，聖尼可拉斯是西方所流傳的聖誕老人的原型，這座教堂目前仍存有他的遺體，因而成為天主教徒重要的朝聖地。

　 營業時間：㊡🏛 ‖ 教堂07:00-20:30 ‖ 五07:00~22:00 ‖ 博物館10:30-18:00
　 票價：教堂免費 ‖ 博物館3€
　 網址：www.basilicasannicola.it；www.museonicolaiano.it

推薦景點

諾曼斯維亞城堡 Castello Normanno Svevo

　　這座占地廣大位在古城區外圍的城堡正如其名，呈現諾曼式風格，雄偉寬廣的城牆令人望而生畏。1132年由西西里王國開國君主又有非洲之王稱號的魯傑羅二世Ruggero II所建，後來繼承西西里島王國國王之位的神聖羅馬帝國皇帝緋特烈二世，在位時擴建了其中兩座塔樓，大致形成今日面貌。護城河上有一些突出角塔的堡壘則是16是西班牙人所建。作為軍事防禦用，內部沒有什麼裝潢，可自行判斷是否需特別買票進去欣賞。

 營業時間：08:30-19:30
　 票價：全票3€ ‖ 19-25歲1.50€
　 網址：www.puglia.beniculturali.it

推薦景點

大教堂 Cattedrale San Sabino&
教區博物館 Museo Diocesano

免費
HOT SPOTS

　　大教堂建於12世紀，裡面供奉聖撒比諾 San Sabino 的遺體，是在一座拜占庭式的教堂基礎上建築而成。白色正立面典雅優美，具有東方風格的側面長形拱廊令人耳目一新，教堂內部低調華麗的描金拱頂，也很值得欣賞。

◉ 營業時間：08:00-12:30,16:00-19:30 ‖ 日 08:00-12:30,17:00-20:30 ‖ 地下室休 四 & 五 ‖ 9:30-12:30 ‖ 博物館 二 四 六 9:30-12:30 ‖ 六 9:30-12:30,16:30-19:30
$ 票價：教堂免費 ‖ 地下室3€

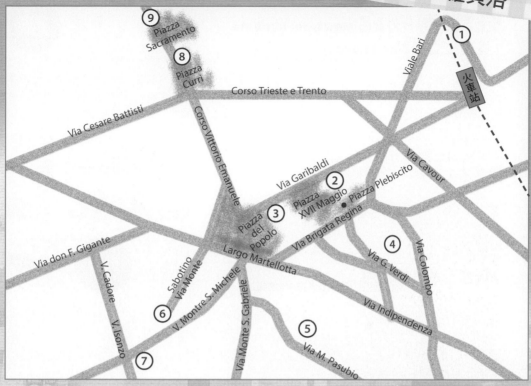

- ⑨ Piazza Sacramento
- ⑧ Piazza Curri
- Corso Trieste e Trento
- Via Cesare Battisti
- Corso Vittorio Emanuele
- 火車站
- Viale Bari
- ①
- Via Cavour
- Via Garibaldi
- ②
- Piazza XVII Maggio
- Piazza Plebiscito
- ③ Piazza del Popolo
- Via Brigata Regina
- ④
- Via G. Verdi
- Via Colombo
- Via don F. Gigante
- Sabotino
- Largo Martellotta
- V. Cadore
- Via Monte
- V. Monte S. Michele
- V. Monte S. Gabriele
- Via Indipendenza
- ⑥
- V. Isonzo
- ⑦
- ⑤
- Via M. Pasubio

阿爾貝羅貝洛旅遊局 Associazione Turistica Pro Loco Alberobello
Via Monte Nero, 1
查詢網頁：www.prolocoalberobello.it
查詢郵件：info@prolocoalberobello.it

① 葡萄酒博物館 Museo del Vino

② 在地博物館 Museo del Territorio (貝朔拉之屋 Casa Pezzolla) 推薦

③ 愛之屋 La Casa D'Amore

④ 小打殼場區 Rione Aia Piccola 推薦

⑤ 連體土魯利屋 Trullo Siamese

⑥ 里翁蒙蒂區 Rione Monti 推薦

⑦ 吐魯利屋教堂 Chiesa a Trullo (聖安東尼帕多瓦教堂 Parrocchia S. Antonio Di Padova) 推薦

⑧ 大教堂 Basilica Santuario dei SS. Medici Cosma e Damiano 推薦

⑨ 最大吐魯利屋 Trullo Sovrano 推薦

推薦景點

在地博物館 Museo del Territorio
(貝朔拉之屋 Casa Pezzolla)

　　這座蘑菇屋座落在小鎮中心的的馬吉歐17世廣場 Piazza XXVII Maggio，裡面共有9個展館，完整呈現了特魯利式民居的由來和阿爾貝羅貝洛的小鎮歷史，包括照片、文字、史料和相關文物等等，非常豐富，若想全景式的了解小鎮一切，這座博物館不會讓你空手而歸。

● 營業時間：休一 10:00-13:00,15:30-19:00
$ 票價：全票3€

推薦景點

小打殼場區 Rione Aia Piccola

　　阿爾貝羅貝洛以獨立路 Via Indipendenza 為中心可以分成兩個區塊，小打鼓場區 Rione Aia Piccola 大約位在火車站到 Via Indipendenza 之間，這裡坐落了400多間特魯利式建築，雖然有許多廣場和餐廳，和下篇所提到的里翁蒙蒂區相比，這邊住了更多的當地居民，是最能親身體驗小鎮風情的區域。

推薦景點

里翁蒙蒂區 Rione Monti

　　里翁蒙蒂區 Rione Monti 位在 Via Indipendenza 以西的山坡上，1000多座蘑菇屋密佈在山坡上的美麗風光，會讓人永生難忘，這裡有許多特色小店和禮品屋，也是許多遊客拍照留念的區域，每一個巷弄每一個轉角都美不勝收，都足以當作明信片的封底，在這裡好好的逛一逛會有很多收穫。

推薦景點

吐魯利屋教堂 Chiesa a Trullo
(聖安東尼帕多瓦教堂 Parrocchia S. Antonio Di Padova)

結合吐魯利式風格的這座教堂，外型相當討喜。以當地小鎮的民居特色加上教堂必有的建築元素，令人看了莞爾一笑，是當地居民的宗教中心，入內參觀時請輕聲細語。

🏠 網址：www.santantonioalberobello.it

推薦景點

大教堂 Basilica Santuario dei
SS. Medici Cosma e Damiano

聳立在科里廣場 Piazza Curri 的大教堂，採用當地大里石作為主要建材，於1885在一座教堂基礎上擴建而成，呈現新古典主義風格，正面上兩個顯眼的尖塔鐘樓是最主要的特色，教堂可免費參觀，裡面可免費索取說明教堂建造緣由和歷史的小冊子。

推薦景點

最大吐魯利屋 Trullo Sovrano

Trullo Sovrano 是阿爾貝羅貝洛鎮上最大間的蘑菇屋，也是唯一一間可以透過石造階梯進入第二層樓的蘑菇屋。原本是私人財產，如今做為展示特魯利式鄉村建築歷史的博物館而對外開放，票價不貴，是值得一探的好地方。

🕐 營業時間：夏季10:00-19:00∥冬季10:00-13:00,16:00-19:00
💲 票價：全票1.50€

第五站
萊切
一日遊

城市整體評價：★★★

　　萊切 Lecce 位在義大利半島南端尾巴的小型半島薩倫蒂娜半島 Penisola Salentina 上，氣候炎熱乾燥且距離義大利核心遙遠的薩倫蒂娜半島被認為是保留古老希臘文明風格的原始區域，萊切 Lecce 因地理位置成為旅人初次探索這個神秘半島的門戶。萊切在文化保留了希臘古老的文化傳統，市中心則完整體現了巴洛克式主義的建築風格，大量17到18世紀的巴洛克式建築的歷史區域，讓這座城鎮成為義大利最完整典型統一巴洛克式風格的城鎮，南方佛羅倫斯 La Firenze del Sud 之名因而不脛而走。這些巴洛克式建築大多採自當地聞名於世可塑性很高的萊切石材建築而成，這種石頭因柔軟又具有韌性，是很好的建築和雕刻原料。總而言之，2000餘年發展歷史的積累，讓萊切的文雅風貌非常迷人。

交通方便指數：★★★

　　由於位處義大利東南部的邊陲地帶，搭乘鐵路是前往萊切最方便的方式。火車站位在舊城區西南方約一公里之處，出站後步行約10分鐘就可以開始古城之旅，非常方便。

自然美景指數：★

　　萊切市區內以人文建築取勝，較無特別的自然美景之處

人文歷史指數：★★★★

　　古城區歷史建築，大多集中在聖歐朗索廣場 Piazza san't Oronzo 和大教堂廣場 Piazza del Duomo 之間，據統計萊切市區共有約40間教堂和巴洛克式式宮殿，絕對值得您花上一整天細細品味。

世界遺產數量：0個

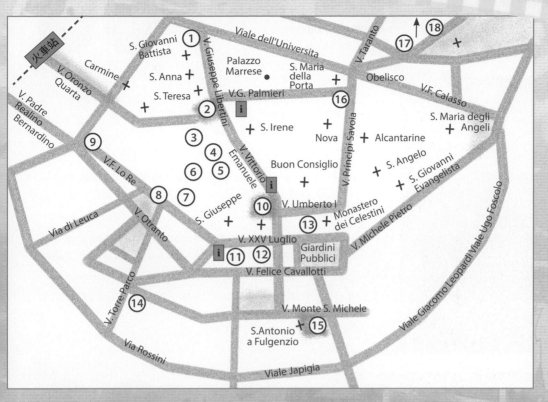

① 盧迪埃門 Porta Rudiae

② 大教堂廣場 Piazza Duomo (神學院 & 鐘樓 &
宗教藝術博物館) 推薦

③ 古羅馬劇場 Teatro Romano

④ 萊切城市歷史博物館 Museo Storico della
Città di Lecce (MUST) 推薦

⑤ 聖姬拉教堂 Chiesa di Santa Chiara

⑥ 聖馬太教堂 Chiesa di San Matteo

⑦ 弗加諾考古學博物館 Museo Archeologico
Faggiano

⑧ 聖比亞焦門 Porta San Biagio

⑨ 省立考古學博物館 Museo Provinciale
Sigismondo Castromediano 推薦

⑩ 聖歐朗索廣場 Piazza Sant'Oronzo (羅馬圓形
競技場 & 席德雷宮) 推薦

萊切旅遊局 Azienda di Promozione Turistica di Lecce
Via Monte San Michele, 20
查詢網頁：www.turismo.provincia.le.it
查詢郵件：info@chamonix.com

⑪ 卡羅五世城堡 Castello di Carlo V& 混凝紙漿博物
館 Museo della Cartapesta 推薦

⑫ 珀裡提馬希臘劇場 Teatro Politeama Greco

⑬ 聖十字教堂 Santa Croce 推薦

⑭ 公園塔 Torre del Parco

⑮ 方濟會美術館 Pinacoteca D'Arte
Francescana 推薦

⑯ 拿坡里門 Porta Napoli (凱旋門 Arco di Trionfo)

⑰ 歷史與考古博物館 Museo Storico Archeologico

⑱ 貝羅盧歐苟塔 Torre di Belloluogo

大教堂廣場 Piazza Duomo
(神學院＆鐘樓＆宗教藝術博物館)

教堂與鐘樓

宗教藝術博物館

一般來說一個城市的大教堂通常都是天主教在當地的最棒傑作，然而萊切最著名最華麗的巴洛克式建築-聖十字教堂，並不是這座城市的大教堂，大教堂廣場上的萊切大教堂Cattedrale di Lecce才是。大教堂由知名建築師Giuseppe Zimbalo設計，巴洛克風格的正立面和西面裝飾，典雅精美，高達68公尺的巨大鐘樓Campanile則是大教堂最顯眼特徵。廣場上的一棟巴洛克式建築神學院Palazzo del Seminario同樣出自知名建築師Giuseppe Zimbalo之手，可以一併欣賞。

宗教藝術博物館Museo Diocesano di Arte Sacra展覽了繪畫、雕像還有大教堂歷來主教們使用的銀器，想一睹天主教的宗教文物和相關歷史，這個博物館是不錯的選擇。

🕐 營業時間：博物館㉼🏛‖冬季09:30-12:30，16:00-19:00‖夏季09:30-12:30，17:00-20:00
💲 票價：博物館4€‖只參觀一樓1€

萊切城市歷史博物館
Museo Storico della Città di Lecce (MUST)

坐落在古城區的歷史博物館，本身就是一棟歷史建築，前身為15世紀的聖克萊兒修道院monastery of Saint Claire。博物館內集結了萊切從羅馬、文藝復興到19世紀的文物和藝術品，古代到現代都有很值得一看的文物，例如當代藝術畫廊The Gallery of Contemporary Art就展示了藝術家科西莫卡盧奇Cosimo Carlucci的永久雕塑展，整個博物館免費參觀，是性價比很高的景點。

🕐 營業時間：㉼一‖10:00-20:00
💲 票價：免費參觀
🏠 網址：www.mustlecce.it

推薦景點

省立考古學博物館
Museo Provinciale Sigismondo Castromediano

建於1868年，是普利亞區最古老區的博物館，館藏跨度超過一萬年以上的豐富古文物，舊石器時代和新石器時代各種器具、陶器，希臘羅馬時期的武器、盔甲、硬幣、珠寶、瓶罐等等，值得進來一看。

➤ 營業時間：(休)(一)下午 ‖ 09:00-13:30,14:30-19:30
$ 票價：免費參觀
⌂ 網址：www.pinacotecafrancescanalecce.it

推薦景點

聖歐朗索廣場 Piazza Sant'Oronzo
(羅馬圓形競技場 & 席德雷宮)

廣場立有一座顯眼的萊切守護神聖歐朗索的雕像立柱 Colonna di Sant'Oronzo，此外在1930年代，還在下方挖掘出年代可追朔到西元前2世紀的羅馬圓形競技場遺址，在廣場旁就可以直接參觀到。競技場的規模不大，是一個約能容納25000人的小型競技場。

同樣在1930年代挖掘出來的羅馬圓形劇場附屬博物館 Museo del Teatro Romano 位在聖歐朗索廣場南方向西延伸的 Via degli Ammirati 街道上，裡面除了收藏圓形競技場出土的相關文物，也展示一些來自其他古蹟的羅馬時代壁畫和鑲嵌圖案。

16世紀末時被作為聽證會和公開會議場所的席德雷宮 Palazzo del Sedile，位在前市政廳舊址上，建於1588到1592年之間。具有精緻的建築風格，突出的尖頂拱形配上優雅的三重拱形長廊，令人印象深刻，建築物裡還有一系列描繪查里五世故事的壁畫，可觀賞性極高。席德雷宮一直到1851年宮殿都是作為軍械庫使用，是廣場周遭不可錯過的免費景點。

➤ 營業時間：博物館(休)(一) ‖ 09:30-13:00
$ 票價：席德雷宮 & 圓形劇場免費參觀 ‖ 附屬博物館須另外付費

席德雷宮

羅馬圓形劇場附屬博物館

卡羅五世城堡 Castello di Carlo V&
混凝紙漿博物館 Museo della Cartapesta

免費
HOT SPOTS

混凝紙漿博物館

四角被諾曼式風格塔樓環繞的卡羅五世城堡 Castello di Carlo V，是一棟建於 16 世紀的古蹟。四個角落的方形塔樓約在 14 世紀時期就存在了，整座城堡呈現梯形的格局，曾經做為金庫和法院使用，如今成為一個可以自由參觀的文化展覽場所。城堡內有一座混凝紙漿博物館 Museo della Cartapesta，裡面展示了 17 世紀以來的造紙技術和知識，也別忘了一起參觀。

🕐 營業時間：09:00-13:00,17:00-21:00
💲 票價：城堡和博物館免費參觀
🏠 網址：www.comune.lecce.it

手工藝市集

每個月的最後星期日在城堡前的Piazza Libertini廣場會舉行超過一百多個攤位的手工藝市集。

卡羅五世城堡

聖歐朗索廣場

推薦景點

聖十字教堂 Santa Croce

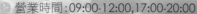

萊切最著名的地標聖十字教堂 Santa Croce，是最不可錯過的大景點。這是萊切巴洛克式風格的代表性傑作。整棟建築從內到外的裝飾，都是在16到17世紀之間，結合了當時知名的藝術家例如 Giuseppe Zimbalo 和安東尼奧等人共同創作而成，可謂集大成的作品。華麗繁複的立面，曲線和陰影的交融，白天或是夜晚打上燈光，這座美麗教堂所呈現不同的品味，會讓你目眩神迷。

內部的文藝復興裝潢風格，也很有看頭。半球形穹頂的跨拱形屋頂，教堂中殿雕刻精緻的木質祭壇，兩側十字形的拱形天花板，描繪聖徒生活的12幅浮雕等等，細細欣賞這座建築傑作吧。

營業時間：09:00-12:00,17:00-20:00

💲 票價：免費參觀

🏠 網址：www.basilicasantacroce.eu

推薦景點

方濟會美術館
Pinacoteca D'Arte Francescana

收藏了120幅普利亞區和薩蘭蒂納半島的藝術繪畫作品，年代從西元1500年到1800年之間，想更了解普利亞區的藝術內涵，來這座美術館準沒錯。

營業時間：(休)週末‖09:00-12:00,16:00-18:30

💲 票價：免費參觀

🏠 網址：www.pinacotecafrancescanalecce.it